闲读鉴美

——与你分享『水浒』『红楼』

向喆 向荣华 刘勇 编著

湖南大学出版社

内 容 简 介

　　本书以推介传承《水浒传》《红楼梦》原著，引导广大青少年阅读这两部经典著作为宗旨，从原著中挑选适合青少年读者阅读的内容，以中学生的眼光来点评经典著作中的人、事、景等，挖掘写作方法，指导学生写作。内容包括：原著引文片段；中学生阅读经典的独特视角——我观"水浒"、我观"红楼"；语文老师提炼的写作技法——"水浒"技法、"红楼"技法；与原著引文片段相对应的趣味链接；练习回顾；经典著作中的人物、场景片段欣赏等。

图书在版编目（CIP）数据

闲读鉴美：与你分享"水浒""红楼"/向喆，向荣华，刘勇编著. —长沙：湖南大学出版社，2019.6
ISBN 978-7-5667-1680-4

Ⅰ.①闲… Ⅱ.①向… ②向… ③刘… Ⅲ.①阅读课-中学-教学参考资料 Ⅳ.①G634.333

中国版本图书馆 CIP 数据核字（2018）第 253385 号

闲读鉴美——与你分享"水浒""红楼"

XIANDU JIANMEI —— YU NI FENXIANG "SHUIHU" "HONGLOU"

编　著：向　喆　向荣华　刘　勇
责任编辑：王桂贞
特约编辑：周小喜
印　装：长沙市雅捷印务有限公司
开　本：710×1000　16 开　印张：17.25　字数：273 千
版　次：2019 年 6 月第 1 版　印次：2019 年 6 月第 1 次印刷
书　号：ISBN 978-7-5667-1680-4
定　价：58.00 元

出 版 人：雷　鸣
出版发行：湖南大学出版社
社　　址：湖南·长沙·岳麓山　　邮　编：410082
电　　话：0731-88822559（发行部），88821594（编辑室），88821006（出版部）
传　　真：0731-88649312（发行部），88822264（总编室）
网　　址：http://www.hnupress.com
电子邮箱：wanguia@126.com

序

　　传承中华优秀文化是一件责任重大的事，功在当代、利在千秋。本书的推出，不仅可以为广大中小学生提供阅读古典名著的思维方法，还可以为名著爱好者重新认识经典提供重要参考。

　　本书为我们了解古典名著打开了一扇窗。阅读名著，了解文化，知晓历史，传承文明。一个中学生因知识、阅历等因素，可能无法开启一扇门，但他可以打开一扇窗。通过这扇窗，他窥探到了《水浒传》与《红楼梦》中的点点滴滴，领略了经典著作的魅力：人物个性鲜明、故事情节精彩、语言地道流畅……

　　本书为我们介绍了一种阅读名著的方法。阅读名著的方法很多，但本书给大家呈现的方法与众不同。它有详有略，详略结合。它从原著中挑选出了适合中小学生阅读的精彩内容，以独特的视角诠释其中的人物或事件，并仔仔细细地与读者分享这部分内容，这是"详"。"略"则是以"前言后语"的方式，粗略地介绍详读内容的"来龙去脉"或"前因后果"，让读者对名著的大概内容有所了解。这也是平时阅读中的"跳读法"，不过本书是带着读者一起跳读，让读者在跳读中细细品味。

　　本书为我们展示了一名中学生阅读名著的内心体验。"有一千个读者就有一千个哈姆雷特"，这是阅读的魅力所在。不同的人阅读《水浒传》和《红楼梦》会有不同的感悟。笛卡尔说，"读一本好书，就是和许多高尚的人谈话"。本书中的"我观'水浒'"和"我观'红楼'"，就是中学生向喆与施耐庵、曹雪芹对话的成果。他阅读《水浒传》时采取"闲读"方式，不过一个中学生的闲读与其他名家闲读的点不一样，自有其独特的风格。阅读《红楼梦》时，向喆以一种鉴赏美的视角来挖掘其中的中华民族传统文化及人物之美，带着读者欣赏其中的"美"。我们读这本书，不但是与这位中学生对话，而且也是与施耐庵、曹雪芹对话，通过对话来了解他们的内心世界。

　　本书为我们提供了一个从名著中学习写作知识的思路。语文教师阅读名著，会用中小学教师的视角，挖掘其中的写作技巧。本书中的"'水浒'技法"与"'红楼'技法"等，就是作者探讨《水浒传》《红楼梦》写作技巧、挖掘其写作方面的知识成果。

　　本书所引用的原著文字以人民文学出版社 1997 年 1 月出版的《水浒传》第二版及 2008 年 3 月出版的《红楼梦》第三版为准。为方便读者阅读，在分段上稍微做了改动，对一些生僻字做了注音注解。

　　愿本书能激起你对中华经典著作的热爱之情，让你与原著作者及本书作者产生共鸣！

向荣华

2018 年 12 月

◈ 目次

"红楼"篇　那人那事　情真意切

综合篇　"水浒""红楼"片段欣赏

『水浒』篇

那人那事　淋漓尽致

第一节　洪太尉拜请天师

（选自　第一回　张天师祈禳瘟疫　洪太尉误走妖魔）

前言：宋朝嘉祐三年，天灾盛行，瘟疫肆虐，民不聊生，洪太尉受皇帝委托，去江西信州龙虎山，宣请天师张真人星夜来朝，祈禳瘟疫，救百姓于天灾之中。根据规矩，洪太尉必须要更衣独步前往，方可见到天师张真人。

次日五更时分，众道士起来，备下香汤斋供。请太尉起来，香汤沐浴，换了一身新鲜布衣，脚下穿上麻鞋草履，吃了素斋，取过丹诏（zhào），用黄罗包袱背在脊梁上，手里提着银手炉，降（jiàng）降地烧着御香。许多道众人等，送到后山，指与路径。真人又禀道："太尉要救万民，休生退悔之心，只顾志诚上去。"太尉别了众人，口诵天尊宝号，纵步上山来。将至半山，望见大顶直侵霄汉，果然好座大山。正是：

> 这里有见天师的规矩，也体现太尉此时非常虔诚。
> 降降：表示烟火盛貌。

根盘地角，顶接天心。远观磨断乱云痕，近看平吞明月魄。高低不等谓之山，侧石通道谓之岫（xiù），孤岭崎岖谓之路，上面极平谓之顶，头圆下壮谓之峦，隐虎藏豹谓之穴，隐风隐云谓之岩，高人隐居谓之洞，有境有界谓之府，樵人出没谓之径，能通车马谓之道，流水有声谓之涧，古渡源头谓之溪，岩崖滴水谓之泉。左壁为掩，右壁为映。出的是云，纳的是雾。锥尖像小，崎峻似峭，悬空似险，削礰（liè）如平。千峰竞秀，万壑争流。瀑布斜飞，藤萝倒挂。虎啸时风生谷口，猿啼时月坠山腰。恰似青黛染成千块玉，碧纱笼罩万堆烟。

> 卧虎藏龙之地，为后面出现种种险情作铺垫。

这洪太尉独自一个，行了一回，盘坡转径，揽葛心理活动写出了洪太尉拜见天师还真不容易呢！

(gé)攀藤，约莫走过了数个山头，三二里多路，看看脚酸腿软，正走不动，口里不说，肚里踌躇，心中想道："我是朝廷贵官公子，在京师时重茵而卧，列鼎而食，尚兀自倦怠，何曾穿草鞋，走这般山路！知他天师在那里，却教下官受这般苦！"又行不到三五十步，掇(duō)着肩气喘。只见山凹里起一阵风，风过处，向那松树背后奔雷也似吼一声，扑地跳出一个吊睛白额锦毛大虫来。洪太尉吃了一惊，叫声："阿呀！"扑地望后便倒。偷眼看那大虫时，但见：

大虫在"水浒"中出场次数不少呢！

毛披一带黄金色，爪露银钩十八只。睛如闪电尾如鞭，口似血盆牙似戟。伸腰展臂势狰狞，摆尾摇头声霹雳。山中狐兔尽潜藏，涧下獐狍皆敛迹。

面对这样的老虎，有不害怕的吗？

那大虫望着洪太尉，左盘右旋，咆哮了一回，托地望后山坡下跳了去。洪太尉倒在树根底下，唬的三十六个牙齿捉对儿厮打，那心头一似十五个吊桶，七上八落的响，浑身却如重风麻木，两腿一似斗败公鸡，口里连声叫苦。大虫去了一盏茶时，方才爬将起来，再收拾地上香炉，还把龙香烧着，再上山来，务要寻见天师。又行过三五十步，口里叹了数口气，怨道："皇帝御限，差俺来这里，教我受这场惊恐。"说犹未了，只觉得那里又一阵风，吹得毒气直冲将来。太尉定睛看时，山边竹藤里簌簌地响，抢出一条吊桶大小、雪花也似蛇来。太尉见了，又吃一惊，撇了手炉，叫一声："我今番死也！"望后便倒在盘砣(tuó)石边。微闪开眼看那蛇时，但见：

昂首惊飙(biāo)起，掣(chè)目电光生。动荡则折峡倒冈，呼吸则吹云吐雾。鳞甲乱分千片玉，尾梢斜卷一堆银。

那条大蛇径抢到盘砣石边，朝着洪太尉盘做一堆，两只眼迸出金光，张开巨口，吐出舌头，喷那毒气在洪太尉脸上，惊得太尉三魂荡荡，七魄悠悠。那蛇看了洪太尉一回，望山下一溜，却早不见了。太尉方才爬得起来，说道："惭愧！惊杀下官！"看身上时，寒粟子比馉饳（gǔ duò）儿大小，口里骂那道士："叵耐无礼，戏弄下官，教俺受这般惊恐！若山上寻不见天师，下去和他别有话说。"再拿了银提炉，整顿身上诏敕并衣服巾帻，却待再要上山去。正欲移步，只听得松树背后隐隐地笛声吹响，渐渐近来。太尉定睛看时，只见那一个道童，倒骑着一头黄牛，横吹着一管铁笛，转出山凹来。太尉看那道童时，但见：

> 头绾两枚丫髻，身穿一领青衣；腰间绦结草来编，脚下芒鞋麻间隔。明眸皓齿，飘飘并不染尘埃；绿鬓朱颜，耿耿全然无俗态。

昔日吕洞宾有首牧童诗道得好：

> 草铺横野六七里，笛弄晚风三四声。归来饱饭黄昏后，不脱蓑衣卧月明。

只见那个道童，笑吟吟地骑着黄牛，横吹着那管铁笛，正过山来。洪太尉见了，便唤那个道童："你从那里来？认得我么？"道童不采，只顾吹笛。太尉连问数声，道童呵呵大笑，拿着铁笛，指着洪太尉说道："你来此间，莫非要见天师么？"太尉大惊，便道："你是牧童，如何得知？"道童笑说："我早间在草庵中伏侍天师，听得天师说道：'朝中今上仁宗天子，差个洪太尉赍（jī）擎丹诏御香，到来山中，宣我往东京做三千六百分罗天大醮（jiào），祈禳（ráng）天下瘟疫。我如今乘鹤驾云去也。'

那虫，那蛇，着实让洪太尉惊恐了！

道童与众不同才是奇葩。

引用一首牧童诗，让大家轻松一下，舒缓一下读者的心情。

你们猜：道童是谁？

这早晚想是去了，不在庵中。你休上去，山内毒虫猛兽极多，恐伤害了你性命。"太尉再问道："你不要说谎？"道童笑了一声，也不回应，又吹着铁笛转过山坡去了。太尉寻思道："这小的如何尽知此事？想是天师分付他，已定是了。"欲待再上山去，方才惊唬的苦，争些儿送了性命，不如下山去罢。

<后语>

洪太尉碰到的"道童"可能就是天师张真人。洪太尉完成任务后，偶进伏魔殿，将伏魔殿内的镇魔石碑强行移走，其内一股黑气散作十道金光，原殿内所镇一百零八个魔君就这样来到人世间，也就有了后面的一百零八将的故事。

❖ 闲话少说

洪太尉一人在山上行走，不是游山玩水，而是一路受惊吓。如此，让我们感受到龙虎山不一般，真人张天师不一般。

❀ 我观"水浒"：

梁山好汉与三太尉

在《水浒传》中，宋朝的太尉官职在朝廷中是比较高的，列武官之首。梁山好汉们的命运与宋朝的三位太尉关系紧密，他们分别是洪太尉、高太尉、宿太尉。其中洪太尉使梁山一百零八位好汉的前身从镇压多年的龟石下逃逸出来，高太尉则是逼迫众多好汉上梁山的主要责任人，而宿太尉是宋江等人如愿招安的促成者。

洪太尉强放魔君

宋仁宗嘉祐三年，宋朝全国各地出现了一种难以治愈的瘟疫，参知政事范仲淹说有一个姓张的天师能消除瘟疫。洪太尉受宋仁宗的委派，来到了张天师所在地——贵溪县龙虎山。当办完正事后，洪太尉顺便在这里游山玩水一番，玩着玩着，就对山上一间"伏魔之殿"产生了兴趣，据说这座殿是前代老祖天师镇压魔王的地方。洪太尉不听劝阻，以权压人，说如果不让他打开，就在皇帝面前状告这里的人。

无巧不成书，进入伏魔之殿后，洪太尉看到了"遇洪而开"四个字，洪太尉就更肆无忌惮了，认为这是天数，说"分明是教我开看"。于是，让人搬开了那块镇压魔头若干年的石头。就这样，一百零八个魔君被洪太尉放了出来。这些魔君就是后来的一百零八位好汉。

高太尉屡剿梁山

宋仁宗传位给宋英宗，宋英宗传位给宋神宗，宋神宗传位给宋哲宗，宋哲宗传位给宋徽宗。高俅是宋徽宗时期的太尉，人称"高太尉"。他曾是宋哲宗时期的一个破落户子弟，是一个好弄枪使棒、能踢蹴鞠（一种用脚踢的球）、能歌善舞的小混混，一次偶然的机会，因踢球被端王（即宋徽宗）看中，成为端王府的人。宋哲宗传位给端王后，高俅也就成了他的太尉。从此，高太尉直接或间接地逼迫许多好汉成了梁山"贼寇"。林冲就是其中之一。后来高太尉虽然多次组织人马想要剿灭梁山好汉，但是不但没有剿灭他们，反使自己损失了许多人马。当宋江等人想得到朝廷招安时，高太尉又屡屡设阻，剿杀宋江等人的心始终不死。

宿太尉助力招安

宋江等人想招安，尽管在逼迫朝廷招安的过程中多次被高太尉阻挠，但最后还是争取到了另外一位太尉的帮助，那人就是宿太尉。

宿太尉是宋徽宗身边的重要官员，属于殿前太尉，皇帝对他的信任度比高太尉要高，宋徽宗与他可以说是寸步不离，关系非常好。梁山好汉燕青利用他的幼年同窗闻焕章与宿太尉的关系，向宿太尉说明了宋江等人的招安之心。此时宋徽宗正需要效力朝廷的人，若将梁山人马招安，将他们变为对朝廷有用之人，再用他们去剿灭方腊人马，是一箭双雕的好事。于是宋徽宗派宿太尉去梁山招安。宋江等人在宿太尉的帮助下，顺利被朝廷收编，并且替朝廷剿灭了方腊的人马。不过，宋江等人还是被高太尉设计陷害。

♣ "水浒"技法：

如何写人物的感受

一篇优美的文章一般都会把人物的感受呈现在字里行间。言为心声，作者通过作品表达自己的思想感情，通过人物的感受表达文章的内涵。

怎样把无形的思想内涵变为有形的语言表达，让读者既能看得见，又能充分感受到呢？

心理活动是关键

心理活动描写是最为直接的表达方式，它能带领读者一起感受人物的内心世界。本选段中为了展示洪太尉复杂的内心世界，有两处直接描写了洪太尉的心理：一是"心中想道"之所在，一是"寻思道"的内容，这两处分别表达了洪太尉求天师之行的委屈和给自己不必再上山受苦找了个理由。作为身居高位的洪太尉，虽然有受皇帝委派为民请天师的善心和职责，但其内心仍有许多不甘心，他面对这些艰辛，还是有些不情愿的。

自言自语是感受

自言自语既是为了作品中的人物把内心所想说出来，表达人物当时的感受，也是为了写给读者看。本选段中，洪太尉自言自语式的表达有四处。其中，有对皇帝的怨言，表达自己对上级领导的不满；也有对下级的责骂，表达对那些道士的恨意；还通过简单语句表达自己当时的惊恐心理。这些自言自语让读者能直观地了解洪太尉当时所处的环境和真实的感受。

神态动作凸显感受

人在喜怒哀乐时，会有许多不同的外在表现。洪太尉为了完成皇帝安排的工作，在执行的不同阶段有不同的表现。上山前雄心勃勃，信心十足，处于为民请天师的积极状态：他换了新鲜布衣，穿上麻鞋草履，吃了素斋，包好丹诏，提着银手炉，慢慢地烧香，口诵天尊宝号，带着新奇，带着使命，纵步上山。这个情形多好哇，轻松愉悦，如同郊游一般。上山之后，当走累了，走得腰酸腿软了，特别是碰到大虫、大蛇之后，就开始怨声载道了。他的动作和神态反映出惊恐与不愉快：浑身如"重风"，两腿似"斗败公鸡"。他看大虫时，是"偷眼看"，等大虫去了"方才爬将起来，再收拾地上香炉"；看大蛇时，"又吃了一惊，撇了手炉"，大叫一声后，就倒在了盘陀石边，微闪开眼看蛇，魂魄都没有了，身上的"寒粟子比馉饳儿大小"。当他看到一位气质不凡的道童时，就不一样了，他轻松愉快地打量起道童来，摆起了官僚的姿态，唤道："你从那里来？认得我么？"并且连问多次。这一系列的神态动作描写，把洪太尉栩栩如生地展现在了读者面前。

环境描写烘托感受

人虽然不是变色龙，但人的心理感受与其所处的环境密切相关，会随着环境的不同而不同。喜则亮丽，哀则灰暗，乐则喜庆，悲则哀伤。选段中，洪太尉纵步上山后，看见山顶直插云霄，感受到这真是一座好山，千峰竞秀，万壑争流，瀑布斜飞，藤萝倒挂，整个一座山绿树掩映，生机勃勃，不知不觉就走了数个山头。我们从这里不难看出，洪太尉的心情不错，就跟我们去郊游一样，再苦再累也神清气爽，因为我们看到的是优美的风景，体验非同寻常。但当受惊吓时就不一样了，眼里只有惊恐，没有风景了。惊吓过后，洪太尉看到道童时，心情才又变得好起来。作者情不自禁地想到吕洞宾的牧童诗，借诗来体现当时洪太尉的心情。

文章有血有肉有感受，才能让无形变为有形，才能带领读者通过人物、环境描写来感受作品，入情入景，走进文章，读懂人物，读懂作者。

趣味链接：

洪太尉释放 108 个魔王

众人一齐都到殿内，黑暗暗不见一物。太尉教从人取十数个火把点着，将来打一照时，四边并无别物，只中央一个石碑，约高五六尺，下面石龟趺(fū)坐，太半陷在泥里。照那碑碣上时，前面都是龙章凤篆，天书符箓(lù)，人皆不识；照那碑后时，却有四个真字大书，凿着"遇洪而开"。却不是一来天罡星合当出世，二来宋朝必显忠良，三来凑巧遇着洪信。岂不是天数！洪太尉看了这四个字，大喜，便对真人说道："你等阻当我，却怎地数百年前已注我姓字在此？'遇洪而开'，分明是教我开看，却何妨！我想这个魔王，都只在石碑底下。汝等从人与我多唤几个火工人等，将锄头铁锹来掘开。"真人慌忙谏道："太尉，不可掘动！恐有利害，伤犯于人，不当稳便。"太尉大怒，喝道："你等道众，省得甚么！碑上分明凿着遇我教开，你如何阻当！快与我唤人来开。"真人又三回五次禀道："恐有不好。"太尉那里肯听。只得聚集众人，先把石碑放倒，一齐并力掘那石龟，半日方才掘得起。又掘下去，约有三四尺深，见一片大青石板，可方丈围。洪太尉叫再掘起来，真人又苦禀道："不可掘动！"太尉那里肯听。众人只得把石板一齐扛起，看时，石板底下却是一个万丈深浅地穴。只见穴内刮剌剌一声响亮，那响非同小可，恰似：

天摧地塌，岳撼山崩。钱塘江上，潮头浪拥出海门来；泰华山头，巨灵神一劈山峰碎。共工奋怒，去盔撞倒了不周山；力士施威，飞锤击碎了始皇辇。一风撼折千竿竹，十万军中半夜雷。

那一声响亮过处，只见一道黑气，从穴里滚将起来，掀塌了半个殿角。那道黑气直冲上半天里，空中散作百十道金光，望四面八方去了。众人吃了一惊，发声喊，都走了，撇下锄头铁锹，尽从殿内奔将出来，推倒攧翻无数。惊得洪太尉目睁痴呆，罔知所措，面色如土，奔到廊下，只见真人向前叫苦不迭。

（选自　第一回　张天师祈禳瘟疫　洪太尉误走妖魔）

✽ 原著练习

1. 在正确的读音下画横线：

素斋(sù zhāi　sù zāi)　　　　　　倦怠(juàn dài　juàn tài)

万壑(wàn hè　wàn huò)　　　　　诏敕(zhāo chì　zhào chì)

咆哮(páo xiāo　páo xiào)　　　　明眸(míng mōu　míng móu)

2. 按选段内容填空：

(1)(洪太尉)(　　　　　)一身新鲜布衣，脚下(　　　　　)麻鞋草履，

(　　　　　)素斋，(　　　　　)丹诏，用黄罗包袱(　　　　　)脊梁上，手里

(　　　　　)银手炉，降降地(　　　　　)御香。

(2)晴如闪电尾如(　　　　　)，口似(　　　　　)牙似戟。

(3)那条大蛇径(　　　　　)到盘砣石边，(　　　　　)着洪太尉(　　　　　)

做一堆，两只眼(　　　　　)出金光，(　　　　　)开巨口，(　　　　　)出舌头，

(　　　　　)那毒气在洪太尉脸上。

(4)只见那个道童，(　　　　　)着黄牛，(　　　　　)着那管铁笛，正过

山来。

(5)道童(　　　　　)一声，也不回应，又(　　　　　)铁笛转过山坡去了。

3. 判断：

(1)洪太尉在山上，先遇到老虎，再遇到蛇。(　　　)

(2)洪太尉是受宋徽宗的安排，去江西信州龙虎山的。(　　　)

(3)"大虫去了一盏茶时，方才爬将起来。"这句话是说老虎离开了比较长的

时间，洪太尉才站起来。(　　　)

(4)张天师是通过洪太尉所背的诏敕才知道皇帝要宣他去东京祈禳天下瘟疫

的。(　　　)

(5)"这小的如何尽知此事？想是天师分付他，已定是了。"这是设问修辞手

法。(　　　)

4. 洪太尉揭开镇魔石的理由是什么？

5. 也许你在游山玩水时，处处有开心快乐；也许你也曾有独处的惊恐。不管是哪一种，你都可以有重点地选几处场景，按游玩顺序写出你当时的所见所闻所感。

第二节　鲁提辖收拾恶霸郑屠

（选自　第三回　史大郎夜走华阴县　鲁提辖拳打镇关西）

前言：鲁达当时是一官府人家的提辖，众人都害怕他，人称鲁提辖。一次，鲁提辖在和史进、李忠喝酒的时候，正谈论枪法，忽然听见隔壁有人哭泣，他非常生气。当他发现是受冤的父女时，不但气消了，而且决定解救他们，并惩罚欺负他们的郑屠。

且说郑屠开着两间门面，两副肉案，悬挂着三五片猪肉。郑屠正在门前柜身内坐定，看那十来个刀手卖肉。

鲁达走到门前，叫声："郑屠！"郑屠看时，见是鲁提辖，慌忙出柜身来唱喏道："提辖恕罪。"便叫副手掇（duō）条凳子来："提辖请坐。"

鲁达坐下道："奉经略相公钧旨，要十斤精肉，切做臊（sāo）子，不要见半点肥的在上头。"郑屠道："使头，你们快选好的切十斤去。"

鲁提辖道："不要那等腌臜（ā za）厮们动手，你自与我切。"郑屠道："说得是，小人自切便了。"自去肉案上拣了十斤精肉，细细切做臊子。

那店小二把手帕包了头，正来郑屠家报说金老之事，却见鲁提辖坐在肉案门边，不敢拢来，只得远远的立住在房檐下望。

这郑屠整整的自切了半个时辰，用荷叶包了，道："提辖，教人送去？"鲁达道："送甚么！且住，再要十斤都是肥的，不要见些精的在上面，也要切做臊子。"

郑屠道："却才精的，怕府里要裹馄饨，肥的臊子何

唱喏，就是打招呼。郑屠的情商比较高，看见提辖来了，动作很快，客气话说得也很好。

瞧瞧鲁达的神态及说话的语气，想象一下鲁达的内心吧。

这两个角儿开打了。鲁达边骂边打，郑屠气得无话可说。

鲁达、鲁提辖以及后文中的鲁智深是同一人，他就是这种性格。

不得不佩服施耐庵先生，不得不承认这是中国四大古典名著之一的描写特点。

用？"鲁达睁着眼道："相公钧旨分付洒家，谁敢问他。"

郑屠道："是。合用的东西，小人切便了。"又选了十斤实膘的肥肉，也细细的切做臊子，把荷叶来包了。整弄了一早辰，却得饭罢时候。

那店小二那里敢过来，连那正要买肉的主顾也不敢扰来。

郑屠道："着人与提辖拿了，送将府里去？"鲁达道："再要十斤寸金软骨，也要细细地剁做臊子，不要见些肉在上面。"郑屠笑道："却不是特地来消遣我。"鲁达听罢，跳起身来，拿着那两包臊子在手里，睁眼看着郑屠说道："洒家特的要消遣你！"把两包臊子劈面打将去，却似下了一阵的肉雨。郑屠大怒，两条忿气从脚底下直冲到顶门，心头那一把无明业火，焰腾腾的按纳不住，从肉案上抢了一把剔骨尖刀，托地跳将下来。鲁提辖早拔步在当街上。众邻舍并十来个火家，那个敢向前来劝，两边过路的人都立住了脚，和那店小二也惊的呆了。

郑屠右手拿刀，左手便来揪鲁达，被这鲁提辖就势按住左手，赶将入去，望小腹上只一脚，腾地踢倒了在当街上。

鲁达再入一步，踏住胸脯，提起那醋钵(bō)儿大小拳头，看着这郑屠道："洒家始投老种经略相公，做到关西五路廉访使，也不枉了叫做镇关西。你是个卖肉的操刀屠户，狗一般的人，也叫做镇关西！你如何强骗了金翠莲？"扑的只一拳，正打在鼻子上，打得鲜血迸流，鼻子歪在半边，却便似开了个油酱铺，咸的、酸的、辣的，一发都滚出来。郑屠挣不起来，那把尖刀也丢在一边，口里只叫："打得好！"鲁达骂道："直娘贼！还敢应口！"提起拳头来就眼眶际眉梢只一拳，打得眼睖(lèng)缝裂，乌珠迸出，也似开了个彩帛铺的，红的、黑的、绛的，都滚将出来。

两边看的人惧怕鲁提辖，谁敢向前来劝？郑屠当不过讨饶。鲁达喝道："咄！你是个破落户！若是和俺硬到底，洒家倒饶了你。你如何叫俺讨饶，洒家却不饶你！"又只一拳，太阳上正着，却似做了一个全堂水陆的道场，磬（pán）儿、钹（bó）儿、铙（náo）儿一齐响。

鲁达看时，只见郑屠挺在地上，口里只有出的气，没了入的气，动掸不得。鲁提辖假意道："你这厮诈死，洒家再打。"只见面皮渐渐的变了，鲁达寻思道："俺只指望痛打这厮一顿，不想三拳真个打死了他。洒家须吃官司，又没人送饭，不如及早撒开。"拔步便走，回头指着郑屠尸道："你诈死，洒家和你慢慢理会。"一头骂，一头大踏步去了。街坊邻舍并郑屠的火家，谁敢向前来拦他。

鲁提辖回到下处，急急卷了些衣服盘缠，细软银两，但是旧衣粗重都弃了。提了一条齐眉短棒，奔出南门，一道烟走了。

且说郑屠家中众人，救了半日不活，呜呼死了。

> 其实鲁提辖粗中有细，他知道已经打死了郑屠，表面还假意说他诈死。

<后语>

郑屠被打死后，他的家人把鲁达告上了官府。由于鲁达是经略府的军官，当时受理案子的官员十分慎重，经过经略府同意后，才下文捉拿鲁达。鲁达逃到代州雁门县时，被自己帮助过的金老救了。此时的金老已经是当地一位既有钱又有义的赵员外的岳父大人了。赵员外通过自己的关系，将鲁达送到五台山寺庙文书院里。鲁达是一个五大三粗之人，不久也就闹出了"鲁智深大闹五台山""赵员外重修文书院""花和尚大闹桃花村""鲁智深火烧瓦罐寺"等故事。

❖ 闲话少说

鲁提辖收拾郑屠的过程就像发生海啸一般。先是风平浪静，接着就是风起云涌，最后掀起万丈狂澜。鲁智深的动作、神态及那场面，让人倍感惊骇。

❈ 我观"水浒"：

惩罚应该有度

鲁提辖脾气差。他眼里揉不得沙子，耳朵听不得强权恶霸，内心非常同情弱小。他听了流浪卖艺之人金老父女的哭诉之后，非常生气。

郑屠欺软怕硬

郑屠认为自己杀猪卖肉有钱，就想欺负他人。金老父女就受他欺负：他当初要金老写一张收款字据，实际上金老并没有收钱。事后他要金老按字据还钱，并强行占有金老的女儿。金老没有钱，就只好卖唱筹钱。鲁提辖为了帮助金老父女，决定惩治一下郑屠。

郑屠看见鲁提辖进了自己的小店，"慌忙出柜身"迎接，客气地说"恕罪"，连忙给他让座。

提辖消遣郑屠

鲁提辖从进入郑屠的小店开始，就有意消遣他了。鲁提辖要求郑屠亲自动手切臊子，不能要其他伙计代劳。郑屠很快就切好了十斤精肉臊子。等郑屠包好后，鲁提辖又要他切十斤纯肥肉臊子。此时，郑屠有些犹豫、纳闷了，他很少听说用纯肥肉做臊子。当鲁提辖再次说出要十斤纯寸金软骨做臊子时，郑屠就感觉有些不对了。这个要求，一般人可能都受不了，郑屠也一样，这分明是来寻衅滋事的。郑屠碍于鲁提辖的面子，笑着说，"却不是特地来消遣我"。鲁提辖一听，知道郑屠看出来了，就抓起前面做好的臊子砸向郑屠。憋了好久的郑屠终于"按纳不住"，两人打起来了。

提辖教训郑屠

要老板自己切臊子，不要店小二来做，郑屠忍了；切了精肉，又切肥肉，郑屠也忍了。作弄一下犯错的郑屠，甚至动手教训一下郑屠，然后让他认识并改正错误，或许大家都能理解、接受这个粗鲁的鲁提辖。郑屠欺诈金老父女，理应让他得到应有的惩罚，但将郑屠打得"只有出的气，没了入的气，动掸不得"，就有些过了。鲁提辖自己也意识到了。

惩罚应有尺度

在大宋社会里，打斗虽然多，但将人打伤至死是不允许的。"杀人偿命"，这是自古以来的道理。鲁提辖因打死郑屠被官府通缉，要受到法律的制裁。如此看来，惩罚应该有尺度，要依法依规。

♣ "水浒"技法：

旁观者的作用不可小看

一篇文章中，既要写好主要人物，也要处理好次要人物。其中旁观者对文章中心的烘托作用不可小看。

事件经过

本选段中，主要人物是鲁提辖和郑屠。他俩之间的事情是核心。鲁提辖到郑屠的肉店，先故意"消遣"郑屠，再惩治他。一开始鲁提辖不动声色地要郑屠切十斤精肉臊子，郑屠照做了；鲁提辖又要他切十斤肥肉臊子，不知其意的郑屠也照做了；当郑屠听到鲁提辖再要他切十斤寸金软骨臊子时，就感觉不对了。于是郑屠提出了质疑："却不是特地来消遣我。"鲁提辖这时明确地告诉他"洒家特的要消遣你"。郑屠再也忍不住了，双方就开始动怒，打闹起来，继而鲁提辖失手将郑屠打死。

远观者

在这个过程中，作者间歇式地穿插描写旁观者 6 次。随着故事情节的发展，我们通过这 6 次描写，感受到鲁提辖和郑屠之间的关系越来越紧张。

首先只有店小二一人在旁边远远地立住，在房檐下观望。他只想给郑屠通风报信，让郑屠提前防备一下。但他来后发现迟了一点，他们已经干上了。他知道无法改变这件事，只好远远观望。

事情继续发展，当时间过去了一早晨，都到了"饭罢时候"了，鲁提辖还在郑屠那里。气氛越来越紧张，这时不仅店小二不敢过来，就连"那正要买肉的主顾都不敢拢来"。

远观的店小二不敢来，"惊的呆了"，那些准备到肉铺买肉的顾客见这情景，也只能远观，不敢来了。

近观者

时间一分一秒地过去了，鲁提辖和郑屠说着说着，就由双方的说笑变成了丢臊子、拿尖刀、跳将起来。远观的人不敢过来相劝，旁边的众邻舍及十来个伙计也不敢劝，两边过路的人都立住脚。这些近处的人都怕引火烧身。

一般来说，两人打架常由斗嘴开始。争吵打架的开始阶段或许还能被劝解平息，在近处旁观的人也会有劝解的想法。或许读者要问了：这里为什么没有人劝解他俩呢？选段中鲁提辖和郑屠都不是一般的人，他们的性格都无法让人来劝解。知道鲁提辖本意的店小二都只能远观、着急，何况是旁边的人呢？肉铺的伙计看见他们开始还有说有笑，谁会想到后来要打要杀呢？

等到鲁提辖把郑屠打倒在地不动了，所有旁观者依然不敢阻拦鲁提辖。

本选段主要描写鲁提辖和郑屠，但也侧面描写了旁观者的表现。主要人物之间的故事在发展，并且越来越紧张，旁观者也在为故事的发展推波助澜，不断渲染，二者共同把故事推向高潮。我们在写作文时，在描写主要人物的活动时，不妨适当地增加一点旁观者的表现，写一点当时的场面情况，达到渲染气氛、烘托主要人物的目的。

♨ **趣味链接:**

鲁智深浙江坐化

　　且说鲁智深自与武松在寺中一处歇马听候，看见城外江山秀丽，景物非常，心中欢喜。是夜月白风清，水天同碧。二人正在僧房里睡至半夜，忽听得江上潮声雷响。鲁智深是关西汉子，不曾省得浙江潮信，只道是战鼓响，贼人生发，跳将起来，摸了禅杖，大喝着便抢出来。众僧吃了一惊，都来问道："师父何为如此，赶出何处去？"鲁智深道："洒家听得战鼓响，待要出去厮杀。"众僧都笑将起来，道："师父错听了，不是战鼓响，乃是钱塘江潮信响。"鲁智深见说，吃了一惊，问道："师父，怎地唤做潮信响？"寺内众僧推开窗，指着那潮头叫鲁智深看，说道："这潮信日夜两番来，并不违时刻。今朝是八月十五日，合当三更子时潮来。因不失信，为之潮信。"鲁智深看了，从此心中忽然大悟，拍掌笑道："俺师父智真长老，曾嘱付与洒家四句偈言，道是'逢夏而擒'，俺在万松林里厮杀，活捉了个夏侯成；'遇腊而执'，俺生擒方腊；今日正应了'听潮而圆，见信而寂'，俺想既逢潮信，合当圆寂。众和尚，俺家问你，如何唤做圆寂？"寺内众僧答道："你是出家人，还不省得？佛门中圆寂便是死。"鲁智深笑道："既然死乃唤做圆寂，洒家今已必当圆寂。烦与俺烧桶汤来，洒家沐浴。"寺内众僧，都只道他说耍，又见他这般性格，不敢不依他，只得唤道人烧汤来与鲁智深洗浴。换了一身御赐的僧衣，便叫部下军校："去报宋公明先锋哥哥，来看洒家。"又问寺内众僧处，讨纸笔写下了一篇颂子，去法堂上捉把禅椅，当中坐了。焚起一炉好香，放了那张纸在禅床上，自叠起两只脚，左脚搭在右脚，自然天性腾空。比及宋公明见报，急引众头领来看时，鲁智深已自坐在禅椅上不动了。看其颂曰：

　　平生不修善果，只爱杀人放火。忽地顿开金枷，这里扯断玉锁。咦！钱塘江上潮信来，今日方知我是我。

　　宋江与卢俊义看了偈语，嗟叹不已。

　　　　　　　　　　（选自　第九十九回　鲁智深浙江坐化　宋公明衣锦还乡）

✳ 原著练习

1. 在正确的读音下画横线：

提辖(tí xiá tí xià)　　　　　　消遣(xiāo qiǎn xiāo qiǎn)

臊子(sāo zi zāo zi)　　　　　　醋钵(cù bō cù bó)

馄饨(hún dùn hún tun)　　　　　眼睖(yǎn líng yǎn lèng)

2. 按选段内容填空：

(1)鲁达(　　　　)道："相公钧旨分付洒家，谁敢问他？"

(2)鲁达听罢，(　　　　　　)起身来，(　　　　　　)那两包臊子在手里，(　　　　　)着郑屠说道："洒家特的要消遣你！"

(3)郑屠(　　　　)不起来，那把尖刀也(　　　　　)在一边，口里只叫："打得好！"

(4)……却便似开了个(　　　　　　)：咸的、酸的、辣的，一发都滚出来。……却似做了一全堂水陆的(　　　　　　)：磬儿、钹儿、铙儿，一齐响。

(5)鲁提辖回到下处，急急(　　　　)了些衣服盘缠、细软银两，旧衣粗重都(　　　　)了，(　　　　)了一条齐眉短棒，(　　　　)出南门，一道烟走了。

3. 判断：

(1)鲁提辖是因为金氏父女受郑屠的欺负才去消遣郑屠的。(　　　)

(2)鲁提辖先要郑屠切十斤精肉臊子，再切十斤寸金软骨臊子，最后再切十斤肥肉臊子。(　　　)

(3)鲁提辖并不想打死郑屠，只是想教训他，救出金氏父女。(　　　)

(4)金翠莲的父亲介绍鲁达到五台山寺庙做和尚。(　　　)

(5)送给鲁智深四句偈言的师傅是太上老君。(　　　)

4. 鲁提辖为什么要教训郑屠？你怎么看这件事情？

　　5. 虽然我们很难见到鲁提辖怒打"镇关西"的真实场面，但经常会见到同学们的打闹。选一次同学之间的打闹，写出双方当事人及旁观者的表现。

第三节 林教头做客柴进庄

（选自 第九回 柴进门招天下客 林冲棒打洪教头）

前言：高太尉陷害林冲，让其误入白虎堂，林冲因此被刺配沧州道。在野猪林，押送林冲的董超、薛霸依高太尉的要求欲杀他，幸亏鲁智深及时相救，并一路护送到沧州道附近。当林冲得知柴大官人就在附近时，他决定先去拜会一下这位官人。

三个人来到庄上，见条阔板桥上坐着四五个庄客，都在那里乘凉。三个人来到桥边，与庄客施礼罢，林冲说道："相烦大哥报与大官人知道，京师有个犯人迭配牢城姓林的求见。"庄客齐道："你没福，若是大官人在家时，有酒食钱财与你。今早出猎去了。"林冲道："不知几时回来？"庄客道："说不定，敢怕投东庄去歇也不见得。许你不得。"林冲道："如此是我没福，不得相遇。我们去罢。"别了众庄客，和两个公人再回旧路，肚里好生愁闷。行了半里多路，只见远远的从林子深处一簇人马来。但见：

人人俊丽，个个英雄。数十匹骏马嘶风，两三面绣旗弄日。粉青毡笠，似倒翻荷叶高擎；绛（jiàng）色红缨，如烂熳莲花乱插。飞鱼袋内，高插着描金雀画细轻弓；狮子壶中，整攒着点翠雕翎端正箭。牵几只赶獐细犬，擎数对拿兔苍鹰。穿云俊鹘顿绒绦，脱帽锦雕寻护指。摽枪风利，就鞍边微露寒光；画鼓团圞（luán），向鞍上时闻响震。辔（pèi）边拴系，都缘是天外飞禽；马上擎抬，莫不是山中走兽。好似晋王临紫塞，浑如汉武到长杨。

那簇人马飞奔庄上来，中间捧着一位官人，骑一匹雪白

> 通过庄客的话，知道了柴进大官人的特点。

这"三牙掩口髭须"长在柴进的白净面皮上，不长不短，不密不疏，不杂不乱，是典型的因人而美的气质型胡须，恰到好处地衬托出完美的世家公子形象。

卷毛马。马上那人生得龙眉凤目，皓齿朱唇，三牙掩口髭(zī)须，三十四五年纪，头戴一顶皂纱转角簇花巾，身穿一领紫绣团龙云肩袍，腰系一条玲珑嵌宝玉绦环，足穿一双金线抹绿皂朝靴，带一张弓，插一壶箭，引领从人，都到庄上来。林冲看了，寻思道："敢是柴大官人么？"又不敢问他，只自肚里踌躇。只见那马上年少的官人纵马前来，问道："这位带枷(jiā)的是甚人？"林冲慌忙躬身答道："小人是东京禁军教头姓林名冲，为因恶(wù)了高太尉，寻事发下开封府问罪，断遣刺配此沧州。闻得前面酒店里说，这里有个招贤纳士好汉柴大官人，因此特来相投。不遇官人，当以实诉。"那官人滚鞍下马，飞近前来，说道："柴进有失远迎迓。"就草地上便拜。林冲连忙答礼。那官人携住林冲的手，同行到庄上来。

那庄客们看见，大开了庄门，柴进直请到厅前。两个叙礼罢，柴进说道："小可久闻教头大名，不期今日来踏贱地，足称平生渴仰之愿。"林冲答道："微贱林冲，闻大人贵名传播海宇，谁人不敬。不想今日因得罪犯，流配来此，得识尊颜，宿生万幸！"柴进再三谦让，林冲坐了客席，董超、薛霸也一带坐了。跟柴进的伴当各自牵了马，去后院歇息，不在话下。

招待林冲的标准可不一般哟！

柴进便唤庄客，叫将酒来。不移时，只见数个庄客托出一盘肉，一盘饼，温一壶酒；又一个盘子，托出一斗白米，米上放着十贯钱，都一发将出来。柴进见了道："村夫不知高下，教头到此，如何恁地轻意！快将进去。先把果盒酒来，随即杀羊，然后相待。快去整治！"林冲起身谢道："大官人不必多赐，只此十分勾了，感谢不当。"柴进道："休如此说。难得教头到此，岂可轻慢。"庄客不敢违命，先捧出果盒酒来。柴进起身，一面手执三杯。林冲谢了柴进，饮酒罢，两个公人一同饮了。柴进道："教头请里面少坐。"柴进随即解了弓袋、箭壶，就请两个公人一同饮酒。

柴进当下坐了主席，林冲坐了客席，两个公人在林冲肩下，叙说些闲话，江湖上的勾当。不觉红日西沉，安排得酒食果品海味，摆在桌上，抬在各人面前。柴进亲自举杯，把了三巡，坐下叫道："且将汤来吃。"吃得一道汤，五七杯酒，只见庄客来报道："教师来也。"柴进道："就请来一处坐地相会亦可。快抬一张桌来。"林冲起身看时，只见那个教师入来，歪戴着一顶头巾，挺着脯子，来到后堂。林冲寻思道："庄客称他做教师，必是大官人的师父。"急躬身唱喏道："林冲谨参。"那人全不采着，也不还礼。林冲不敢抬头。柴进指着林冲对洪教头道："这位便是东京八十万禁军枪棒教头，林武师林冲的便是，就请相见。"林冲听了，看着洪教头便拜。那洪教头说道："休拜，起来。"却不躬身答礼。柴进看了，心中好不喜意。林冲拜了两拜，起身让洪教头坐。洪教头亦不相让，便去上首便坐。柴进看了，又不喜欢。

林冲只得肩下坐了，两个公人亦各坐了。

那时的犯人虽然有一定的自由，但也是在"公人"的监督之下。

两个教头礼节全然不同，后来在柴进安排下，比试一番，其场面比较精彩，值得关注。

<后语>

在柴进庄上，洪教头看不起现今是流配犯人的林教头。柴进既想看看林教头的武艺，又想借此打击一下傲慢无礼的洪教头，就让两人比试，结果林教头获胜。林冲在柴进庄上住了几日后，就去了沧州牢营。在沧州，林冲再次侥幸地从高太尉的阴谋中逃生，并杀死了受高太尉派遣前来谋害他的陆虞候等人，最后投奔梁山。

❖ 闲话少说

柴进是《水浒传》中重要人物之一。林冲、武松、宋江、李逵等人曾在柴进家住过。柴进与宋江、林冲等人一样，最初并没有"落草为寇"的想法。但他对"落草"的人极有同情心，时常救济安抚这些人。所以，他在江湖上颇负盛名。

❋ 我观"水浒"：

说说"水浒"三大"江湖好名声"

《水浒传》里虽有一百零八位"英雄好汉"，但有"好名声"的并不多。其中，宋江、柴进、晁盖在江湖上是被公认为有"好名声"的"英雄好汉"。

一号人物——宋江

宋江是在第十八回"美髯公智稳插翅虎　宋公明私放晁天王"出场的。当时负责查办生辰纲被劫一案的缉捕使臣何涛，奉命来到郓城县捉拿晁盖等人。何涛在郓城县遇到了宋江，将案情告诉了他，希望能得到他的配合。身为上级部门的官吏何涛，在宋江面前"倒地便拜"，连忙称"久闻大名，无缘不曾拜识"，自称是"小人是一小弟，安敢占上？"宋江虽是下级小官员，但他的大名早已让上级官吏知道。不仅如此，何涛还自称"小人"。由此可见，宋江当时的社会影响有多大了。宋江知道案情后，立即悄悄地告诉了晁盖等人。晁盖等人知晓后迅速上梁山，并利用林冲杀了原寨主王伦，担任了梁山新寨主。晁盖等人在梁山站稳脚跟后，派刘唐感谢宋江的救命之恩，并给宋江写了一封感谢信。这封信却给宋江带来了麻烦，他因此杀了自己的小老婆阎婆惜，惹上了人命官司，被迫和弟弟宋清逃离家园，投奔柴进庄。柴进庄的庄客们听说宋江来访，高兴得有些不相信这是真的。他们以前经常听柴大官人讲及时雨宋押司的名字，但都没见过他。于是有人反问道："莫不是及时雨宋押司么？"柴大官人听说宋江来了，"慌忙跑将出来"，拜在地下，说道："端的想杀柴进，天幸今日甚风吹得到此，大慰平生渴仰之念，多幸！多幸！"原来柴进也十分渴求见到宋江。他们认为能见到宋江是一件多么幸运的事情。宋江来这里,灯花报,喜鹊叫。

在柴进庄上,宋江碰到了他的另外一位忠实"粉丝"。该"粉丝"认为宋江是"仗义疏财,扶危济困,是个天下闻名的好汉"。他以为自己是在梦中与宋江见面。这个"粉丝"就是武松。

宋江还有一位铁杆"粉丝"李逵,李逵明知宋江给他的是毒酒,也要喝下去,并且死后要和宋江埋在一起。李逵当初与宋江见面时,就说:"若真个是宋公明,我便下拜;若是闲人,我却拜甚鸟。"可见宋江在李逵心中的偶像地位。

阮氏兄弟称"俺哥哥山东、河北驰名,都称作及时雨呼保义宋公明",这个哥哥就是宋江。花荣、秦明等朝廷人员及江湖人士对宋江也是膜拜不已,正如教头病大虫薛永说:"闻名不如见面,见面胜似闻名。"宋江的名声早已响彻中原大地。

纳四方豪杰——柴进

柴进在第九回"柴进门招天下客　林冲棒打洪教头"中出现。从这一回的题目就可以看出,柴进与江湖的关系不一般。正如当地一家酒店老板说:江湖人称柴进为小旋风,凭着太祖武德皇帝赐予的丹书铁券,专接天下往来的好汉,不论身份。当初王伦不得志时,与杜迁在柴进庄上住了几天,并且得到了一些银两盘缠。石勇也说,他在世上只认两个人——柴进和宋江。

"水浒"一号人物宋江这样赞叹柴进:"久闻大官人大名,如雷灌耳。"好名声晁盖也说:"小可多闻人说柴大官人仗义疏财,接纳四方豪杰。"柴进为了请求蔡福给卢俊义留条性命,在自我介绍时说,"好义疏财,结识天下好汉"。

资助过梁山好汉,又在江湖上有好名声的柴进终究会加入梁山。以前,柴进一直以为自己有免死牌,可以自由自在地过自己的生活,并没有想到要去梁山。即使他的叔叔被殷天锡欺负至死,他还认为免死牌——丹书铁券可以救他。然而,很遗憾,殷天锡根本不理会这个。李逵见此情况,一怒之下,将殷天锡打死。柴进因此惹上了人命官司。他被殷家姑爷高廉所逼,投奔梁山,成为梁山天罡星三十六员——天贵星小旋风。

梁山前寨主——晁盖

晁盖和柴进一样，平生仗义疏财，专爱结识天下好汉。只要有人来投奔他，不论其身份，都要留在庄上；离开时，也会发给一些银两盘缠。距离郓城县东西村百十里路程的阮氏兄弟知道晁盖，也知道智多星吴用已投奔于他。

刘唐说："他是天下闻名的义士好汉，如今我有一套富贵要与他说知。"刘唐说的这个人就是晁盖。这套富贵是梁中书给他岳父的生辰纲。晁盖、吴用等人就是劫下这批生辰纲后被逼上梁山的。梁山第一任寨主王伦见到晁盖时，说："久闻晁天王大名，如雷灌耳。"王伦当时在江湖上小有名气，算是名人。他如此说，不是客套而是事实，晁天王的胸怀与胆识都要强过他。林冲在火并王伦后，推举晁盖做梁山第一把交椅时，这样说道，"今有晁兄，仗义疏财，智勇足备"。晁盖因此成为了梁山新寨主。

一次，李逵为了救他最好的兄长宋江，抢起两把板斧，一味地砍杀。晁盖看见他杀人无数，苦苦地叫道："不干百姓事，休只管伤人。"由此也能看出，晁盖对普通百姓的怜悯惜爱之心。

♣ "水浒"技法：

什么时候写人物外貌

文学名著中对人物外貌的描写是非常多的，并且同一个人物在不同的场合，不同的时间里出现都会进行恰当的刻画。

在中小学生习作中，什么时候插入人物外貌描写，又怎样进行外貌描写呢？

出场及时写

一般情况，外貌描写在人物出场的时候出现。如同演戏一样，一个人物出场时，我们都会观看他的穿着打扮，试图记住他（她）。导演或者作者，都是根据故事情节的需要来适当装扮演员的。

本选段中柴进第一次出现在林冲面前时，作者先把柴进的外貌展示给林冲：

"那人生得龙眉凤目,齿皓朱唇……头戴一顶皂纱转角簇花巾;身穿一领紫绣团龙云肩袍;腰系一条玲珑嵌宝玉绦环;足穿一双金线抹绿皂朝靴;带一张弓,插一壶箭。"人物一出场,就从头到脚,从穿着到兵器,都描写一番,让林冲认识,让读者知道。当洪教头出现在林冲面前时,作者这样描写他:"歪戴着一顶头巾,挺着脯子。"

当然也有根据习作的需要,在事情高潮部分、结尾部分来一段外貌描写的。这样处理,既给读者加深印象,又能凸显出人物形象。

外貌描写有主次

在外貌描写时也分主次,对主要人物的描写比较全面,而次要人物则只抓住其主要特征进行描写。在这一部分里,主要人物是柴进,他的描写正如前面所引用的,非常细致。而洪教头是次要人物,属于被批判的反面人物,因此描写他时就不需要太多的描写,抓住他不太好的特征,突出他是不受柴大官人喜欢的就可以了。从句子长度及描写的角度来看,对洪教头的外貌描写就只有一句话,非常简单。

描写为中心服务

不过,外貌描写一定要抓住人物特征,做到为文章中心服务,为人物性格服务,不能为了写外貌而写外貌,也不要面面俱到。除了要根据上面讲的分清主次人物外,还要注意求变化,观察和描写方法不能千篇一律。

本选段中,虽然柴进和洪教头都有头饰的描写,但作者描写的是柴进头戴"一顶皂纱转角簇花巾",洪教头却"歪戴着一顶头巾"。柴进在《水浒传》里是一个好汉,拥有好名声,而洪教头是一个并不受人喜欢的枪棒教师。通过人物外貌描写,读者很容易看出哪一个是正面人物,哪一个是反面人物。

❋ 趣味链接:

免死牌也救不了柴进

只说李逵在柴进庄上,住了一月之间,忽一日见一个人赍(jī)一封书急急奔庄上来。柴大官人却好迎着，接书看了，大惊道："既是如此，我只得去走一遭。"李逵便问道："大官人，有甚紧事?"柴进道："我有个叔叔柴皇城，见在高唐州居住。今被本州知府高廉的老婆兄弟殷天锡那厮来要占花园，呕了一口气，卧病在床，早晚性命不保。必有遗嘱的言语分付，特来唤我。想叔叔无儿无女，必须亲身去走一遭。"李逵道："既是大官人去时，我也跟大官人去走一遭如何?"柴进道："大哥肯去时，就同走一遭。"

柴进即便收拾行李，选了十数匹好马，带了几个庄客。次日五更起来，柴进、李逵并从人都上了马，离了庄院，望高唐州来。在路不免饥餐渴饮，夜宿晓行。来到高唐州，入城直至柴皇城宅前下马，留李逵和从人在外面厅房内。柴进自径入卧房里来，看视那叔叔柴皇城时，但见:

面如金纸，体似枯柴。悠悠无七魄三魂，细细只一丝两气。牙关紧急，连朝水米不沾唇;心膈膨脝(hēng)，尽日药丸难下腹。隐隐耳虚闻磬响，昏昏眼暗觉萤飞。六脉微沉，东岳判官催使去;一灵缥缈，西方佛子唤同行。丧门吊客已临身，扁鹊卢医难下手。

柴进看了柴皇城，自坐在叔叔卧榻前，放声恸哭。皇城的继室出来劝柴进道："大官人鞍马风尘不易，初到此间，且省烦恼。"柴进施礼罢，便问事情。继室答道："此间新任知府高廉，兼管本州兵马，是东京高太尉的叔伯兄弟，倚仗他哥哥势要，在这里无所不为。带将一个妻舅殷天锡来，人尽称他做殷直阁。那厮年纪却小，又倚仗他姐夫高廉的权势，在此间横行害人。有那等献勤的卖科，对他说我家宅后有个花园水亭，盖造的好。那厮带将许多诈奸不及的三二十人，径入家里，来宅子后看了，便要发遣我们出去，他要来住。皇城对他说道:'我家是金枝玉叶，有先朝丹书铁券在门，诸人不许欺侮。你如何敢夺占我的住宅? 赶我老小那里去?'那厮不容所言，定要我们出屋。皇城去扯他，反被这厮推抢殴打，因此受这口气，一卧不起，饮食不吃，服药无效，眼见得上天远，入地近。今日得大官人来家做个主张，便有些山高水低，也更不忧。"柴进答道："尊婶放心，只顾请好医士调治叔叔。但有门户，小侄自使人回沧州家里去取丹书铁券来，和他理会。便告到官府、今上御前，也不怕他。"继室道："皇城干事全不济事，还是大官人理论得是。"

柴进看视了叔叔一回，却出来和李逵并带来人从说知备细。李逵听了，跳将起来说道："这厮好无道理！我有大斧在这里，教他吃我几斧，却再商量。"柴进道："李大哥，你且息怒，没来由和他粗卤做甚么？他虽是倚势欺人，我家放着有护持圣旨。这里和他理论不得，须是京师也有大似他的，放着明明的条例，和他打官司。"李逵道："条例，条例！若还依得，天下不乱了！我只是前打后商量。那厮若还去告，和那鸟官一发都砍了。"柴进笑道："可知朱仝要和你厮并，见面不得。这里是禁城之内，如何比得你山寨里横行。"李逵道："禁城便怎地！江州无军马，偏我不曾杀人？"柴进道："等我看了头势，用着大哥时，那时相央。无事只在房里请坐。"

正说之间，里面侍妾慌忙来请大官人看视皇城。柴进入到里面卧榻前，只见皇城阁着两眼泪，对柴进说道："贤侄志气轩昂，不辱祖宗。我今日被殷天锡殴死，你可看骨肉之面，亲赍书往京师拦驾告状，与我报仇。九泉之下，也感贤侄亲意。保重，保重！再不多嘱！"言罢，便放了命。柴进痛哭了一场。

（选自　第五十二回　李逵打死殷天锡　柴进失陷高唐州）

✳ 原著练习

1. 在正确的读音下画横线：

愁闷（chóu mēn　chóu mèn）　　　一簇（yī cù　yì zú）

踌躇（chóu chú　chóu zhú）　　　携住（xié zhù　jié zhù）

唱喏（chàng nuò　chàng rě）　　　脯子（pú zi　pǔ zi）

2. 按选段内容填空：

（1）马上那人生得（　　　），齿皓朱唇，三牙掩口髭须，三十四五年纪，头戴一顶皂纱转角簇花巾，身穿（　　　）紫绣团（　　　），腰系（　　　）玲珑嵌宝玉绦环，足穿（　　　）金线抹绿皂朝靴，带（　　　）弓，插（　　　）箭；引领从人，都到庄上来。

（2）那官人（　　　）下马，（　　　）前来，说道："柴进有失远迎迓。"就草地上（　　　）。

（3）不多时，只见数个庄客托出（　　　　　）肉，（　　　　　）饼，温（　　　　　）酒；又（　　　　　）盘子，托出（　　　　　）白米，米上放着（　　　　　）钱，都一发将出来。

（4）只见那个教师（　　　　　），（　　　　　）一顶头巾，（　　　　　）脯子，（　　　　　）后堂。

（5）洪教头（　　　　　）不相让，便去上首（　　　　　）。

3. 判断：

（1）林冲是故意进入白虎堂，准备刺杀高太尉。高太尉一怒之下，将林冲刺配沧州。（　　　）

（2）"三个人来到桥边，与庄客施礼。"这三个人分别是林冲、董超和薛霸。（　　　）

（3）"村夫不知高下，教头到此，如何恁地轻意？"中"村夫"指的是柴进。（　　　）

（4）"那人全不睬着，也不还礼。"中的"那人"指的是林教头。（　　　）

（5）洪教头和林冲比武，获胜的是林冲。（　　　）

4. 你喜欢柴进大官人吗？为什么？

5. 走亲访友是社会交往的重要内容，也是维系亲情友情的重要方式。好好回忆一下，把你难忘的一次接待或者走亲访友活动生动地记录下来。

第四节 杨志领命生辰纲

（选自 第十六回 杨志押送金银担 吴用智取生辰纲）

前言：晁盖从刘唐处得知梁中书又准备了价值十万贯的生辰纲（生日礼物），准备送给其岳父，于是与吴用合计，联合阮氏三兄弟等人劫持。无独有偶，道人公孙胜也对这批生辰纲产生了兴趣，来到晁盖家，希望能一起劫这批搜刮得来的不义之财。由于以前出现过生辰纲被劫的情况，梁中书在想谁能担此重任，确保礼物万无一失。

梁中书看阶下那人时，却是青面兽杨志。梁中书大喜，随即唤杨志上厅说道："我正忘了你。你若与我送得生辰纲去，我自有抬举你处。"杨志叉手向前禀道："恩相差遣，不敢不依。只不知怎地打点？几时起身？"

梁中书道："着落大名府差十辆太平车子，帐前拨十个厢禁军监押着车，每辆上各插一把黄旗，上写着：'献贺太师生辰纲'，每辆车子再使个军健跟着。三日内便要起身去。"杨志道："非是小人推托，其实去不得。乞钧旨别差英雄精细的人去。"梁中书道："我有心要抬举你，这献生辰纲的札（zhá）子内另修一封书在中间，太师跟前重重保你，受道敕命回来。如何倒生支调，推辞不去？"杨志道："恩相在上：小人也曾听得上年已被贼人劫去了，至今未获。今岁途中盗贼又多，甚是不好。此去东京，又无水路，都是旱路，经过的是紫金山、二龙山、桃花山、伞盖山、黄泥冈、白沙坞、野云渡、赤松林，这几处都是强人出没的去处。更兼单身客人，亦不敢独自经过。他知道是金银宝物，如何不来抢

杨志在这里第一次说"去不得"，为什么？

杨志也算是江湖人士，有套路！

劫？枉结果了性命。以此去不得。"梁中书道："恁（nèn）地
时，多着军校防护送去便了。"杨志道："恩相便差五百人
去，也不济事。这厮们一声听得强人来时，都是先走了的。"
梁中书道："你这般地说时，生辰纲不要送去了?"杨志又禀
道："若依小人一件事，便敢送去。"

梁中书道："我既委在你身上，如何不依你说?"杨志
道："若依小人说时，并不要车子，把礼物都装做十馀条担
子，只做客人的打扮行货，也点十个壮健的厢禁军，却装做
脚夫挑着。只消一个人和小人去，却打扮做客人，悄悄连夜
送上东京交付。恁地时方好。"梁中书道："你甚说的是。我
写书呈，重重保你，受道诰命回来。"杨志道："深谢恩相
抬举。"

当日便叫杨志一面打拴担脚，一面选拣军人。次日，叫
杨志来厅前伺候，梁中书出厅来问道："杨志，你几时起
身?"杨志禀道："告复恩相，只在明早准行，就委领状。"梁
中书道："夫人也有一担礼物，另送与府中宝眷，也要你领。
怕你不知头路，特地再教奶公谢都管并两个虞候，和你一同
去。"杨志告道："恩相，杨志去不得了。"梁中书说道："礼
物多已拴缚完备，如何又去不得?"杨志禀道："此十担礼物
都在小人身上，和他众人都由杨志，要早行便早行，要晚行
便晚行，要住便住，要歇便歇，亦依杨志提调。如今又叫老
都管并虞候和小人去，他是夫人行的人，又是太师府门下奶
公，倘或路上与小人鳖（biē）拗（niù）起来，杨志如何敢和他
争执得？若误了大事时，杨志那其间如何分说?"

梁中书道："这个也容易，我叫他三个都听你提调便
了。"杨志答道："若是如此禀过，小人情愿便委领状。倘有
疏失，甘当重罪。"梁中书大喜道："我也不枉了抬举你，真
个有见识。"随即唤老谢都管并两个虞（yú）候出来，当厅分

这次杨志又说"去不得"，为什么？

这里来点神态描写会是啥状态？梁中书会是啥样子？

前有鲁提辖，现有杨提辖，都是提辖，考虑问题时差距却很大。

033

付道："杨志提辖情愿委了一纸领状，监押生辰纲十一担金珠宝贝赴京，太师府交割，这干系都在他身上。你三人和他做伴去，一路上早起晚行住歇，都要听他言语，不可和他鳌拗。夫人处分付的勾当，你三人自理会。小心在意，早去早回，休教有失。"老都管一一都应了。

＜后语＞

杨志带着老都管和两个虞候，领着十几个健壮的厢禁军，乔装出行，大约走了十五日后，他们在一片松树林里，遇到了吴用等人。吴用依计行事，很轻松地将这价值十万贯的生辰纲弄到了手。

❖ 闲话少说

梁中书为了岳父的生日礼物也是煞费苦心。杨志为了完成押送生辰纲的任务，想了很多办法，但遗憾的是押送没有成功。

❀ 我观"水浒"：

团队要有核心人物

任何一个团队，都需要核心人物。当团队出现不稳定因素时，需要核心人物来调控团队。送生辰纲到东京，不仅能得到人身自由，免除自己的罪过，还能得到重用。这对于杨志来说虽是好事情，但他也顾虑重重，多次拒绝。

高调张扬不得

第一次拒绝是因为梁中书采取的运送方式不好。梁中书最初安排十台车，每台车安排一个军士押着，并且在车上还插一面旗帜，上面还写着"献贺太师生辰纲"。用现在的话说，就是高调地宣布这里有许多金银财宝。在社会治安还不太好的情况下，这样做无疑会引火烧身。见过世面的杨志，知道这种做法是行不通的，会"枉结果了性命"。所以杨志拒绝了，说"以此去不得"。

低调扮作小贩

梁中书去年给岳父的生辰纲不知被谁劫走了，案子至今未破。今年他又准备了万贯财物，准备给其岳父送去。杨志知道梁中书的心思：今年无论如何要保证生辰纲的安全，就乘机提出要按自己的要求去送。

梁中书答应了他的要求，点十个壮健的军士扮作挑夫，将礼物用担子挑着，就像是一群做小本生意的人。如此低调一点，也许不会引起强盗们的注意。杨志一路小心谨慎，对军士催促不止，轻则痛骂，重则鞭打，天热也不让他们休息。杨志只想尽快将生辰纲平安送到京城蔡太师手中。

成为团队核心

杨志准备出发时，梁中书的太太又另外准备一份礼物给她娘家人，并且还派三个心腹跟着。这些心腹的资历和年龄都比杨志老。当梁中书提出太太的人一起随行时，杨志再次表示拒绝，说"杨志去不得了"。

杨志为什么说去不得呢？这就和团队的核心人物有关了。太太心腹之人的权力和影响力比杨志大得多，他们在府上是主人的心腹，也将是送生辰纲的领导层。领导多了，如果不理顺关系，就会耽误事。杨志说，当发生争执时，军士们会听谁的？会服从统一调度吗？杨志是军人出身，知道令行禁不止的后果。于是他提出"去不得"。他说，这一路上，当意见分歧时，只能有一个人说话算数，对送生辰纲负责。

梁中书是官场中人。他为官多年，自然知道团队是需要核心人物的。当即答应了杨志的要求，赞叹杨志"真个有见识"，并且吩咐太太的三个心腹一路上必须听从杨志的。

有了梁中书的交代，这三人既畏惧杨志，又碍于曾在梁中书面前表过态，虽然一路上有很多不愉快，但还是服从了杨志的管理。不过，遗憾的是，这次的生辰纲还是被吴用等人在半路上劫走了。太太的三个心腹也有了报复杨志的机会。他们回家后，在梁中书面前说了杨志的坏话，将杨志再次陷于不义之地。

♣ "水浒"技法：

曲折的故事更有吸引力

我们做事时，希望顺顺利利、平平安安，但听故事时，却喜欢曲折动听、惊险离奇甚至悬念重重。

困难中燃起希望

生活中，一些良好的想法实施起来可能会有很多困难。一个人如果找不到解决困难的办法，可能会知难而退，放弃自己的想法。梁中书一家在思考派谁护送生辰纲时，最初想到了很多人。梁中书认为他们都不合适。正当他们无助时，杨志出现在他们面前。杨志是梁中书收留的人员，梁中书认为他是最佳人选。从各方面来说，杨志都应该承担这个任务。生活中，如果在百般焦急时出现一点希望，那将是这个想法的"救命草"，会让人兴奋不已。同样，作为故事中的情节，杨志的出现吸引了读者，读者迫切地想看看事情的转机在哪里。

希望中又出现困难

故事情节如果和读者想象的一样，就很难吸引读者继续往下读。本选段中，杨志确实"知恩图报"，答应担任此次送生辰纲的重担，读者和梁中书一家悬着的心落地了。

可是杨志一听梁中书的安排就急了。在梁中书最初的安排下，生辰纲必定重蹈覆辙，难逃被劫命运。杨志表示他去不得，梁中书一听，显然有些生气了：这岂不是给岳父准备的生辰纲就送不到了?! 你杨志怎么能这样呢?! 我梁中书现在需要你时，你竟然用去年的情况来说明去不得! 当然，杨志并不是不想去，而是风险太大，担心任务完不成。在这种情况下，杨志自然要说明情况。待杨志说清楚情况后，梁中书认为他说得有理，就同意了他的计划。

最难的部分重点写

就在他们准备出发时，又出现了一个新的情况：梁太太要派三个人一起去。

派三个人去没关系，但是这三个人的资历和年龄都高过杨志。杨志一听又急了，再次表示去不得。从杨志受委派到最后出行，可以说送生辰纲的困难与问题一波接一波，解决了一个问题又冒出一个新的问题。故事就是这样曲折地发展，吸引大家读下去：杨志能否完成任务？一个吸引读者的故事，必定有它的奇趣性。事情的发展要用一个一个的困难或问题吊读者的胃口，选择其中一个最难的内容重点写。本选段的最后只提出新的困难。这些困难是如何克服的，在《水浒传》中描写得非常仔细。

写文章选择的材料要有曲折性，不要一帆风顺，要有遇见困难、克服困难的情节描写。本选段中，送生辰纲出发前所提到的困难或问题，可以说是方式方法问题，是客观的，是人和物品的关系问题，是出发前就可以解决的。但后面的问题是人的问题，是主观的，是人与人的关系问题，这个问题解决起来就比前面的复杂些。这样的故事读起来就有趣，有吸引力。

♨ 趣味链接：

杨志斗武

当时将台上早把青旗磨动。杨志拍马望南边去，周谨纵马赶来，将缰绳搭在马鞍鞒上，左手拿着弓，右手搭上箭，拽得满满地，望杨志后心飕地一箭。杨志听得背后弓弦响，霍地一闪，去镫里藏身，那枝箭早射个空。周谨见一箭射不着，却早慌了，再去壶中急取第二枝箭来，搭上弓弦，觑的杨志较亲，望后心再射一箭。杨志听得第二枝箭来，却不去镫里藏身。那枝箭风也似来，杨志那时也取弓在手，用弓梢只一拨，那枝箭滴溜溜拨下草地里去了。周谨见第二枝箭又射不着，心里越慌。杨志的马早跑到教场尽头，霍地把马一兜，那马便转身望正厅上走回来。周谨也把马只一勒，那马也跑回，就势里赶将来。去那绿茸茸芳草地上，八个马蹄翻盏撇钹相似，勃喇喇地风团儿也似般走。周谨再取第三枝箭，搭在弓弦上，扣得满满地，尽平生气力，眼睁睁地看着杨志后心窝上，只一箭射将来。杨志听得弓弦响，扭回身，就鞍上把那枝箭只一绰，绰在手里，便纵马入演武厅前，撇下周谨的箭。

梁中书见了大喜，传下号令，却叫杨志也射周谨三箭。将台上又把青旗磨动。周谨撇了弓箭，拿了防牌在手，拍马望南而走。杨志在马上把腰只一纵，略将脚一拍，那马勃喇喇的便赶。杨志先把弓虚扯一扯，周谨在马上听得脑后弓弦响，扭动转身来，便把防牌来迎，却早接个空。周谨寻思道："那厮只会使枪，不会射箭。等我待他第二枝箭再虚诈时，我便喝住了他，便算我赢了。"周谨的马早到教场南尽头，那马便转望演武厅来。杨志的马见周谨马跑转来，那马也便回身。杨志早去壶中掣出一枝箭来，搭在弓弦上，心里想道："射中他后心窝，必至伤了他性命。他和我又没冤仇，洒家只射他不致命处便了。"左手如托泰山，右手如抱婴孩，弓开如满月，箭去似流星，说时迟，那时快，一箭正中周谨左肩。周谨措手不及，翻身落马。那匹空马直跑过演武厅背后去了。众军卒自去救那周谨去了。

梁中书见了大喜，叫军政司便呈文案来，教杨志截替了周谨职役。杨志喜气洋洋，下了马，便向厅前来拜谢恩相，充其职役。

（选自　第十三回　急先锋东郭争功　青面兽北京斗武）

❉ 原著练习

1. 在正确的读音下画横线：

札子(zhá zi　chá zi)　　　　　　虞候(yú hóu　wú hóu)

诰命(hào mìng　gào mìng)　　　　争执(zhēng zhí　zhēn zhí)

鳖拗(bié ào　biē niù)　　　　　　干系(gān xì　gàn xì)

2. 按选段填空：

(1)杨志(　　　　)禀道："恩相差遣，不敢不依！只不知怎地打点？几时起身？"

(2)杨志道："(　　　　　)是小人推托，其实(　　　　　)，乞钧旨另差英雄精细的人去。"

(3)(　　　　)单身客人，(　　　　　)不敢独自经过。他知道是金银宝物，(　　　　)不来抢劫？

（4）杨志禀道："此十担礼物都在小人身上，和他众人都由杨志，要早行便早行，要晚行便（　　　　），要住便（　　　　），要歇便（　　　　），亦依杨志提调。"

（5）梁中书（　　　　）道："我也不枉了抬举你，真个有见识！"

3. 判断：

（1）梁中书给其岳父蔡太师送生日礼物，这批礼物当时叫生辰纲。（　　　）

（2）"你这般地说时，生辰纲不要送去了？"这句话是杨志说的。（　　　）

（3）"左手如托太山，右手如抱婴孩，弓开如满月，箭去似流星。"这是赞美杨志的箭法。（　　　）

（4）"你甚说的是。"这句话的意思是："只有你说的是对的。"（　　　）

（5）给蔡太师及家人送生辰纲和礼物的人共有18位。（　　　）

4. 杨志多次说送生辰纲去不得，你认为他说的有道理吗？说说你的想法。

5. 作者通过语言描写体现出杨志心细的特点。面对一个一个的困难，杨志都细细想来，一一道来，从而逐一解决。在生活中，有时为了完成一个任务会出现很多困难，你是如何一个一个地克服，最终完成任务的？你能选一件这样的事情写一写吗？

第五节　林冲力举晁盖

（选自　第二十回　梁山泊义士尊晁盖　郓城县月夜走刘唐）

前言：晁盖、吴用带着智取的生辰纲来到梁山泊入伙，发现王伦顾虑重重，不愿接纳他们时，便更加坚定地要推翻王伦了。林冲也认为只有火并王伦，才能有更"快活"的梁山泊。林冲在晁盖、吴用等人的支持下，将王伦杀死了。

话说林冲杀了王伦，手拿尖刀，指着众人说道："据林冲虽系禁军，遭配到此，今日为众豪杰至此相聚，争奈王伦心胸狭隘，嫉贤妒能，推故不纳，因此火并了这厮，非林冲要图此位。据着我胸襟（jīn）胆气，焉敢拒敌官军，剪除君侧元凶首恶？今有晁（cháo）兄，仗义疏财，智勇足备，方今天下人，人闻其名，无有不伏。我今日以义气为重，立他为山寨之主，好么？"众人道："头领言之极当。"

晁盖道："不可！自古强兵不压主。晁盖强杀，只是个远来新到的人，安敢便来占上。"林冲把手向前，将晁盖推在交椅上，叫道："今日事已到头，请勿推却。若有不从者，将此王伦为例！"再三再四扶晁盖坐了。

林冲喝道："众人就于亭前参拜了。"一面使小喽啰去大寨里摆下筵席；一面叫人抬过了王伦尸首；一面又着人去山前山后，唤众多小头目，都来大寨里聚义。

林冲等一行人请晁盖上了轿马，都投大寨里来。到得聚义厅前，下了马，都上厅来。众人扶晁天王去正中第一位交椅上坐定，中间焚起一炉香来。林冲向前道："小可林冲，只是个粗卤匹夫，不过只会些枪棒而已，无学无才，无智无术。今日山寨天幸得众豪杰相聚，大义既明，

> 林冲不但说出了杀王伦的理由，还提出了立晁盖为主的观点。

> 一个"喝"字，写出了林冲的余威，他杀王伦立晁盖，安排众人官职，无私无畏，众人不得不服呀！

非比往日苟且。学究先生在此，便请做军师，执掌兵权，调用将校，须坐第二位。"吴用答道："吴某村中学究，胸次又无经纶济世之才，虽只读些孙吴兵法，未曾有半粒微功，怎敢占上。"

林冲道："事已到头，不必谦让。"吴用只得坐了第二位。林冲道："公孙先生请坐第三位。"晁盖道："却使不得。若是这等推让之时，晁盖必须退位。"林冲道："晁兄差矣！公孙先生名闻江湖，善能用兵，有鬼神不测之机，呼风唤雨之法，谁能及也。"公孙胜道："虽有些小之法，亦无济世之才，如何便敢占上。还是头领请坐。"林冲道："今番克敌制胜，谁人及得先生良法。正是鼎分三足，缺一不可，先生不必推却。"公孙胜只得坐了第三位。

林冲再要让时，晁盖、吴用、公孙胜都不肯。三人俱道："适蒙头领所说，鼎分三足，以此不敢违命，我三人占上。头领再要让人时，晁盖等只得告退。"三人扶住林冲，只得坐了第四位。晁盖道："今番须请宋、杜二头领来坐。"那杜迁、宋万见杀了王伦，寻思道："自身本事低微，如何近的他们？不若做个人情。"苦苦地请刘唐坐了第五位，阮（ruǎn）小二坐了第六位，阮小五坐了第七位，阮小七坐了第八位，杜迁坐了第九位，宋万坐了第十位，朱贵坐了第十一位。梁山泊自此是十一位好汉坐定。山前山后共有七八百人，都来厅前参拜了，分立在两下。

晁盖道："你等众人在此，今日林教头扶我做山寨之主，吴学究做军师，公孙胜同掌兵权，林教头等共管山寨。汝等众人各依旧职，管领山前山后事务，守备寨栅滩头，休教有失。各人务要竭力同心，共聚大义。"再教收拾两边房屋，安顿了阮家老小，便教取出打劫得的生辰纲金珠宝贝，并自家庄上过活的金银财帛，就当厅赏赐众小头目并众多小喽啰。

当下椎(zhuī)牛宰马，祭祀天地神明，庆贺重新聚义。

众头领饮酒至半夜方散。

<后语>

从此，由十一位好汉形成的梁山泊团队稳定了一些时日。林冲看到梁山泊平稳后，就提出要回家看看夫人和老丈人等。令人遗憾的是，梁山泊派出的人员打听到他夫人不堪忍受高衙役的欺侮，上吊自杀了，其丈人也不幸病逝了。林冲由此也只能待在梁山泊，彻底地加入到反对高俅等人的队伍中了。

❖ **闲话少说**

王伦心胸狭窄，容不下这些好汉，最终祸害自身。林冲虽然火并了王伦，但也清楚自己不适合做新寨主。

❀ **我观"水浒":**

林冲为什么不自立寨主

林冲当众火并了王伦，拥立晁盖为梁山新寨主，吴用、公孙胜分别坐第二、三把交椅。当林冲准备提名其他人坐第四把交椅时，晁盖、吴用、公孙胜一起要求林冲坐第四把交椅。林冲为什么不坐前三把交椅？晁盖等人真心要请林冲做寨主吗？

林冲怄气

林冲火并前寨主王伦时，直言不讳地对王伦说：你嫉贤妒能，无大量大才，不适合做寨主。林冲说的是实话。王伦只能容比他能力差的人，他要做一手遮天的土皇帝。当初，王伦为了阻碍林冲入伙梁山泊，特意要求林冲完成投名状：要他去杀一个人，并且设置三天期限。事后，杨志上山，王伦想利用杨志来制约林冲。因此，尽管林冲没有完成投名状，王伦还是邀请杨志和林冲一同入伙梁山。遗憾的是，杨志那时还没有当强盗的想法，他还指望着能得到蔡知府的原谅，重回梁府。王伦碍于柴大官人及之前对杨志的态度，只好收下林冲。从此，王伦心胸狭窄的坏名声流传开去。林冲在那里怄气也尽人皆知。吴用在抢夺生辰纲之前，就有要抢占梁山泊、杀死王伦等人的想法。

赛诸葛吴用

王伦听说晁盖、吴用等人要入伙常住时，他的脸色一下子就变了，"骇然了半响，心内踌躇，做声不得"。这个细节被吴用全看在眼里。吴用与晁盖仔细地分析了王伦的心理和林冲的现状。晁盖同意了吴用的想法。

吴用不愧是赛诸葛，他对人物事理分析得非常到位，对林冲也了如指掌。第二天，林冲果然主动来拜访晁盖等人。他说，现如愿以偿地看到了晁盖。林冲拜见晁盖时，把自己的想法告知晁盖、吴用等人。他希望晁盖等人留在梁山，如果王伦不欢迎的话，林冲自有安排。他的安排就是火并王伦，让晁盖为王。

林冲明智的选择

此时，吴用已经确认了林冲有火并王伦之意。林冲也知道晁盖、吴用等人来者不善。晁盖仗义疏财，智勇足备，天下闻名。他与吴用等人劫下生辰纲，不仅显示出团队的力量，而且给梁山泊带来巨大的财富，这些都是林冲等人做不到的。因此，林冲非常明智地主动向晁盖、吴用等人献计，表明自己的态度：一起合作火并王伦。

晁盖、吴用等人来梁山泊之前就有心要灭王伦等人，但如果他们直接灭掉王伦又违背江湖道义。因此，他们只好借林冲杀人。同时，他们也知道林冲不敢自恃为王，因为林冲如此称王也会让自己失去江湖信义。当初王伦尽管心胸狭隘，但毕竟还是将林冲留了下来。所以，晁盖、吴用并不是真心让林冲当寨主，而是借林冲之意获得大家的认可。他们这样做，既不失江湖义气，又达到了自己的目的。

♣ "水浒"技法：

给读者留点空白

如果在同一事件中，有多个人物需要介绍或者表现时，我们该怎么办呢？

本选段中，梁山泊晁盖时代最初十一位好汉的排序一事就是如此。我们来看看作者是怎样处理的。

让主要人物发言

本次排序，首先由林冲主持安排。他在主持词中先说出本次排序的意义。他说铲除王伦，重新建立起梁山秩序是为了"拒敌官军，他日剪除君侧元凶首恶"。在这样的背景下，他安排晁盖坐第一把交椅。

此时，梁山上聚集了十一位好汉。作者是不是一个一个地介绍，平均发力描写呢？如果每一个人都详细介绍，每位好汉都发表一下自己的看法，讨论一番，读者能不能接受？会不会显得啰唆呢？事实上，作者是懂得读者的，他让主持人林冲介绍他们的情况，其他主要人物晁盖、吴用、公孙胜适当发声就可以了。

重点介绍核心人物

作者选择了对前四位好汉的情况做重点介绍，其他好汉一句话带过。读者也不必知道每一个排序的原因。如果读者想知道其中个别原因的话，通过阅读就能自我发现。给他们排序时，也不能一帆风顺，要有一点波折，让他们互相推辞一番，显得这个排序是不容易的。

第一位好汉理应重点介绍。林冲说："今有晁兄仗义疏财，智勇足备；方今天下人，人闻其名，无有不伏。"众头领也都同意了，可是晁盖以"强宾不压主"的古话为由拒绝安排。最后林冲以王伦为例威胁晁盖，必须由晁盖坐第一把交椅。好不容易安排好第一把交椅，接下来的第二、三把交椅在四人中产生。作者通过林冲介绍了吴用和公孙胜两位的特点，让读者再次认识这两位人物。前三把交椅勉强有三位好汉坐下来了，安排第四把的时候，林冲还没有让自己坐，但晁盖、吴用、公孙胜三人不答应了，林冲只好坐上第四把交椅。

其他略写　巧妙带过

重要人物排好序，稳定下来后，其他人虽然都是好汉，但也没必要一一说明了。晁盖带来的另外四人分别坐第五至八位，王伦原合伙人排在其后面，这其中的道理没有写明，是作者留给读者的思考空间。

我们在写类似的事情时，重点写个性突出的、有看头的内容，其他人可以略写，甚至一笔带过，就像本选段后面的好汉排序一样，给读者留下思考的空间。

♨ **趣味链接：**

王伦拒绝林冲

林冲立在朱贵侧边。朱贵便道："这位是东京八十万禁军教头，姓林名冲。因被高太尉陷害，刺配沧州，那里又被火烧了大军草料场，争奈杀死三人，逃走在柴大官人家。好生相敬，因此特写书来，举荐入伙。"林冲怀中取书递上。王伦接来拆开看了，便请林冲来坐第四位交椅，朱贵坐了第五位。一面叫小喽啰取酒来，把了三巡，动问柴大官人近日无恙。林冲答道："每日只在郊外猎较乐情。"

王伦动问了一回，蓦然寻思道："我却是个不及第的秀才，因鸟气合着杜迁来这里落草，续后宋万来，聚集这许多人马伴当。我又没十分本事，杜迁、宋万武艺也只平常。如今不争添了这个人，他是京师禁军教头，必然好武艺。倘若被他识破我们手段，他须占强，我们如何迎敌。不若只是一恠，推却事故，发付他下山去便了，免致后患；只是柴进面上却不好看，忘了日前之恩。如今也顾他不得。"有诗为证：

英勇多推林教头，荐贤柴进一难侔。

斗筲（shāo）可笑王伦量，抵死推辞不肯留。

当下王伦叫小喽啰一面安排酒食，整理筵宴，请林冲赴席，众好汉一同吃酒。将次席终，王伦叫小喽啰把一个盘子托出五十两白银，两匹纻丝来。王伦起来说道："柴大官人举荐将教头来敝寨入伙，争奈小寨粮食缺少，屋宇不整，人力寡薄，恐日后误了足下，亦不好看。略有些薄礼，望乞笑留，寻个大寨安身歇马，切勿见怪。"林冲道："三位头领容复：小人千里投名，万里投主，凭托柴大官人面皮，径投大寨入伙。林冲虽然不才，望赐收录，当以一死向前，并无诎佞，实为平生之幸。不为银两赍发而来，乞头领照察。"王伦道："我这里是个小去处，如何安着得你。休怪，休怪！"朱贵见了，便谏道："哥哥在上，莫怪小弟多言。山寨中粮食虽少，近村远镇，可以去借；山场水泊，木植广有，便要盖千间房屋却也无妨。这位是柴大官人力举荐来的人，如何教他别处去？抑且柴大官人自来与山上有恩，日后得知不纳此人，须不好看。这位又是有本事的人，他必然来出气力。"杜迁道："山寨中那争他一个。哥哥若不收留，柴大官人知道时见怪，显的我们忘恩背义。日前多曾亏了他，今日荐个人来，便恁推却，发付他去。"宋万也劝道："柴大官人面上，可容他在这里做个头领也好。不然见的我们无意气，使江湖上好汉见笑。"王伦道："兄弟们不知，他在沧洲虽是犯了迷天大罪，今日上山，却不知心腹。倘或来看虚实，如之奈何？"林冲道："小人一身犯了死罪，因此来投入伙，何故相疑。"王伦道："既然如此，你若真心入伙时，把一个投名状来。"林冲便道："小人颇识几字，乞纸笔来便写。"朱贵笑道："教头，你错了。但凡好汉们入伙，须要纳投名状。是教你下山去杀得一个人，将头献纳，他便无疑心。这个便谓之投名状。"林冲道："这事也不难，林冲便下山去等，只怕没人过。"王伦道："与你三日限。若三日内有投名状来，便容你入伙；若三日内没时，只得休怪。"林冲应承了，自回房中宿歇，闷闷不已。

（选自 第十一回 朱贵水亭施号箭 林冲雪夜上梁山）

✱ 原著练习

1. 在正确的读音下画横线：

狭隘(xiá ài　xiá yì)　　　　　　山寨(shān zài　shān zhài)

谦让(qiān ràng　jiān ràng)　　　　　晁盖(cháo gài　tiáo gài)

参拜(cān bài　cān pài)　　　　　　　祭祀(jì sì　jìn sì)

2. 按选段内容填空：

(1)火并王伦的人是(　　　　　)。

(2)王伦死后，梁山泊前四位头领依次是：(　　　　　)、(　　　　　)、

(　　　　　)、(　　　　　)。

(3)吴用答道："吴某村中学究，胸次又无(　　　　　)之才；虽只读些

(　　　　　)，未曾有(　　　　　)微功。怎敢占上！"

(4)公孙先生名闻江湖，善能用兵，有(　　　　　)之机，(　　　　　)之法，

谁能及也。

(5)当初林冲到梁山泊时，王伦要林冲交纳"(　　　　　)"，方可入伙。

3. 判断：

(1)林冲推举晁盖的理由是：他仗义疏财，智勇足备，在社会及江湖上有很

好的名声。(　　　)

(2)林冲认为，晁盖、吴用和公孙胜三人构成了一个非常重要的核心团队，

三人如同鼎的三只脚。(　　　)

(3)导致王伦被火并的主要原因是他心胸狭窄，嫉贤妒能，心中容不下比他

厉害的好汉。(　　　)

(4)"(晁盖)便叫取出打劫得的生辰纲——金珠宝贝。"中破折号的作用表示

转折。(　　　)

(5)林教头因武艺高强、杀王伦有功，被立为梁山泊寨主。(　　　)

4. 你对王伦的印象是什么？结合你阅读的内容，说说你的看法。

5. 谦让是中华美德。在生活中你一定有谦让或者被谦让的事，回忆一下，

写出谦让的原因、经过、结果。

第六节　武松醉打蒋门神

(选自　第二十九回　施恩重霸孟州道　武松醉打蒋门神)

　　前言：武松将毒死哥哥的潘金莲等人处死后，来到官府自首，被官府发配至孟州监牢。蒋门神仗着自己和张团练的关系，强行霸占了孟州监牢管营的儿子施恩的酒店。施恩想利用武松帮他惩治蒋门神。于是，管营父子对武松关怀备至。一天，施恩对武松说出了他们的想法，武松毫不犹豫地答应了他们的请求。武松一路上遇到酒肆就喝三碗酒，在喝了三十多碗酒后，来到了蒋门神所霸占的酒店。

　　武松看那店里时，也有五七个当撑的酒保。武松却敲着桌子叫道："卖酒的主人家在那里？"一个当头的酒保过来，看着武松道："客人要打多少酒？"武松道："打两角酒，先把些来尝看。"那酒保去柜上叫那妇人舀两角酒下来，倾放桶里，盪一碗过来，道："客人尝酒。"武松拿起来闻一闻，摇着头道："不好，不好！换将来！"酒保见他醉了，将来柜上道："娘子，胡乱换些与他嗤(chuáng)。"那妇人接来，倾了那酒，又舀些上等酒下来。酒保将去，又盪(dàng)一碗过来。武松提起来，呷了一口，叫道："这酒也不好，快换来便饶你！"

　　酒保忍气吞声，拿了酒去柜边道："娘子，胡乱再换些好的与他，休和他一般见识。这客人醉了，只待要寻闹相似，胡乱换些好的与他嗤。"那妇人又舀了一等上色好的酒来与酒保。酒保把桶儿放在面前，又盪一碗过来。武松吃了道："这酒略有些意思。"问道："过卖，你那主人家姓甚么？"酒保答道："姓蒋。"武松道："却如何不姓李？"那妇人

"两角酒"相当于两斤酒。

老板，不能用一般的酒糊弄武松！他可是一路喝过来的。

有上好的酒为什么不上呢？岂不是找打？是作者的安排吗？

听了道："这厮那里吃醉了，来这里讨野火么？"酒保道："眼见得是个外乡蛮子，不省得了。休听他放屁！"武松问道："你说甚么？"酒保道："我们自说话，客人你休管，自吃酒。"

武松道："过卖，你叫柜上那妇人下来相伴我吃酒。"酒保喝道："休胡说！这是主人家娘子。"武松道："便是主人家娘子待怎地？相伴我吃酒也不打紧！"那妇人大怒，便骂道："杀才！该死的贼！"推开柜身子，却待奔出来。

武松早把土色布衫脱下，上半截揣在腰里，便把那桶酒只一泼，泼在地上，抢入柜身子里，却好接着那妇人。武松手硬，那里挣扎得。被武松一手接住腰胯，一只手把冠儿捏做粉碎，揪（jiū）住云髻，隔柜身子提将出来，望浑酒缸里只一丢，听得扑同的一声响，可怜这妇人正被直丢在大酒缸里。

武松托地从柜身前踏将出来。有几个当撑的酒保，手脚活些个的，都抢来奔武松。武松手到，轻轻地只一提，擸入怀里来，两手揪住，也望大酒缸里只一丢，桩在里面。又一个酒保奔来，提着头只一掠，也丢在酒缸里。再有两个来的酒保，一拳一脚，都被武松打倒了。先头三个人，在三只酒缸里，那里挣扎得起。后面两个人，在地下爬不动。这几个火家捣（dǎo）子，打得屁滚尿流，乖的走了一个。武松道："那厮必然去报蒋门神来。我就接将去，大路上打倒他好看，教众人笑一笑。"武松大踏步赶将出来。

那个捣子径奔去报了蒋门神。蒋门神见说，吃了一惊，踢翻了交椅，丢去蝇拂子，便钻将来。武松却好迎着，正在大阔路上撞见。蒋门神虽然长大，近因酒色所迷，淘虚了身子，先自吃了那一惊，奔将来，那步不曾停住，怎地及得武松虎一般似健的人，又有心来算他。蒋门神见了武松，心里

故意挑衅酒家主人娘子。

武松的身手不错！

武松不仅有虎一般的身材，还有些真才实学。《水浒传》中关于武松的故事比较多。

蒋门神在看到武松前后有哪些心理变化？

先欺他醉，只顾赶将入来。说时迟，那时快，武松先把两个拳头去蒋门神脸上虚影一影，忽地转身便走。蒋门神大怒，抢将来，被武松一飞脚踢起，踢中蒋门神小腹上，双手按了，便蹲下去。武松一踅，踅（xué）将过来，那只右脚早踢起，直飞在蒋门神额角上，踢着正中，望后便倒。武松追入一步，踏住胸脯，提起这醋钵儿大小拳头，望蒋门神脸上便打。

原来说过的打蒋门神扑手：先把拳头虚影一影，便转身，却先飞起左脚，踢中了，便转过身来，再飞起右脚。这一扑有名，唤做"玉环步，鸳鸯脚"。这是武松平生的真才实学，非同小可！打的蒋门神在地下叫饶。武松说道："若要我饶你性命，只要依我三件事。"蒋门神在地下叫道："好汉饶我！休说三件，便是三百件，我也依得！"武松指定蒋门神，说出那三件事来。

> 好精彩的打斗！武松打得过瘾了。

<后语>

蒋门神被赶走后，张团练和孟州管营的上级张都监故意将武松调到身边，给武松许多"优待"。武松没有防备之心，只心存感激。一天，张督监诬陷武松偷盗，将其再次收入大牢，并收买他人，打算在发配的半路上将武松杀害。武松发现后，将欲害己之人全部杀死，并且回到张督监处将其一家老小全部杀害。从此，武松上了梁山。朝廷招安，平定方腊后，武松没有和宋江一起去朝廷做官，而是在鲁智深所在的寺院做行者，寿终。

❖ 闲话少说

酒壮人胆。武松打虎靠酒劲，他打蒋门神也是酒后所为。也许他不喝酒，就不敢打虎，不会大闹酒店。大闹酒店，他只是帮关照他的人出口气，索回酒店，没想置人于死地。如果是对杀兄害己之人，情况就不同了。

※ **我观"水浒"：**

借酒壮胆　亦好亦坏

现实生活中，有的人喝多了酒会失去理智，做一些平时不敢做、不能做的事。一般来说，适量喝酒对人身体没有大的影响，但喝多了会伤身。

有酒才有打虎

武松打虎的故事深入人心。他打虎前在"三碗不过冈"酒店里连喝了 18 碗酒。店家劝说他不要独自过冈，因为冈中的老虎会伤人。武松凭着酒性，认为这些是商家骗人的把戏，完全不予理会。可是到了山上，他看到政府贴的公文，终于相信了店家说的话是真的。可是他怕人笑话，依旧凭着酒力，硬着头皮过冈。正当他靠着巨石休息时，老虎出现了。武松凭着酒力与恶虎搏斗了一番后，将那伤人的老虎打死了。他自己也知道，如果没有喝酒，他就不会成为打虎英雄。他是凭借酒胆，打死老虎，为民除害，当上了都头。

酒醉才能打蒋门神

这次武松是凭酒性，参与到他人的酒店纷争之中，替施恩出气，最终引起若干麻烦，杀害了许多无辜的人。他说，如果不喝酒，不喝到一定程度，他就不能替人出气。

我们来看武松借着酒性在酒店里是怎么做的。他要老板娘舀酒，还嫌弃这些酒不好；他故意质疑酒店老板姓蒋为什么不姓李；他要老板娘陪他喝酒，故意激怒老板娘及酒店的人，等等。当老板娘冲出来时，他将酒"泼在地上，抢入柜身子里"，把老板娘"望浑酒缸里只一丢"，把三个酒保也丢进酒缸里，其他的人被打得"屁滚尿流"。与蒋门神相遇时，只见武松"说时迟，那时快"，一飞脚，踢中蒋门神的小腹，再踢中他的头，打得蒋门神跪在地上求饶。武松就这样卷入了与自己本不相干的施恩和蒋门神之间的私人恩怨里。施恩得到了失去的酒店，武松后来被蒋门神等人陷害进了监牢，被逼上梁山。

酒能助人成事，也能败事。喝酒有利也有弊。

♣ "水浒"技法：

重点写主要人物

文章中，如果有多个人物出现时，往往会有主要人物。文章中的事件就是围绕主要人物展开的。突出人物的思想情感，往往就是突出主要人物的思想情感。

本选段自然是突出武松报答施恩父子的优待之情。作者将武松在酒店里替施恩父子教训蒋门神的神态、动作、语言描写得非常细致。

动作连贯

我们先来看看武松粗犷、蛮横的动作。武松来到酒店，就开始敲桌子，开始找酒店工作人员的碴儿了。他惹火了酒店的人后，就开始打砸。"武松早把土色布衫脱下，上半截揣在腰里，便把那桶酒只一泼，泼在地上，抢入柜身子里，却好接着那妇人。"作者具体描写了武松打老板娘，一连用了五个动词，"接住""捏""揪""提""丢"。再看描写武松打酒保的动作，作者根据酒保的特点采取不同的处理方式，描写也各有特点，有的是"揪住""只一丢"，有的是"一拳一脚"，等等。

武松打蒋门神的动作就更细致了。只见他虚影一影，忽地转身，"一飞脚踢起""双手按了""趱将过来"，武松"踏住胸脯，提起这醋钵儿大小拳头，望蒋门神脸上便打"，打得蒋门神跪地求饶。

言语配合

光有这些动作描写还不能突出武松的蛮横，我们再来看武松的语言和神态吧。

武松一进酒店就挑剔酒不好，"闻一闻，摇着头道：'不好，不好，换将来！'"等酒保换了上等的酒来，只见他"提起来，呷了一口，叫道：'这酒也不好，快换来便饶你！'"他说完酒不好后，又故意说酒店老板为什么不姓李。谁听了这样的话都会生气——这个顾客很明显是来挑衅滋事的。更让酒保难以忍受的是，武松说，"便是主人家娘子，待怎地？相伴我吃酒也不打紧"。你说，听到这样的话，你会认为武松是来喝酒的吗？

当然，文章中除了对主要人物武松的重点描写外，还离不开对其他人物的描写，以此来衬托主要人物。

♨ **趣味链接：**

武松第一次当"土匪"

孙二娘去房中取出包袱来打开，将出许多衣裳，教武松里外穿了。武松自看道："却一似与我身上做的！"着了皂直裰，系了绦，把毡笠儿除下来，解开头发，折叠起来，将戒箍儿箍起，挂着数珠。张青、孙二娘看了，两个喝采道："却不是前生注定！"武松讨面镜子照了，也自哈哈大笑起来。张青道："二哥为何大笑？"武松道："我照了自也好笑，我也做得个行者！大哥便与我剪了头发。"张青拿起剪刀，替武松把前后头发都剪了。武松见事务看看紧急，便收拾包裹要行。张青又道："二哥，你听我说。不是我要便宜，你把那张都监家里的酒器留下在这里，我换些零碎银两与你去路上做盘缠，万无一失。"武松道："大哥见的分明。"尽把出来与了张青，换了一包散碎金银，都拴在缠袋内，系在腰里。武松饱吃了一顿酒饭，拜辞了张青夫妻二人，腰里跨了这两口戒刀，当晚都收拾了。孙二娘取出这本度牒，就与他缝个锦袋盛了，教武松挂在贴肉胸前。武松拜谢了他夫妻两个。临行，张青又分付道："二哥于路小心在意，凡事不可托大。酒要少吃，休要与人争闹，也做些出家人行径。诸事不可躁性，省得被人看破了。如到了二龙山，便可写封回信寄来。我夫妻两个在这里也不是长久之计，敢怕随后收拾家私也来山上入伙。二哥，保重，保重！千万拜上鲁、杨二头领。"

武松辞了出门，插起双袖，摇摆着便行。张青夫妻看了，喝采道："果然好个行者！"

（选自　第三十一回　张都监血溅鸳鸯楼　武行者夜走蜈蚣岭）

❋ 原著练习

1. 在下列正确的读音下画横线：

蛮子(mán zi　mán zǐ)　　　　　　　挣扎(zhēng zhā　zhēng zhá)

胸脯(xiōng pu　xiōng pú)　　　　　　鸳鸯(yuān yāng　yuān yáng)

相似(xiāng sì　xiāng shì)　　　　　　云髻(yún jí　yún jì)

2. 按选段内容填空：

(1)武松（　　　　）起来（　　　　），（　　　　）道："不好，不好，换将来！"

(2)酒保（　　　　），（　　　　）了酒去柜边（　　　　）："娘子，胡乱再换些好的与他，休和他一般见识。"

(3)武松早把土色布衫（　　　　），上半截（　　　　）在腰里，便把那桶酒只一（　　　　），（　　　　）在地上，（　　　　）柜身子里，却好接着那妇人。

(4)被武松一手接住（　　　　），一手把（　　　　）捏做粉碎，揪住（　　　　），隔柜身子提将出来，望（　　　　）里只一丢。

(5)武松（　　　　）一步，（　　　　）胸脯（　　　　）这醋钵儿大小拳头，（　　　　）蒋门神脸上便打。

3. 判断：

(1)武松醉打蒋门神是为了帮施恩从蒋门神手里夺回酒店。（　　　）

(2)武松喝了酒后，胆量和力量才超过平时，他在醉打蒋门神之前喝了18碗酒。（　　　）

(3)鲁达为了惩治郑屠，失手将他打死了；武松为了帮施恩夺回酒店，酒后也将蒋门神打死了。（　　　）

（4）平定方腊后，鲁智深和武松都没有跟宋江去朝廷做官，他们一个继续做和尚，一个做行者。（　　）

（5）"武松手硬，那里挣扎得?"这句话的意思是：武松手劲大，那妇人不能动。（　　）

4. 鲁达在惩治郑屠之前，先消遣他一番。在本选段中，武松为了惩治蒋门神，也先消遣他一番。请你根据这两个选段，比较一下这两次事件的异同。

5. 我们经历过的事情中有些也会高潮迭起。请从中选一件快乐的事，按照事情的发展顺序来写。在写时，要考虑开始快乐、之后有点小快乐、快乐、特快乐等几个环节，让笑声一浪高过一浪。

第七节　急性子秦明中计

（选自　第三十四回　镇三山大闹青州道　霹雳火夜走瓦砾场）

　　前言：青州府接到清风寨知寨刘高的密信后，派兵马都
监黄信绑了花荣，将花荣与宋江一起押送青州。路上，清风
山上锦毛虎燕顺、矮脚虎王虎、白面郎君郑天寿三好汉将花
荣、宋江救出，刘高被花荣处死。黄信逃跑后，写信向青州
知府求助，青州知府派总管全州兵马的统制秦明领兵来攻打
清风山，欲剿灭花荣等人。

　　秦明是个性急的人，心头火起，那里按纳得住，带领军
马，绕山下来寻路上山。

　　寻到午牌时分，只见西北边锣响，树林丛中闪出一队红
旗军来。秦明引了人马赶将去时，锣也不响，红旗都不见
了。秦明看那路时，又没正路，都只是几条砍柴的小路，却
把乱树折木交叉当了路口，又不能上去得。正待差军汉开
路，只见军汉来报道："东山边锣响，一队红旗军出来。"秦
明引了人马，飞也似奔过东山边来看时，锣也不鸣，红旗也
不见。秦明纵马去四下里寻路时，都是乱树折木塞断了砍
柴的路径。只见探事的又来报道："西边山上锣又响，红旗
军又出来了。"秦明拍马再奔来西山边看时，又不见一个人，
红旗也没了。秦明是个急性的人，恨不得把牙齿都咬碎了。
正在西山边气忿忿的，又听得东山边锣声震地价响，急带了
人马又赶过来东山边看时，又不见有一个贼汉，红旗都不
见了。

　　秦明气满胸脯，又要赶军汉上山寻路，只听得西山边又
发起喊来。秦明怒气冲天，大驱兵马投西山边来，山上山下

先说出人物性格。

"声东击西"与"声
西击东"几个回合
下来，正常人都可
能会崩溃，何况急
性子的秦明呢?!

主将不能急，不能
被人牵着鼻子走。

看时，并不见一个人。秦明喝叫军汉两边寻路上山。数内有一个军人禀说道："这里都不是正路，只除非东南上有一条大路，可以上去。若是只在这里寻路上去时，惟恐有失。"秦明听了，便道："既有那条大路时，连夜赶将去。"便驱一行军马奔东南角上来。

看看天色晚了，又走得人困马乏，巴得到那山下时，正欲下寨造饭，只见山上火把乱起，锣鼓乱鸣。秦明转怒，引领四五十马军，跑上山来。只见山上树林内，乱箭射将下来，又射伤了些军士。秦明只得回马下山，且教军士只顾造饭。却才举得火着，只见山上有八九十把火光，呼风唿哨下来。秦明急待引军赶时，火把一齐都灭了。当夜虽有月光，亦被阴云笼罩，不甚明朗。秦明怒不可当，便叫军士点起火把，烧那树木，只听得山嘴上鼓笛之声吹响。秦明纵马上来看时，见山顶上点着十馀个火把，照见花荣陪侍着宋江，在上面饮酒。秦明看了，心中没出气处，勒着马在山下大骂。花荣回言道："秦统制，你不必焦躁，且回去将息着。我明日和你并个你死我活的输赢便罢。"秦明大叫道："反贼，你便下来！我如今和你并个三百合，却再做理会！"花荣笑道："秦总管，你今日劳困了，我便赢得你，也不为强。你且回去，明日却来。"秦明越怒，只管在山下骂。本待寻路上山，却又怕花荣的弓箭，因此只在山坡下骂。正叫骂之间，只听得本部下军马发起喊来。秦明急回到山下看时，只见这边山上，火炮、火箭一发烧将下来。背后二三十个小喽啰做一群，把弓弩在黑影里射人。众军马发喊一声，都拥过那边山侧深坑里去躲。此时已有三更时分。众军马正躲得弩箭时，只叫得苦，上溜头滚下水来，一行人马却都在溪里，各自挣扎性命。扒得上岸的，尽被小喽啰挠钩搭住，活捉上山去了；扒不上岸的，尽淹死在溪里。

秦明，不能急上加急呀，这些策略都是花荣、宋江他们专门为你设计的。

这是在逗秦明玩吧！

且说秦明此时怒气冲天，脑门粉碎。却见一条小路在侧边，秦明把马一拨，抢上山来。走不到三五十步，和人连马撷下陷坑里去。两边埋伏下五十个挠钩手，把秦明搭将起来，剥了浑身战袄衣甲，头盔军器，拿条绳索绑了，把马也救起来，都解上清风山来。

> 秦明由气生怒，最后怒气冲天，脑门粉碎，遭此下场。

<后语>

秦明被捉后，面对宋江等人的劝说，他依然坚持不落草为寇。宋江等人趁秦明入睡后，派人乔装打扮成他的模样，到青州杀人放火。第二天，秦明回到青州时，等待他的是怒气未消的知府。青州已不再是秦明的家，朝廷也已经将他视为叛贼。走投无路的秦明只好"再回旧路"，没行多久，宋江、花荣等人就在路上等候他了。秦明，从此加入了梁山，并且成功劝说驻守清风镇的黄信离开朝廷，追随宋江等人。

❖ 闲话少说

花荣和宋江多次戏弄秦明，让他急了又急，最后让他气急败坏，无所适从，脑袋无法正常想事，最后进入梁山好汉设计的圈套，只好加入梁山。

※ 我观"水浒"：

欲速则不达

欲速则不达，是指做一件事想要求快时，有时会适得其反。秦明想要迅速拿下清风山，剿灭花荣等人，最后反被花荣等人拿下，被逼上梁山。

宋江设计

宋江、花荣等人设定计策应对秦明兵马。秦明非常简单地认为自己是官，武艺精湛，人多势众，能速战速决。不管哪里出现匪，官兵都能胜券在握地去剿灭他们。宋江的计策就是根据秦明的性格来设计的。

秦明上当

宋江等人在西边山上虚晃一枪，引诱秦明，让秦明扑空后，又在东边虚晃一枪。待秦明上当后，他们再次在西边虚晃一枪。就这样弄了几个回合后，秦明已经"气满胸脯""喝叫军汉""怒不可当"寻路攻击。当士兵说有一条路可走，秦明就走这条路，不加分析，不讲策略。当看到花荣陪宋江在山上悠然喝酒时，秦明更是"心中没出气处""在山下大骂"。最后，秦明见带上山的兵马死的死伤的伤，他早已"怒气冲天，脑门粉碎"了。最终气急败坏的秦明连人带马跌入陷坑里，被梁山的人抓了。

欲速反迟

秦明是一个性急之人，花荣等人早已了解他的性格，知道他一心想立功。在花荣等人的计策面前，秦明显得非常慌乱，用俗话来说就是"东一榔头西一棒子"。他没有从整体上进行战略部署，没有冷静地思考如何主动应对花荣等人的计谋，以及如何进行有效进攻？当对手出现变化时，秦明只是被动地应付。

性急的人容易被激怒。被激怒的人在决策时容易出现失误，容易自乱阵脚，花荣等人就是根据这一点让秦明一怒再怒，最后顺利将他拿下。

♣ "水浒"技法：

怎样写急性子的人

反复是基本的修辞方法之一。它是指反复使用同一个词或者句子，突出某种含义，增强某种感情的方法。反复具有突出思想，强调感情，理清层次，加强节奏感的修辞作用。

在这一选段里，为了突出秦明是个急性子的人，反复说他"性急""气满胸脯"，多次描写他生气的神态和言行。秦明在选段中，生气的程度一次比一次重，到最后气极了。

直接说急

本选段开始就直截了当地说"秦明是个性急的人，心头火起，那里按纳得住"。性急一点不要紧，要紧的是急中不能生乱。秦明"按纳"不住的怒火，让他急中生乱。这里给读者呈现了一个不冷静、冲动的秦明，为他后面的被擒做了铺垫。

当秦明带着队伍从东边到西边，又从西边到东边，再从东边到西边，仍然"不见一个人，红旗也没了"时，他"恨不得把牙齿都咬碎了"。作者再次说"秦明是个急性的人"。

让他更急

当秦明正在生气、恼火之时，东边再次出现震地响的锣声，他赶紧跑到东边，可是再次扑空。早已"气满胸脯"的秦明面对"人困马乏"无力再追时，"只得回马下山，且教军士只顾造饭"。花荣等人见此情景，又继续忽悠秦明。秦明看到花荣和宋江等人悠闲地在帐中饮酒时，他"心中没出气处"，幸亏他惧怕花荣的弓箭，才没有上山。

让他崩溃

几番折腾后，秦明没想到自己的大本营被袭击了，自己的兵士死的死，伤的伤，被捉的被捉。这时的秦明已经"怒气冲天，脑门粉碎"。这可以说是气急了，气坏了，怒气已经冲出脑门，将脑门都冲破了，冲到了天上去了。

描写时，恰当运用反复的手法，强化人物性格，同时也要注意性急的程度、差别，注意用词准确。

♨ 趣味链接：

秦明死得太可怜啦

再说宋江与吴用分调军马，差关胜、花荣、秦明、朱仝四员正将为前队，引军直进清溪县界，正迎着南国皇侄方杰，两下军兵各列阵势。南军阵上，方杰横戟出马，杜微步行在后。那杜微浑身挂甲，背藏飞刀五把，手中仗口七星宝剑，跟在后面。两将出到阵前，宋江阵上，秦明首先出马，手舞狼牙大棍，直取方杰。方杰亦不打话，两将便斗。那方杰年纪后生，精神一撮，那枝戟使得精熟，和秦明连斗了三十馀合，不分胜败。方杰见秦明手段高强，也放出自己平生学识，不容半点空闲。两个正斗到分际，秦明也把出本事来，不放方杰些空处。却不提防杜微那厮在马后见方杰战秦明不下，从马后闪将出来，掣起飞刀，望秦明脸上早飞将来。秦明急躲飞刀时，却被方杰一方天戟搠下马去，死于非命。可怜霹雳火，也作横亡人。方杰一戟戳死了秦明，却不敢追过对阵。宋兵小将急把挠搭得尸首过来。宋军见说折了秦明，尽皆失色，一面叫备棺椁(guǒ)盛贮，一面再调军将出战。

（选自　第九十八回　卢俊义大战昱岭关　宋公明智取清溪洞）

✳ 原著练习

1. 在下列正确的读音下画横线：

按纳（àn nà　àn là）　　　　笼罩（nǒng zhào　lǒng zhào）

焦躁（jiāo zào　jiāo zhào）　　陷坑（xiàn kēn　xiàn kēng）

喽啰（lóu luo　lóu luó）　　　挠钩（láo gōu　náo gōu）

2. 按选段内容填空：

（1）秦明是个性急的人，心头（　　　　），那里按纳得住？

（2）秦明是急性的人，恨不得（　　　　）了。

(3)秦明气满(　　　　　　),又要(　　　　　　)军汉上山寻路,只听得西山边又发起喊来。

(4)秦明怒气(　　　　　　),(　　　　　　)兵马,投西山边来。

(5)秦明怒不(　　　　　　),便叫军士(　　　　　　),(　　　　　　)那树林,只听得山嘴上(　　　　　　)。

3. 判断:

(1)秦明是花荣的师傅。(　　　)

(2)把秦明活捉后,将他的战袄、衣甲、头盔、军器拿走的目的是为了乔装成他的模样去青州。(　　　)

(3)"当夜虽有月光,亦被阴云笼罩,不甚明朗。"这是环境描写,其作用不明显,可有可无。(　　　)

(4)"且说秦明此时怒气冲天,脑门粉碎"中"脑门粉碎"是指脑袋中枪,被打烂了。(　　　)

(5)方杰在杜微的帮助下用天戟打死秦明。(　　　)

4. 请你用自己的话,联系选段内容说说秦明的性格,字数在100字以上。

5. 性急之人在我们生活当中大有人在,性急之处就在他(她)的言行和表情、神态中。思考一下,从身边找个性急之人,通过2~3件事,将他(她)的性急特点写出来。

第八节　宋江孝心可鉴

（选自　第三十五回　石将军村店寄书　小李广梁山射雁）

前言：秦明与黄信跟随宋江等人后，为了逃避官府的围剿，在宋江的提议下投奔梁山。路上，宋江遇到了弟弟宋清派来送家书的人。

宋江因见那人出语不俗，横身在里面劝解："且都不要闹。我且请问你，你天下只让的那两个人？"那汉道："我说与你，惊得你呆了！"宋江道："愿闻那两个好汉大名。"那汉道："一个是沧州横海郡柴世宗的孙子，唤做小旋风柴进柴大官人。"宋江暗暗的点头，又问道："那一个是谁？"那汉道："这一个又奢遮，是郓（yùn）城县押司山东及时雨呼保义宋公明。"宋江看了燕顺暗笑。燕顺早把板凳放下了。那汉又道："老爷只除了这两个，便是大宋皇帝，也不怕他！"宋江道："你且住，我问你。你既说起这两个人，我却都认得。柴大官人、宋江，你在那里与他两个厮会？"那汉道："你既认得，我不说谎。三年前在柴大官人庄上住了四个月有余，只不曾见得宋公明。"宋江道："你曾认得黑三郎么？"那汉道："你既说起，我如今正要去寻他。"宋江问道："谁教你寻他？"那汉道："他的亲兄弟铁扇子宋清，教我寄家书去寻他。"

宋江听了大喜，向前拖住道："有缘千里来相会，无缘对面不相逢！只我便是黑三郎宋江。"那汉相了一面，便拜道："天幸使令小弟得遇哥哥，争些儿错过，空去孔太公那里走一遭。"宋江便把那汉拖入里面，问道："家中近日没甚事？"那汉道："哥哥听禀：小人姓石名勇，原是大名府人

"这两个"在那汉的心目中比皇帝都厉害！

你知道黑三郎是谁吗？宋江面黑身矮，在家排行第三，因此，人称"黑三郎"。

氏。日常只靠放赌为生，本乡起小人一个异名，唤做石将军。为因赌博上一拳打死了个人，逃走在柴大官人庄上。多听得往来江湖上人说哥哥大名，因此特去郓城县投奔哥哥，却又听得说道为事在逃。因见四郎，听得小人说起柴大官人来，却说哥哥在白虎山孔太公庄上，因此又令小弟要拜识哥哥。

四郎即黑三郎的亲弟弟宋清。

四郎特写这封家书与小人寄来孔太公庄上，如寻见哥哥时，'可叫兄长作急回来'。"宋江见说，心中疑忌，便问道："你到我庄上住了几日，曾见我父亲么？"石勇道："小人在彼只住的一夜便来了，不曾得见太公。"宋江把上梁山泊一节都对石勇说了。石勇道："小人自离了柴大官人庄上，江湖中也只闻得哥哥大名，疏财仗义，济困扶危。如今哥哥既去那里入伙，是必携带。"宋江道："这个不必你说，何争你一个人。且来和燕顺厮见。"叫酒保："一面这里斟酒，莫要别处去。"三杯酒罢，石勇便去包裹内取出家书，慌忙递与宋江。

宋江首先问自己父亲的情况。

宋江接来看时，封皮逆封着，又没平安二字。宋江心内越是疑惑，连忙扯开封皮，从头读至一半，后面写道：

从封皮就可以猜测信的内容不详。

"父亲于今年正月初头，因病身故，现今停丧在家，专等哥哥来家迁葬。千万，千万！切不可误！宋清泣血奉书。"

宋江读罢，叫声苦，不知高低，自把胸脯捶将起来，自骂道："不孝逆子，做下非为，老父身亡，不能尽人子之道，畜生何异！"自把头去壁上磕撞，大哭起来。燕顺、石勇抱住。宋江哭得昏迷，半晌方才苏醒。燕顺、石勇两个劝道："哥哥且省烦恼。"宋江便分付燕顺道："不是我寡情薄意，其实只有这个老父记挂。今已殁（mò）了，只得星夜赶归去奔丧，叫兄弟们自上山则个。"燕顺劝道："哥哥，太公既已殁了，便到家时，也不得见了。世上人无有不死的父母。且

古代讲究的是忠孝两全，你能体会宋江此时的心情吗？

请宽心，引我们弟兄去了。那时小弟却陪侍哥哥归去奔丧，未为晚矣。自古道：蛇无头而不行。若无仁兄去时，他那里如何肯收留我们？"宋江道："若等我送你们上山去时，误了我多少日期，却是使不得。我只写一封备细书札，都说在内，就带了石勇一发入伙，等他们一处上山。我如今不知便罢，既是天教我知了，正是度日如年，烧眉之急。我马也不要，从人也不带，一个连夜自赶回家。"燕顺、石勇那里留得住。

宋江问酒保借笔砚，讨了一幅纸，一头哭着，一面写书，再三叮咛在上面。写了，封皮不粘，交与燕顺收了。讨石勇的八答麻鞋穿上，取了些银两藏放在身边，跨了一口腰刀，就拿了石勇的短棒，酒食都不肯沾唇，便出门要走。燕顺道："哥哥也等秦总管、花知寨都来相见一面了，去也未迟。"宋江道："我不等了，我的书去，并无阻滞。石家贤弟自说备细缘故，可为我上复众兄弟们，可怜见宋江奔丧之急，休怪则个。"宋江恨不得一步跨到家中，飞也似独自一个去了。

听闻父亲去世，宋江是何等的伤心呀！不过兄弟们的事，也要安排好。

<后语>

花荣、秦明等人带着宋江的书信，顺利成为梁山泊的人。秦明原是花荣的师傅，应排在花荣前面，可是后来因宋江做媒，将花荣的妹妹嫁给了秦明，花荣成了秦明的大舅子，梁山泊排座位时将花荣排在秦明的前面，成为了第五位。宋江本人回到家看到父亲还在，要骂弟弟宋清，宋江父亲才道出原委：原来是宋江父亲怕他落草，做不忠不孝之人，才寄书劝回宋江。让宋江没想到的是，当晚，官府就派人来捉拿宋江。宋江被抓后，得到了梁山泊晁盖等人的营救，但宋江执意尊父亲教诲，不去梁山泊为寇，继续前往江州大牢。

❖ 闲话少说

古时候为人讲究忠孝两全，对长辈尽孝，对朝廷尽忠。宋江的家教也是如此。其父亲为防止宋江为寇，要儿子宋清写信谎称自己已故，通知宋江赶快回家。宋江也曾多次表示不能违背父亲的教诲——不落草为寇。宋江宁可坐牢，也不做不忠不孝之人。

❋ 我观"水浒"：

做一个感恩父母的人

生命对每个人来说都只有一次。父母给予我们生命，每一个人的成长都凝聚着父母的心血。从这一选段中，我们可以看出，宋江是一个讲究孝道、感恩父母的人。

断绝关系　保护家人

宋江在上梁山泊之前，是一个普通的县衙，相当于一般的公务员。当时有一条法律，如果为官者出现问题，会株连九族，甚至诛灭九族。古代在朝廷为官非常不容易。宋江为了不给家族带来麻烦，在为官后写下一个文告，向朝廷报告，说他与家人断绝了关系，他不是宋家的人，今后自己出了什么事都与宋家无关。

谨遵家教　回归朝廷

古时候一般都讲究为官要对朝廷尽忠，对长辈要孝敬，要按中国的传统礼节来做事。宋家的家教也是非常严的。宋江父亲多次告诫宋江，尽管社会动乱，许多人在反朝廷，但宋江不能反朝廷，要做一个忠孝两全之人。

宋江将父亲的话牢记在心。他多次被劝落草为寇，但都委婉拒绝了，他不反对朝廷，不与朝廷为敌。即使宋江被朝廷抓了后，梁山人营救了他，他也不去梁山，仍坚持去坐牢，接受朝廷的惩罚。最后他被逼无奈才上梁山，即便如此，他从一开始就想寻求被朝廷招安的途径。

热读家书　回家尽孝

从这一选段中，我们可以看到宋江非常重视弟弟的信，他为父亲去世感到万分悲痛。尽管这里的兄弟需要他带领去梁山泊，但想到父亲去世，想到弟弟的嘱咐，他欲连夜赶回。他"自把胸脯捶将起来""一头哭着，一面写书"，安排好兄弟们上梁山泊的事情，连酒食都不肯沾唇就轻装赶回家去了。宋江认为，再重要的事情都比不上行孝道、感恩父母重要。

♣ "水浒"技法：

变化的情绪让故事有看头

情节曲折的故事能吸引读者。主要人物的情绪变化时刻牵动着读者的心。本选段中宋江的情绪随着故事的发展而不断地变化，深深地吸引着读者。

欢笑中认识

石勇怀揣书信找宋江，宋江认为有趣，为此暗笑。特别是听石勇说最佩服宋江和小旋风柴进，宋江就"暗暗的点头""看了燕顺暗笑"。我们在读的时候也在发笑：石勇在宋江面前夸宋江，在宋江面前找宋江。我们继续读下去，希望看到他们怎样相识。在宋江还没告诉石勇他就是宋江之前，宋江就开始乐了，"听了大喜"。宋江听到"他的亲兄弟铁扇子宋清"有一封家书给他，他就迫不及待地报出自己就是宋江。就这样他们认识了，他们是在欢笑声中认识的。

疑惑中哭父

说着说着，宋江心中疑惑起来，因为宋清要宋江"作急回来"。笑声也随着宋江的疑惑而中断。宋江知道其弟弟要他赶快回家肯定有原因，就赶紧问"曾见我父亲么?"石勇也被宋江的表情吓住了。他不能耽误宋江浏览家书，慌忙把家书递给宋江。宋江见家书封皮没"平安"二字，内心恐慌起来，读者也情不自禁地担心起来，随同宋江看信。宋江看完家书后，情绪发生了巨大变化，"叫声苦，不知高低，自把胸脯捶将起来，自骂"起来。骂后他又开始撞墙、大哭，哭得昏迷，半晌才苏醒。

悲痛中重义

宋江看到书信，悲痛欲绝，接下来怎么办呢？

宋江说："不是我寡情薄意，其实只有这个老父记挂，今已没了，只得星夜赶归去奔丧，叫兄弟们自上山则个。"他要回家守孝，叫兄弟们自己上梁山去。他一边哭，一边写信。他一哭自己的老父亲离他而去；二哭父亲去世时自己不在其身边；三哭自己是一个不孝之子，要上梁山为寇。他写信给梁山，要梁山之人收留燕顺、石勇等人。

读到这里，我们仿佛看到了一个有孝有义的宋江。受他的影响，我们仿佛也能理解他的做法。这样的故事读起来有看头，不觉得累。

♨ **趣味链接：**

宋押司是什么样的人

那押司姓宋名江，表字公明，排行第三，祖居郓城县宋家村人氏。为他面黑身矮，人都唤他做黑宋江；又且于家大孝，为人仗义疏财，人皆称他做孝义黑三郎。上有父亲在堂，母亲丧早，下有一个兄弟，唤做铁扇子宋清，自和他父亲宋太公在村中务农，守些田园过活。这宋江自在郓城县做押司。他刀笔精通，吏道纯熟，更兼爱习枪棒，学得武艺多般。平生只好结识江湖上好汉：但有人来投奔他的，若高若低，无有不纳，便留在庄士馆谷，终日追陪，并无厌倦；若要起身，尽力资助，端的是挥霍，视金似土。人问他求钱物，亦不推托。且好做方便，每每排难解纷，只是周全人性命。时常散施棺材药饵，济人贫苦，周人之急，扶人之困。以此山东、河北闻名，都称他做及时雨，却把他比的做天上下的及时雨一般，能救万物。

（选自　第十八回　美髯公智稳插翅虎　宋公明私放晁天王）

❇ 原著练习

1. 在下列正确的读音下画横线：

投奔(tóu bēn tóu bèn)　　　　　携带(xié dài jùn dài)

斟酒(shèn jiǔ zhēn jiǔ)　　　　陪侍(péi sì péi shì)

半晌(bàn shǎng bàn xiǎng)　　奔丧(bēn sāng bēn sàng)

2. 按选段内容填空：

(1)宋江听了大喜，(　　　　　)道："有缘千里来相会，无缘(　　　　)，只我便是黑三郎宋江。"

(2)宋江读罢，叫声(　　　　)，不知(　　　　)，自把胸脯(　　　　)，自骂道。

(3)宋江哭得(　　　　)，(　　　　)苏醒。

(4)我如今不知便罢，(　　　　)天教我知了，正是度日(　　　　)，(　　　　)之急。

(5)(宋江)讨石勇的(　　　　)穿上，(　　　　)些银两，(　　　　)在身边，(　　　　)一口腰刀，就(　　　　)石勇的短棒，酒食都不肯沾唇，便出门要走。

3. 判断：

(1)石勇不怕皇帝，怕柴大官人和宋江两位。(　　　)

(2)"厮会"的意思就是相会、见面。(　　　)

(3)石勇带给宋江的家书，是宋太公所为。他担心宋江入伙梁山，急召宋江回家。(　　　)

(4)宋江接来看时，封皮逆封着，又没"平安"二字。这里引号的作用与"有缘千里来相会，无缘对面不相逢"的作用是一样的。(　　　)

(5)"小人在彼只住的一夜，便来了，不曾得见太公"，这里的"太公"是指姜太公。(　　　)

4. 你认为宋江是个孝子吗？结合你了解的"水浒"故事，说说你的想法。

5. 父爱是伟大的，父亲在你的成长中付出了许多。好好回忆一下你和父亲之间的事情，从中选择一件写下来。

第九节　梁山泊三打祝家庄

（选自　第五十回　吴学究双用连环计　宋公明三打祝家庄）

前言：在前两次攻打祝家庄中，"梁山"被祝家捉去了好几个弟兄。其中有王矮虎、秦明和邓飞等。如果不能破敌，救不出这些兄弟，宋江是情愿死，也不愿回见晁盖。正当宋江为此焦头烂额时，恰逢孙立等好汉投奔梁山。为了建功，孙立献了一条计策，经军师吴用斟酌，宋江决定第三次攻打祝家庄。

过了一两日，到第三日，庄兵报道："宋江又调军马杀奔庄上来了！"祝彪道："我自去上马拿此贼。"便出庄门，放下吊桥，引一百馀骑马军杀将出来。早迎见一彪军马，约有五百来人，当先拥出那个头领，弯弓插箭，拍马轮枪，乃是小李广花荣。祝彪见了，跃马挺枪，向前来斗，花荣也纵马来战祝彪。两个在独龙岗前，约斗了十数合，不分胜败。花荣卖了个破绽，拨回马便走，引他赶来。祝彪正待要纵马追去，背后有认得的说道："将军休要去赶，恐防暗器，此人深好弓箭。"

> 先来个单挑，主帅先斗几个回合。

祝彪听罢，便勒转马来不赶，领回人马，投庄上来，拽起吊桥。看花荣时，也引军马回去了。祝彪直到厅前下马，进后堂来饮酒。孙立动问道："小将军今日拿得甚贼？"祝彪道："这厮们伙里有个甚么小李广花荣，枪法好生了得。斗了五十馀合，那厮走了。我却待要赶去追他，军人们道那厮好弓箭，因此各自收兵回来。"孙立道："来日看小弟不才，拿他几个。"当日筵(yán)席上叫乐和唱曲，众人皆喜。至晚席散，又歇了一夜。

> 祝彪见好就收，没有中计。

到第四日午牌，忽有庄兵报道："宋江军马又来在庄前了。"当下祝龙、祝虎、祝彪三子都披挂了，出到庄前门外，远远地望见，早听得鸣锣擂鼓，呐喊摇旗，对面早摆成阵势。这里祝朝奉坐在庄门上，左旁栾（luán）廷玉，右边孙提辖，祝家三杰并孙立带来的许多人伴，都摆在两边。早见宋江阵上豹子头林冲高声叫骂，祝龙焦躁，喝叫放下吊桥，绰枪上马，引一二百人马，大喊一声，直奔林冲阵上。

庄门下擂起鼓来，两边各把弓弩射住阵脚。林冲挺起丈八蛇矛，和祝龙交战，连斗到三十馀合，不分胜败。两边鸣锣，各回了马。祝虎大怒，提刀上马，跑到阵前高声大叫："宋江决战！"说言未了，宋江阵上早有一将出马，乃是没遮拦穆弘，来战祝虎。两个斗了三十馀合，又没胜败。祝彪见了大怒，便绰枪飞身上马，引二百馀骑奔到阵前。宋江队里病关索杨雄，一骑马，一条枪，飞抢出来战祝彪。孙立看见两队儿在阵前厮杀，心中忍耐不住，便唤孙新："取我的鞭枪来，就将我的衣甲头盔袍袄把来。"披挂了，牵过自己马来，这骑马号乌骓（zhuī）马，鞴（bèi）上鞍子，扣了三条肚带，腕上悬了虎眼钢鞭，绰枪上马。祝家庄上一声锣响，孙立出马在阵前。宋江阵上林冲、穆弘、杨雄都勒住马，立于阵前。孙立早跑马出来，说道："看小可捉这厮们。"孙立把马兜住，喝问道："你那贼兵阵上有好厮杀的，出来与我决战！"宋江阵内鸾铃响处，一骑马跑将出来，众人看时，乃是拼命三郎石秀，来战孙立。两马相交，双枪并举，四条臂膊纵横，八只马蹄撩乱。两个斗到五十合，孙立卖个破绽，让石秀一枪搠（shuò）入来，虚闪一个过，把石秀轻轻的从马上捉过来，直挟到庄门搠下，喝道："把来缚了！"祝家三子把宋江军马一搅，都赶散了。

三子收军回到门楼下，见了孙立，众皆拱手钦伏。孙立

祝氏三杰祝龙、祝虎、祝彪分别和梁山哪些人对阵并旗鼓相当？

注意看孙立的表现，你能看出什么吗？

看样子孙立赢了石秀。

便问道："共是捉得几个贼人？"祝朝奉道："起初先捉得一个时迁，次后拿得一个细作杨林，又捉得一个黄信。扈家庄一丈青捉得一个王矮虎。阵上拿得两个，秦明、邓飞。今番将军又捉得这个石秀，这厮正是烧了我店屋的。共是七个了。"孙立道："一个也不要坏他，快做七辆囚车装了，与些酒饭，将养身体，休教饿损了他，不好看。他日拿了宋江，一并解上东京去，教天下传名，说这个祝家庄三子。"祝朝奉谢道："多幸得提辖相助，想是这梁山泊当灭也。"邀请孙立到后堂筵宴。石秀自把囚车装了。

　　看官听说：石秀的武艺不低似孙立，要赚祝家庄人，故意教孙立捉了，使他庄上人一发信他。孙立又暗暗地使邹渊、邹润、乐和去后房里把门户都看了出入的路数。杨林、邓飞见了邹渊、邹润，心中暗喜。乐和张看得没人，便透个消息与众人知了。顾大嫂与乐大娘子在里面，已看了房户出入的门径。话休絮繁。一是祝家庄当败，二乃恶贯满盈，早是祝家庄坦然不疑。

　　至第五日，孙立等众人都在庄上闲行。当日辰牌时候，早饭已罢，只见庄兵报道："今日宋江分兵做四路来打本庄。"孙立道："分十路待怎地！你手下人且不要慌，早作准备便了。先安排些挠钩套索，须要活捉，拿死的也不算！"庄上人都披挂了。祝朝奉亲自也引着一班儿上门楼来看时，见正东上一彪人马，当先一个头领乃是豹子头林冲，背后便是李俊、阮小二，约有五百以上人马在此；正西上又有五百来人马，当先一个头领乃是小李广花荣，随背后是张横、张顺；正南门楼上望时，也有五百来人马，当先三个头领乃是没遮拦穆弘，病关索杨雄，黑旋风李逵。四面都是兵马。战鼓齐鸣，喊声大举。

　　栾廷玉听了道："今日这厮们厮杀，不可轻敌。我引了

总共三场战斗，梁山被擒了七人。

这是四大古典名著中《水浒传》的写作特色：用看官听说的方式告诉读者小说情节中的玄机。

既然梁山人马分成四路，祝家庄的人马也分四路应敌。

来他个里应外合！

这里的七只大虫是之前祝家庄捉的梁山好汉：时迁、杨林、黄信、王矮虎、秦明、邓飞、石秀。

可怜的庄客们，可怜的祝氏四父子！

一队人马出后门杀这正西北上的人马。"祝龙道："我出前门杀这正东上的人马贼兵。"祝虎道："我也出后门杀那正南上的人马。"祝彪道："我也出前门捉宋江，是要紧的贼首。"祝朝奉大喜，都赏了酒。各人上马，尽带了三百馀骑奔出庄门。其馀的都守庄院，门楼前呐喊。此时邹渊、邹润已藏了大斧，只守在监门左侧。解珍、解宝藏了暗器，不离后门。孙新、乐和已守定前门左右。顾大嫂先拨人兵保护乐大娘子，却自拿了两把双刀在堂前踅（xué），只听风声，便乃下手。

且说祝家庄上擂了三通战鼓，放了一个炮，把前后门都打开，放了吊桥，一齐杀将出来。四路军兵出了门，四下里分投去厮杀。临后孙立带了十数个军兵，立在吊桥上。门里孙新便把原带来的旗号插起在门楼上。乐和便提着枪直唱将入来。邹渊、邹润听得乐和唱，便唿哨了几声，轮动大斧，早把守监房的庄兵砍翻了数十个，便开了陷车，放出七个大虫来，各各寻了器械，一声喊起。顾大嫂掣出两把刀，直奔入房里，把应有妇人，一刀一个尽都杀了。祝朝奉见头势不好了，却待要投井时，早被石秀一刀剁翻，割了首级。

那十数个好汉分投来杀庄兵。后门头解珍、解宝便去马草堆里放起把火，黑焰冲天而起。四路人马见庄上火起，并力向前。祝虎见庄里火起，先奔回来。孙立守在吊桥上，大喝一声："你那厮那里去！"拦住吊桥。祝虎省口，便拨转马头，再奔宋江阵上来。这里吕方、郭盛，两戟齐举，早把祝虎和人连马搠翻在地，众军乱上，剁做肉泥。前军四散奔走。孙立、孙新迎接宋公明入庄。且说东路祝龙斗林冲不住，飞马望庄后而来。到得吊桥边，见后门头解珍、解宝把庄客的尸首一个个搠将下来。

火焰里祝龙急回马望北而走，猛然撞着黑旋风，踊身便到，轮动双斧，早砍翻马脚。祝龙措手不及，倒撞下来，被李逵只一斧，把头劈翻在地。祝彪见庄兵走来报知，不敢回，直望扈家庄投奔，被扈成叫庄客捉了，绑缚下。正解将来见宋江，恰好遇着李逵，只一斧，砍翻祝彪头来。庄客都四散走了。

<后语>

第三次攻打祝家庄，宋江取得了胜利。这一仗不仅为梁山泊赚取了不少金银布物，而且为梁山泊增添了十二位头领，他们分别是李应、孙立、孙新、解珍、解宝、邹渊、邹润、杜兴、乐和、时迁、扈三娘、顾大嫂。战后，宋江还完成了一宗心愿，将扈三娘以父亲宋太公义女的身份配给王矮虎为妻。

❖ 闲话少说

本文是梁山第三次攻打祝家庄。与前两次相比，第三次有着许多不同之处：涉及人员更多，战斗更为残酷，还必须取得成功，等等。作者在描写时按照事情的发展顺序，化整为零，出现一个重要人物就写一个重要人物，把涉及的双方主要战斗人员一一写出来。

✦ 我观"水浒"：

兵不厌诈

兵不厌诈，出自《韩非子·难一》："臣闻之，繁礼君子，不厌忠信；战阵之间，不厌诈伪，君其诈之而已矣。"指用兵作战采取诡变、欺诈的策略或手段，巧妙骗人。梁山泊在前两次攻打祝家庄中，黄信、王矮虎、秦明、邓飞等人被捉。宋江"其夜在帐中纳闷，一夜不睡，坐而待旦"。祝家庄兵强地利，宋江连连失利。正当宋江"如之奈何"时，吴用等人献了一个计策……

接近对方

那天，孙立打着"登州兵马提辖孙立"的旗号，谎称受上级兵马府的命令，去郓州守城。孙立告诉在祝家庄任职的师兄栾廷玉，此行是路过，特来拜访他。祝家庄是郓州管辖的地方。祝家庄主祝朝奉听说孙立等人是来防梁山泊强盗的，心中非常高兴。正如栾廷玉所说："锦上添花、旱苗得雨"，这是祝家庄的幸事。祝家父子见孙立带着妻儿老小，随身携带许多行李家当，又是祝家庄教师栾廷玉的师弟，也就没有任何疑心了。祝家庄只管杀牛宰马，酒席招待，他们视孙立等人为一家人。

求得信任

孙立等人在祝家庄住了两天后，宋江等人依计挑战祝家庄。小李广花荣与祝彪战了五十几回合不分胜负，就卖了个破绽，回去了。祝彪听说花荣会暗器，也就放弃了追击。孙立见祝彪未能捉得梁山强盗，就说："来日看小弟不才，拿他几个。"

第二天，宋江等人依计再次挑战祝家庄。两队人马几轮厮杀，都在不分胜负的情况下鸣锣收兵。昨天孙立在祝家父子前说的那番话，大家都还记得，几番厮杀下来，也该孙立出场了，不拿梁山几个强盗回来，孙立岂不是"光说不练的假把式"。这也是宋江和孙立等人商量好的。

孙立披挂上阵后，拼命三郎石秀来战。两马相交，双枪并举。斗到五十回合，孙立卖个破绽，虚晃一枪，把石秀轻轻地从马上捉了过来。正如作者在后面说的，石秀的武艺并不比孙立差，之所以石秀让孙立把自己捉了，是因为这样能让祝家父子更信任孙立。

保护兄弟

得到了祝家父子及栾廷玉的信任后，孙立就开始进一步实施配合宋江三打祝家庄的计划了。孙立一边要求给已经被抓的梁山强盗们好吃好喝，不能让他们的身体受到伤害，不能挨饿，要看上去还是好好的；一边要求祝家庄在和梁山泊强盗的厮杀中，准备挠钩套索活捉，不能杀死他们。祝家父子此时对孙立早已"拱手钦伏"，见他说"他日拿了宋江，一并解上东京去，教天下传名，说这个祝家庄三子！"更是欢欣鼓舞，完全听命于他。祝朝奉感恩不尽，说：幸亏有提辖出手相助。其实，这是孙立保护梁山兄弟不受伤害的谋略。

里应外合

宋江见孙立顺利取得了祝家父子的信任，就开始进攻祝家庄了。宋江兵分四路，围打祝家庄。就在祝家庄也按四路军马，分头冲出庄门去厮杀时，孙立等人在庄内起兵开始策应。孙新、乐和等人和前面被抓的"七只大虫"各操持兵器，将庄内留守人员砍杀无数。祝朝奉也被石秀一刀砍死。祝家庄在宋江和孙立等人的里应外合中全军覆没，梁山泊完胜祝家庄。

♣ "水浒"技法：

怎样描写场面

场面是一个面，不是一个点，但场面也是由一个个点、一条条线构成的。文章中场面描写可以从多个点、多条线去考虑，然后根据表达的需要，多点多线地描写。

兵　器　多

多样的兵器为场面增添特色。本选段中在描写祝氏三子与宋江决战时，其中一部分就是选择几员干将使用不同的兵器对战，形成一组画面。宋江阵上有林冲的丈八蛇矛、杨雄与石秀的长枪，祝氏三杰有祝龙祝彪的长枪、祝虎的大刀及梁山卧底孙立的虎眼钢鞭，他们几个你来我往，使用不同的兵器，让双方决战的场面备显激烈。

声　音　大

场面描写可以从声音的角度进行渲染。场面上人多势众，其声不可少，其势不可略。本选段中战斗的第四日，祝氏三子披挂后，组织队伍一出庄门，就看见对方阵势不小，"远远地望见，早听得鸣锣擂鼓，呐喊摇旗，对面早摆成阵势。"到第五日时，战场上更是"四面都是兵马。战鼓齐鸣，喊声大举"。如此的声音渲染，让决战的场面显得非常有气势，更震撼人心。

数　字　化

数字让场面描写更清晰。数字一般用在说明文里，我们称之为列数字。由于描写中用数字能使事物描述更加准确具体，所以习作中适当使用数字，可以使场面更清晰。

我们在描述一件事情时，能数字化的不妨数字化。这种方法古代诗仙李白早已运用过，他说庐山的瀑布"飞流直下三千尺"，虽然这里的"三千尺"是夸张、虚指，但其作用已经非常明显，瀑布倾泻而下的场面非常壮观，气势恢宏。

在本选段的场面描写中，共有八处用数字来说明参与战斗的人数之多，少则一百余人，多则五百来人。

色　彩　浓

色彩在场面描写中也能起到一定的作用。本选段描写战争，不能把场面描写得非常美，但可以描写出符合战争特色的"惨"。梁山攻打祝家庄的决战即将结束，"解珍解宝便去马草堆里放起把火，黑焰冲天而起"，浓烟滚滚，火焰冲天，肯定还伴随着"劈劈啪啪"的爆炸声和呐喊声，"四路人马见庄上火起，并力向前"，有救火的，有逃命的，有喊杀的，现场一片混乱，在这混乱中，祝虎被剁成肉泥，祝龙、祝彪被李逵砍杀，祝家庄被宋江等人攻占了。

♨ 趣味链接：

祝氏三杰

杜兴道："此间独龙冈前面有三座山冈，列着三个村坊：中间是祝家庄，西边是扈家庄，东边是李家庄。这三处庄上，三村里算来总有一二万军马人等。

惟有祝家庄最豪杰，为头家长唤做祝朝奉，有三个儿子，名为祝氏三杰：长子祝龙，次子祝虎，三子祝彪。又有一个教师，唤做铁棒栾廷玉，此人有万夫不当之勇。庄上自有一二千了得的庄客。西边有个扈家庄，庄主扈太公，有个儿子唤做飞天虎扈成，也十分了得。惟有一个女儿最英雄，名唤一丈青扈三娘，使两口日月双刀，马上如法了得。这里东村庄上，却是杜兴的主人，姓李名应，能使一条浑铁点钢枪，背藏飞刀五口，百步取人，神出鬼没。这三村结下生死誓愿，同心共意，但有吉凶，递相救应。惟恐梁山泊好汉过来借粮，因此三村准备下抵敌他。"

（选自　第四十七回　扑天雕双修生死书　宋公明一打祝家庄）

✿ 原著练习

1. 在下列正确的读音下画横线：

破绽(pò zhàn　pò dìng)　　　　呐喊(là hǎn　nà hǎn)

解送(xiè sòng　jiě sòng)　　　　掣出(chè chū　zhì chū)

搠翻(shuò fān　suò fān)　　　　投奔(tóu bēn　tóu bèn)

2. 按选段内容填空：

(1)当下祝龙、祝虎、祝彪三子都披挂了，出到庄前门外，远远地望见，早听得(　　　　)，(　　　　)，对面早摆成阵势。

(2)这里祝朝奉坐在庄门上，(　　　)栾廷玉，(　　　)孙提辖；祝家三杰并孙立带来的许多人伴，都摆在(　　　)。

(3)祝龙焦躁，(　　　)放下吊桥，(　　　)上马，(　　　)一二百人马，大喊一声，(　　　)林冲阵上。

(4)祝虎大怒，(　　　)上马，(　　　)到阵前(　　　)大叫："宋江决战。"

(5)孙立卖了个破绽，让石秀(　　　)入来，(　　　)一个过，把石秀(　　　)从马上(　　　)过来，(　　　)到庄前(　　　)，喝道：

"把来缚了。"

3. 判断：

(1)梁山泊打祝家庄三次，前两次均以失败告终，第三次才取得根本性胜利。（　　）

(2)祝龙、祝彪都是被林冲所杀。（　　）

(3)关在祝家庄里的七只大虫分别是：时迁、杨林、黄信、秦明、邓飞、王矮虎、石秀。（　　）

(4)石秀的本领不如孙立，才会被孙立所擒。（　　）

(5)王矮虎在攻打祝家庄中被扈三娘捉走。（　　）

4. 你能分析一下宋江最后战胜祝家庄的原因吗？用自己的话说一说。

5. 篮球赛场上有双方队员十人在拼搏，场外有休息的队员在观战，有观众加油呐喊，还有精心的比赛环境布置。你能选一场亲身经历或者从电视中看到的篮球比赛，把当时的场面记录下来吗？

第十节　宋江智擒关胜

（选自　第六十四回　呼延灼夜月赚关胜　宋公明雪天擒索超）

前言：宋江等人攻打北京城池，城中梁中书派人向其岳
父蔡太师求救。蔡太师派关胜采取围魏救赵之计攻打梁山。
宋江和吴用商议依计有序地返回梁山。关胜按照蔡太师的要
求追至梁山，张横冒失进犯关胜，被关胜所擒，其弟张顺和
三阮等人营救时，阮小七反又被捉。宋江接刘唐的信息后，
迅速支援他。宋江在阵前看了关胜后，对其颇有好感，甚至
说"若得此人上山，宋江情愿让位"。

　　且说关胜回到寨中，下马卸甲，心中暗忖道："我力斗
二将不过，看看输与他，宋江倒收了军马，不知主何意？"却
教小军推出陷车中张横、阮小七过来，问道："宋江是个郓
城小吏，你这厮们如何伏他？"阮小七应道："俺哥哥山东、
河北驰名，都称做及时雨呼保义宋公明。你这厮不知礼义之
人，如何省的！"关胜低头不语，且教推过陷车。当晚寨中纳
闷，坐卧不安，走出中军，立观月色满天，霜华遍地，嗟叹
不已。

関胜也是一个善于
思考的人，有疑
问，就有故事下
文。

　　有伏路小校前来报说："有个胡须将军，匹马单鞭，要
见元帅。"关胜道："你不问他是谁？"小校道："他又没衣甲
军器，并不肯说姓名，只言要见元帅。"关胜道："既是如
此，与我唤来。"没多时，来到帐中，拜见关胜。关胜看了，
有些面熟，灯光之下略也认得，便问是谁。那人道："乞退
左右。"关胜道："不妨。"那人道："小将呼延灼（zhuó）的便
是。先前曾与朝廷统领连环马军，征进梁山泊，谁想中贼奸
计，失陷了军机，不能还乡。听得将军到来，不胜之喜。早

使鞭的人会是谁
呢？

关胜听了呼延灼的
解释后，解开了白
天宋江收军的疑
惑，因而对呼延灼
深信不疑。

间宋江在阵上，林冲、秦明待捉将军，宋江火急收军，诚恐伤犯足下。此人素有归顺之意，无奈众贼不从，暗与呼延灼商议，正要驱使众人归顺。将军若是听从，明日夜间，轻弓短箭，骑着快马，从小路直入贼寨，生擒林冲等寇，解赴京师，共立功勋。"

关胜听罢大喜，请入帐，置酒相待。备说宋江专以忠义为主，不幸从贼无辜。二人递相剖露衷情，并无疑心。

次日，宋江举众搦（nuò）战。关胜与呼延灼商议："今日可先赢首将，晚间可行此计。"有诗为证：

亡命呼延计最奇，单人匹马夜逃归。阵前假意鞭黄信，钩起梁山旧是非。

且说呼延灼借副衣甲穿了，彼各上马，都到阵前。宋江见了，大骂呼延灼道："我不曾亏负你半分，因何黉（yín）夜私去？"呼延灼回道："汝等草寇，成何大事！"宋江便令镇三山黄信出马，仗丧门剑，驱坐下马，直奔呼延灼。两马相交，斗不到十合，呼延灼手起一鞭，把黄信打落马下。宋江阵上众军，抢出来扛了回去。关胜大喜，令大小三军一齐掩杀。呼延灼道："不可追掩，恐吴用那厮广有神机，若还赶杀，恐贼有计。"关胜听了，火急收军，都回本寨，到中军帐里置酒相待，动问镇三山黄信之事。呼延灼道："此人原是朝廷命官，青州都监，与秦明、花荣一时落草。今日先杀此贼，挫灭威风，今晚偷营，必然成事。"关胜大喜，传下将令，教宣赞、郝思文两路接应；自引五百马军，轻弓短箭，叫呼延灼引路。至夜二更起身，三更前后，直奔宋江寨中，炮响为号，里应外合，一齐进兵。是夜月光如昼。黄昏时候披挂已了，马摘鸾铃，人披软战，军卒衔枚疾走，一齐乘马，呼延灼当先引路，众人跟着。转过山径，约行了半个更次，前面撞见三五十个伏路小军，低声问道："来的不是呼

赢了一仗，让关胜更加信服。

这是加偷袭的节奏。

将军么？宋公明差我等在此迎接。"呼延灼喝道："休言语，随在我马后走。"呼延灼纵马先行，关胜乘马在后。又转过一层山嘴，只见呼延灼把枪尖一指，远远地一碗红灯。关胜勒住马问道："有红灯处是那里？"呼延灼道："那里便是宋公明中军。"

急催动人马。将近红灯，忽听得一声炮响，众军跟定关胜，杀奔前来。到红灯之下看时，不见一个；便唤呼延灼时，亦不见了。关胜大惊，知道中计，慌忙回马，听得四边山上，一齐鼓响锣鸣。正是慌不择路，众军各自逃生。关胜连忙回马时，只剩得数骑马军跟着。转出山嘴，又听得树林边脑后一声炮响，四下里挠钩齐出，把关胜拖下雕鞍，夺了刀马，卸去衣甲，前推后拥，拿投大寨里来。

一旦中计，六神无主，必败无疑。

＜后语＞

与此同时，林冲、花荣将郝思文、宣赞一起捉拿上山，也把张横、阮小七等人救了出来。在梁山上，宋江亲自为关胜解绳索，扶正座，纳头便拜，叩首伏罪。关胜见梁山上各位头领都是义气深重之人，就和宣赞、郝思文等人入伙梁山了。

❖ 闲话少说

关胜是关羽的后代，有情有义之人。宋江战场上不抓他，而使计谋让他心甘情愿地入伙梁山。关胜在想：宋江是什么样的人？为什么那么多人追随他？后来，关胜不仅自己入伙梁山，还要自己的手下也入伙了。

❋ 我观"水浒"：

关胜忠义似云长

关胜是《水浒传》中第九十五个出场的梁山好汉。他虽然在第六十三回才开始露面，但在梁山排名第五，并且是马军五虎将之首，位列林冲之前，仅列宋江、卢俊义、吴用、公孙胜核心人物之后。如此晚出场的好汉，排名却又如此靠前，为什么？关胜其人如何？接下来让我们认识一下他吧！

小 官 吏

关胜出场时，是一个职务很小的小县城的巡检。经旧友宣赞的推荐，蔡太师请他来救当时被宋江攻打的北京城。关胜听后自然很高兴地献计献策，运用"围魏救赵"的策略，乘虚攻打梁山，从而达到救北京城的目的。

关云长之后

关胜是一个儒将。他自幼熟读兵书，长大后时常与同事好友谈论古今兴废之事，即使在军帐中也要点灯看书。在《水浒传》中，像这样既饱读兵书，又精通武艺的好汉并不多见。关胜不愧是"汉末三分义勇武安王嫡派子孙"——关云长嫡孙后裔，不仅长相与关云长相似，就连兵器也与他一致：使一口青龙偃月刀。宋江第一次见到他时，就和吴用"暗暗地喝采"，在其他梁山好汉面前赞叹："将军英雄，名不虚传！"足见宋江对关胜的喜爱之情。

拜 宋 江

在梁山好汉与关胜的厮杀中，宋江担心梁山好汉伤关胜。宋江宁可委屈梁山好汉，在战斗厮杀的关键时候鸣金收兵，让关胜体面地保全其身其名。关胜回帐后，奇怪地问俘虏张横和阮小七："宋江是个郓城小吏，你这厮们如何伏他？"是啊，宋江是一个小衙役，用现在的话说就是一个普通的公务员，为什么近百的英雄好汉都崇拜他，并且为他舍生忘死呢？就在关胜百思不得其解时，曾是朝廷统领的呼延灼来告知其基本情况。

关胜被擒后，面对宋江的叩拜，他不知所措，只求一死："无面还京，俺三人愿早赐一死！"关胜听完宋江阐述梁山泊的宗旨后，感叹宋江"话不虚传"，于是表示他"愿在帐下为一小卒"。

忠义关胜

张恨水在《水浒人物论赞》中提到，"关胜谓宋江曰：君知我则报君，友知我则报友，到此意也"。皇帝知我，我报效皇帝；朋友知我，我报恩朋友。其祖先关云长何尝不是这样呀！报答知遇之恩，做知恩图报有义之人。关云长当初不是为了寻找刘备，不得已在爱才的曹操名下效力？当得知刘备去向时，又千里走单骑，过五关斩六将奔赴刘备处；当华容道狭路相逢曹操，又宁可违背军令也要义释曹操。

《水浒传》中关胜为国效力，"围魏救赵"，而当了解宋江等人及当前社会官场后，他宁可不要蔡太师以钱帛相邀的剿匪功劳，也要支持宋江等义士的义，尽对皇帝的忠。关胜在劝降单廷圭、魏定国时说，"目今主上昏昧，奸臣弄权，非亲不用，非仇不谈"，而宋江"仁德施恩，替天行道"。他们相信"奸臣退位"时，再"去邪归正，未为晚矣"。他们终究要重新回到朝廷，为皇帝效力的。

关胜与其祖先关云长不仅形似，而且神情也同。

♣ "水浒"技法：

围绕中心写作文

一篇文章贵在中心明确。我们习作时，应围绕中心选材，组织材料，安排构架结构，确定表达方式，恰当地遣词造句。

本选段作者围绕"智擒"关胜组织材料，描述事件。

做好铺垫

文中先描写关胜主动思考众人为什么服气宋江这样的小衙役，这就为智擒做铺垫，也暗示智擒的可能性。

关胜是讲忠义之人。他受蔡太师之命来剿梁山英雄。但他来到梁山泊后，发现那些英雄好汉都听宋江的，而宋江原来是一个比他官职还低的普通公务员。他这时开始反思了，"嗟叹不已"，开始思考人生的意义，他到底该跟谁，到底要不要抓宋江等人，他对他的使命产生了怀疑。

写好事情发展阶段

就在这个时候，曾经同朝为官的呼延灼主动接近关胜，介绍宋江为人及其主张，从而解除了关胜的疑惑。原来宋江也是对皇帝忠诚之人，他并不是要推翻宋王朝，宋江和他一样有忠有义。这些使关胜投靠梁山变得可能。关胜与呼延灼相见恨晚，喝酒饮茶，"剖露衷情，并无疑心"。呼延灼取得了关胜的信任，关胜也逐步走进宋江智擒他的计策之中。

写好事情高潮阶段

在阵上，宋江大骂呼延灼，使呼延灼获得关胜的进一步信任。呼延灼依计战胜黄信，智擒关胜的计策又顺利完成一步。

在呼延灼领兵进攻时，梁山的伏兵混入进攻队伍，一旦发生突发事件时呼延灼才有兵力支持。宋江的计策按原计划顺利进行，关胜很快进入了宋江设计的空军帐。就这样梁山好汉们轻松地擒住了关胜。

综观智擒过程，作者先让关胜自我质疑，再让呼延灼走近关胜，让关胜接受宋江的主张，让宋江与呼延灼对话，最后将关胜擒住后，又义释他。这些都是宋江与呼延灼商议的计策，让关胜心服口服，愿意跟随宋江。

一篇文章的中心有时会存在于题眼中，有时也藏在字里行间。不管是在哪里，文章总是有中心的，写文章就是为了表达作者的意图。

♨ **趣味链接：**

关胜马失前蹄　得病而亡

话说宋江衣锦还乡，拜扫回京。自离郓城县，还至东京，与众弟兄相会，令其各人收拾行装，前往任所。当有神行太保戴宗来探宋江，二人坐间闲话。只见戴宗起身道："小弟已蒙圣恩，除受衮州都统制。今情愿纳下官诰，要去泰安州岳庙里，陪堂求闲，过了此生，实为万幸。"宋江道："贤弟何故行此念头？"戴宗道："兄弟夜梦崔府君勾唤，因此发了这片善心。"宋江道："贤弟生身既为神行太保，他日必作岳府灵聪。"自此相别之后，戴宗纳还了官诰，去到泰安州岳庙里，陪堂出家，在彼每日殷勤奉祀圣帝香火，虔诚无忽。后数月，一夕无恙，请众道伴相辞作别，大笑而终。后来在岳庙里累次显灵，州人庙祝，随塑戴宗神像于庙里，胎骨是他真身。

又有阮小七受了诰命，辞别宋江，已往盖天军做都统制职事。未及数月，被大将王禀、赵谭怀挟帮源洞辱骂旧恨，累累于童枢密前诉说阮小七的过失："曾穿着方腊的赭黄袍，龙衣玉带，虽是一时戏要，终久怀心造意。"待要杀他。"亦且盖天军地僻人蛮，必致造反。"童贯把此事达知蔡京，奏过天子，请降了圣旨，行移公文到彼处，追夺阮小七本身的官诰，复为庶民。阮小七见了，心中也自欢喜，带了老母回还梁山泊石碣村，依旧打鱼为生，奉养老母，以终天年。后自寿至六十而亡。

且说小旋风柴进在京师，见戴宗纳还官诰求闲去了，又见说朝廷追夺了阮小七官诰，不合戴了方腊的平天冠，龙衣玉带，意在学他造反，罚为庶民，寻思："我亦曾在方腊处做驸马，倘或日后奸臣们知得，于天子前谗佞，见责起来，追了诰命，岂不受辱？不如闻早自省，免受玷辱。"推称风疾病患，不时举发，难以任用，不堪为官，情愿纳还官诰，求闲为农。辞别众官，再回沧州横海郡为民，自在过活。忽然一日，无疾而终。

李应授中山府都统制，赴任半年，闻知柴进求闲去了，自思也推称风瘫，不能为官。申达省院，缴纳官诰，复还故乡独龙冈村中过活。后与杜兴一处作富豪，俱得善终。

关胜在北京大名府总管兵马，甚得军心，众皆钦伏。一日，操练军马回来，因大醉失脚，落马得病身亡。

（选自　第一百回　宋公明神聚蓼儿洼　徽宗帝梦游梁山泊）

❋ 原著练习

1. 在下列正确的读音下画横线：

纳闷(nà mēn　nà mèn)　　　　　　草寇(cǎo dòu　cǎo kòu)

搦战(nuò zhàn　ruò zhàn)　　　　　挫灭(cuō miè　cuò miè)

鸾铃(lán líng　luán líng)　　　　　勒住(lè zhù　lēi zhù)

2. 按选段内容填空：

(1)(关胜)当晚寨中（　　　　　），坐卧（　　　　　），走出中军（　　　　　），月色（　　　　），霜华（　　　　），嗟叹（　　　　）。

(2)两马相交，斗不到（　　　　　），呼延灼（　　　　　）一鞭，把（　　　　　）打落马下。

(3)黄昏时候，披挂（　　　　），马（　　　　）鸾铃，人（　　　　）软战，军卒（　　　　）枚疾走，一齐乘马，呼延灼当先引路，众人跟着。

(4)关胜（　　　　），问道："有红灯处是那里?"

(5)转出山嘴，又听得树林边脑后一声炮响，四下里挠钩齐出，把关胜（　　　　）雕鞍，（　　　　）刀马，（　　　　）衣甲，前推后拥，拿投大寨里来。

3. 判断：

(1)宋江派呼延灼到关胜处是为了给自己留条后路，说明自己不想与朝廷为敌。（　　　）

(2)关胜道："既是如此，与我唤来。"这句话的意思就是：既然是这样，就叫他过来。（　　　）

(3)关胜听罢大喜，请入帐，置酒相待。其如此待呼延灼的原因是宋江主动派人过来一起擒拿林冲等人。（　　　）

(4)关胜上梁山是被蔡太师和高太尉逼迫的。（　　　）

(5)"披挂已了，马摘鸾铃，人披软战，军卒衔枚"这样是为了快点走。（　　　）

4. 关胜问张横、阮小七：宋江是个郓城小吏，你们为什么那么服他？张横、阮小七没有完全回答他。请你根据"水浒"故事回答一下关胜的问题。

5. 你参观过许多有意义的场馆，它们主题鲜明；你游览过许多名山大川，它们各有特点；你参加过许多活动，它们主题突出。请你任选一次，想一想：围绕它的主题或特点，可以选择哪些材料，并详略得当地写下来。

第十一节　搞笑高手黑旋风

（选自　第七十四回　燕青智扑擎天柱　李逵寿张乔坐衙）

前言：在相扑大奖赛上，相扑手任原的徒弟看到燕青赢了任原，就争着抢礼品，李逵看到了非常气愤，不管三七二十一就一顿乱打，没想到让众人认出他就是通缉犯梁山泊黑旋风，于是反被官军及众人追打。卢俊义等下山营救时，李逵被追散，之后他独自一人到寿张县耍了一回。

且不说卢俊义引众还山，却说李逵手持双斧，直到寿张县。当日午衙方散，李逵来到县衙门口，大叫入来："梁山泊黑旋风爹爹在此！"吓得县中人手脚都麻木了，动掸不得。原来这寿张县贴着梁山泊最近，若听得"黑旋风李逵"五个字，端的医得小儿夜啼惊哭，今日亲身到来，如何不怕！

当时李逵径去知县椅子上坐了，口中叫道："着两个出来说话，不来时便放火。"廊下房内众人商量，只得着几个出去答应，"不然，怎地得他去？"数内两个吏员出来厅上，拜了四拜，跪着道："头领到此，必有指使。"李逵道："我不来打搅你县里人，因往这里经过，闲耍一遭。请出你知县来，我和他厮见。"两个去了，出来回话道："知县相公却才见头领来，开了后门，不知走往那里去了。"

李逵不信，自转入后堂房里来寻，却见有那幞（fú）头衣衫匣子在那里放着。李逵扭开锁，取出幞头，插上展角，将来带了，把绿袍公服穿上，把角带系了，再寻朝靴，换了麻鞋，拿着槐简，走出厅前，大叫道："吏典人等，都来参见！"众人没奈何，只得上去答应。李逵道："我这般打扮，也好么？"众人道："十分相称。"李逵道："你们令史祗候，

生活中听说过拿照片辟邪的段子，这里有听黑旋风治小儿夜哭的方子。

李逵这般打扮好看吗？

都与我排衙了便去。若不依我，这县都翻做白地。"众人怕他，只得聚集些公吏人来，擎（qíng）着牙杖骨朵，打了三通擂鼓，向前声喏。

李逵呵呵大笑，又道："你众人内，也着两个来告状。"吏人道："头领在此坐地，谁敢来告状。"李逵道："可知人不来告状。你这里自着两个装做告状的来告，我又不伤他，只是取一回笑耍。"公吏人等商量了一回，只得着两个牢子，装做厮打的来告状，县门外百姓都放来看。两个跪在厅前，这个告道："相公可怜见，他打了小人。"那个告："他骂了小人，我才打他。"李逵道："那个是吃打的？"原告道："小人是吃打的。"又问道："那个是打了他的？"被告道："他先骂了，小人是打他来。"李逵道："这个打了人的是好汉，先放了他去。这个不长进的，怎地吃人打了？与我枷号在衙门前示众。"李逵起身，把绿袍抓扎起，槐简揣在腰里，掣出大斧，直看着枷了那个原告人，号令在县门前，方才大踏步去了，也不脱那衣靴。县门前看的百姓，那里忍得住笑。

正在寿张县前，走过东，走过西，忽听得一处学堂读书之声，李逵揭起帘子，走将入去，吓得那先生跳窗走了。众学生们哭的哭，叫的叫，跑的跑，躲的躲。李逵大笑出门来，正撞着穆弘（hóng）。穆弘叫道："众人忧得你苦，你却在这里风！快上山去！"那里由他，拖着便走。李逵只得离了寿张县，径奔梁山泊来，有诗为证：

牧民县令古贤良，想是腌臜没主张。

怪杀李逵无道理，琴堂闹了闹书堂。

二人渡过金沙滩，到得寨里，众人见了李逵这般打扮，都笑。到得忠义堂上，宋江正与燕青庆喜，只见李逵放下绿襕袍，去了双斧，摇摇摆摆，直至堂前，执着槐简，来拜宋江。拜不得两拜，把这绿襕袍踏裂，绊倒在地，众人都笑。

李逵这个游戏玩得有点大。

"打了人的是好汉，被打的人是不长进的"，这就是李逵的逻辑。

终于找到如此顽皮的"李逵"了。

这身打扮的李逵是否像周星驰演的喜剧角色？

宋江骂道:"你这厮忒大胆,不曾着我知道,私走下山,这是该死的罪过!但到处,便惹起事端。今日对众弟兄说过,再不饶你!"李逵喏喏连声而退。

梁山泊自此人马平安,都无甚事,每日在山寨中教演武艺,操练人马,令会水者上船习学。各寨中添造军器、衣袍、铠甲、枪刀、弓箭、牌弩、旗帜,不在话下。

<后语>

相安无事些日子后,梁山泊迎接朝廷招安的工作开始了。李逵一直反对招安,有火爆脾气的他在朝廷招安使臣萧让读完诏书后,从房梁上跳下来,夺过诏书,将其扯得粉碎,还揪住使臣陈太尉,说:"你的皇帝姓宋,我的哥哥也姓宋,你做得皇帝,偏我哥哥做不得皇帝!"这样,首次招安失败了。

❖ 闲话少说

李逵本是一个五大三粗、头脑简单之人。在《水浒传》中,他个性鲜明,有血有肉。看到李逵在县衙里的一举一动真是让人忍俊不禁,又觉得这个黑旋风十分"可爱"。

❀ 我观"水浒":

团队需要有幽默感的人

说到团队,很多人都会想到《西游记》故事中的取经团队。他们性格各异,兴趣不同,能力有差异,但他们走到了最后,完成了任务。

西天取经有八戒

我们在读《西游记》时,忘不了团队领导唐僧的执着,他是团队的领导,宁愿向西而死,也不愿停留享受。在九九八十一难里,我们无时无刻不感受到孙悟空的重要性，降伏妖怪，克服困难，他是最忙的，是典型的"工作狂"。猪八戒就不一样了，在取经路上，饿了、渴了、累了，都是由他嚷出大家的心声，他一嚷嚷了，师傅唐僧就会及时拿出僧钵给徒弟们去弄点水，找点吃的来。八戒给这个团队带来了许多快乐与喜感，让团队有许多回味与生机。沙僧和白龙马是这个团队里默默做事的，任劳任怨。他们一路走来，师兄弟时而吵吵闹闹，时而一同打妖怪。吵闹时，如同兄弟在父母面前嬉闹；打妖怪时，拧成一股绳共同对敌。他们在荒山野岭、城市宫殿陪师父一路向西，留下了许多精彩故事。

替天行道有李逵

《水浒传》也有团队。除了晁盖、吴用、宋江等构成的核心团队外，还有由其他好汉组成的骨干团队。这个团队成员都是当时所谓的英雄好汉，个性鲜明。团队里有身怀绝技的时迁、戴宗等；有拿过朝廷俸禄的黄信、秦明等；有家财万贯的员外、庄主等。他们在核心团队的领导下，各尽所能，共同塑造了梁山泊"替天行道"的形象，最后赢得了朝廷无条件招安的机会。

在这个团队中，李逵的形象格外与众不同，他曾直接表达出不愿招安的想法；他曾当面要砍杀宋江；他曾引得众好汉哄堂大笑；他曾直接骂皇帝，要为兄弟造皇帝的反。这些都是其他好汉做不到的。

一次，两个强人假冒宋江，将刘太公家的十八岁女儿抢走。李逵听说后，一回到梁山泊，就先砍倒杏黄旗，把"替天行道"四个字扯得粉碎，还要砍杀宋江。对着宋江骂道："我闲常把你做好汉，你原来却是畜生！"当弄清楚真实情况后，又听从燕青的劝告，去宋江处"负荆请罪"。朝廷官员陈太尉与李虞候等人带着招安的诏书来招安时，宋江集合众头领，107 位在场，唯独不见李逵。朝廷官员萧让刚读完诏书，众头领听完就十分恼火，但都是敢怒不敢言。就在这时，李逵从房梁上跳下来，从萧让手上抢过诏书，将它撕得粉碎，并扑向陈太尉，抓住就打。被宋江、卢俊义遮拦后，他又去打李虞候，说："你的皇帝姓宋，我的哥哥也姓宋，你做得皇帝，偏我哥哥做不得皇帝！"这些话在当时是相当反动的，宋江等人一直认为皇帝不坏。他们不反皇帝，而是反皇帝下面腐败的官员。当卢俊义生擒了史文恭后，宋江依照晁盖的遗言，将头把交椅让出。两人在推辞时，李逵大叫："哥哥偏不直性！前日肯坐了，今日又让别人。这把鸟交椅便真个是金子做的？只管让来让去！不要讨我杀将起来。""若是哥哥做个皇帝，卢员外做个丞相，我们今日都住在金殿里，也值得这般鸟乱。"

李逵也有幼稚、孝顺的一面。在随戴宗去寻找公孙胜时，忍不住偷吃荤食。在戴宗施法后，李逵行走就停不下来，连连向戴宗求饶。他与燕青一起扰乱任原相扑的现场后，独自一个人来到寿张县衙，穿起知县的官服，扮演知县判案，最后官服也不脱，就直接回到忠义堂，惹得众好汉开怀大笑。他看见宋江接父亲上梁山，就想到自己的母亲。他将母亲偷偷背出家，遗憾的是，由于他一时疏忽大意，母亲不幸被老虎吃掉。李逵顿时怒杀四虎。这就是李逵的性格，说话做事不计后果。

在这个团队里，李逵虽然给团队添了一些乱，但他也是这个团队里不可多得的，具有一定幽默感的人物，为团队增添了许多快乐。

无论是《西游记》里的猪八戒，还是《水浒传》里的李逵，作为文学艺术形象，这两个人物都给读者留下了深刻的印象，深受读者喜爱。

♣ "水浒"技法：

动作描写注意连贯性

人物描写从内容上说有动作、外貌、神态、语言及心理活动等，从状态上来讲，有静态和动态。人物描写时，要注意灵活运用多种观察方法和描写技巧，要结合人物的特征，写谁像谁，写谁是谁，千人千面。生活中，每个人有每个人的习惯动作，有自己的招牌动作，我们应注意细致观察和准确描写。

细致观察　找准特点

要从人体各个能活动的部位进行细致观察，找准特点。人体有四肢、头部、躯干等，头部有眼睛、眉毛、鼻子、嘴巴等，四肢有手、脚、胳膊、腿，躯干有腰部、臀部等。要对每一个部位进行细微的观察，找出其"与众不同"的特点。

观察细致、认真思考，才能发现人物的特点。描写这些特点时，要注意用词准确，注意动作的连贯性，描写要符合人物的特点，符合当时的情景。要学会用慢镜头回放的方式，把动作及其他方面细致地刻画出来。

李逵逗乐　先有动作

本选段中，作者在刻画搞笑高手李逵时，就非常细致地描写了他在寿张县衙的动作。我们先看李逵穿绿袍公服的动作："李逵扭开锁，取出幞头，插上展角，将来带了，把绿袍公服穿上，把角带系了，再寻朝靴，换了麻鞋，拿着槐简，走出厅前。"他离开县衙时，"李逵起身，把绿袍抓扎起，槐简揣在腰里，掣出大斧，直看着枷了那个原告人，号令在县门前，方才大踏步去了，也不脱那衣靴。"再看李逵到了梁山忠义堂后的表现，"李逵放下绿袍，去了双斧，摇摇摆摆，直至堂前，执着槐简，来拜宋江。拜不得两拜，把这绿襕袍踏裂，绊倒在地，众人都笑。"众人不笑才怪呢！

其他人物　烘托一二

这一选段中，李逵是主要人物，描写就非常细致，让人发笑。描写其他人的动作就是点到为止，抓住他们的特点略写出一二即可。

我们来看李逵在知县椅子上坐下时，那两个吏员，只"出来厅上，拜了四拜，跪着道"。当李逵要他们演戏时，这些人的动作虽然简单，但描写时既符合其特点，也适当注意了连贯性，让读者明白："众人怕他，只得聚集些公吏人来，擎着牙杖骨朵，打了三通擂鼓，向前声喏。"

不管对作品中哪一个人物进行动作描写，都要既注意连贯性，也要符合人物的个性和表达需要，要为文章中心服务。

♨ 趣味链接：

李逵神行贪吃

戴宗念念有词，吹口气在李逵腿上，李逵拽开脚步，浑如驾云的一般，飞也似去了。戴宗笑道："且着他忍一日饿！"戴宗也自拴上甲马，随后赶来。

李逵不省得这法，只道和他走路一般。只听得耳朵边风雨之声，两边房屋树木一似连排价倒了的，脚底下如云催雾趱(zǎn)。李逵怕将起来，几遍待要住脚，两条腿那里收拾得住，这脚却似有人在下面推的相似，脚不点地，只管得走去了。看见酒肉饭店，又不能勾入去买吃。李逵只得叫："爷爷，且住一住！"走的甚是神捷。有诗为证：

李逵禀性实凶顽，酒肉堆盘似虎餐。

只为一时贪口腹，足行千里不能安。

李逵看看走到红日平西，肚里又饥又渴，越不能勾住脚，惊得一身臭汗，气喘做一团。戴宗从背后赶来，叫道："李大，怎的不买些点心吃了去？"李逵应道："哥哥，救我一救！饿杀铁牛也！"戴宗怀里摸出几个炊饼来自吃。李逵叫道："我不能勾住脚买吃，你与两个充饥。"戴宗道："兄弟，你走上来与你吃。"李逵伸着手，只隔一丈来远近，只赶不上。李逵叫道："好哥哥，等我一等！"戴宗道："便是今日有些跷蹊，我的两条腿也不能勾住。"李逵道："阿也！我的这鸟脚，不由我半分，自这般走了去，只好把大斧砍了那下半截下来！"戴宗道："只除是恁的般方好，不然直走到明年正月初一日，也不能住。"李逵道："好哥哥，休使道儿耍我！砍了腿下来，你却笑我！"戴宗道："你敢是昨夜不依我，今日连我也走不得住。你自走去。"李逵叫道："好爷爷！你饶我住一住！"戴宗道："我的这法第一不许吃荤并吃牛肉，若还吃了一块牛肉，只要走十万里方才得住。"李逵道："却是苦也！我昨夜不合瞒着哥哥，真个偷买几斤牛肉吃了。正是怎么好！"戴宗道："怪得今日连我的这腿也收不住，只用去天尽头走一遭了，慢慢地却得三五年方才回得来。"李逵听罢，叫起撞天屈来。戴宗笑道："你从今已后只依得我一件事，我便罢得这法。"李逵道："老爹，我今都依你便了。"戴宗道："你如今敢再瞒我吃荤么？"李逵道："今后但吃时，舌头上生碗来大疔疮！我见哥哥要吃素，铁牛却吃不得，因此上瞒着哥哥。今后并不敢了！"

（选自　第五十三回　戴宗智取公孙胜　李逵斧劈罗真人）

✳ 原著练习

1. 在下列正确的读音下画横线：

打搅（dǎ jiǎo　dǎ rǎo）　　　　　匣子（xiá zi　jiá zi）

枷号（jiā hào　gā hào）　　　　　朝靴（cháo xuē　zhāo xuē）

擎着（qín zhe　qíng zhe）　　　　槐简（huái jiǎn　huán jiǎn）

2. 按选段内容填空：

（1）两个吏员出来厅上，（　　　　），（　　　　）道："头领到此，必有指使。"

（2）李逵（　　　）开锁，（　　　）幞头，（　　　）展角，将来带了，把绿袍公服（　　　），把角带（　　　），再寻朝靴，（　　　）麻鞋，（　　　）槐简，（　　　）厅前，大叫道。

（3）李逵起身，把绿袍（　　　）起，槐简（　　　）腰里，（　　　）大斧，直（　　　）枷了那个原告人，号令在县门前，方才大踏步去了，也不脱那衣靴。

（4）李逵（　　　）帘子，（　　　）入去，（　　　）那先生跳窗走了，众学生们（　　　），（　　　），（　　　）。

（5）只见李逵（　　　）绿襕袍，（　　　）双斧，摇摇摆摆，（　　　）堂前，（　　　）槐简，来拜宋江。

3. 判断：

（1）李逵为了穿官服，把寿张县衙的知县赶跑了。（　　　）

（2）梁山泊"黑旋风爹爹在此！"这里的引号作用是表示特定的含义。（　　　）

（3）李逵这次下山就是玩的，先陪燕青参加相扑大奖赛，再一个人到寿张县闲耍一回。（　　　）

（4）带李逵离开寿张县的是卢俊义。（　　　）

（5）冒充李逵的人叫李鬼。（　　　）

4. 李逵在寿张县衙扮知县受理了一场假官司。你认为他判得对吗？说说你的看法。

5. 在班级活动或舞台上曾经出现许多搞笑的人，不妨选其中一人，写写他（她）搞笑的场面。

第十二节　高俅惨败梁山

（选自　第八十回　张顺凿漏海鳅船　宋江三败高太尉）

前言：梁山好汉不满朝廷招安诏书中的言词，花荣一箭射死了念诏书的官员。高太尉再次上书朝廷征剿梁山泊。朝廷再次派高太尉征剿。这次征剿得到了一位造船人的支持，他是泗州人氏，名叶春，善造船。他造的最大的船叫大海鳅船，两边置二十四部绞车，船中可容数百人，每车用十二个人踏动；外用竹篱笆遮护，可避箭矢；船面上竖立弩楼，如要进发，垛楼上一声梆子响，二十四部水车，一齐用力踏动，其船如飞，没有任何船只可以阻挡。若是遇着敌军，船面上伏弩齐发，没有任何东西可以遮护。小一点的船为小海鳅船，两边用十二部绞车；船中可容百十人；首尾都钉长钉；两边亦立弩楼，设篱笆。有如此的船只配合，高太尉能否战胜梁山？

（有诗）写道：

　"生擒杨戬与高俅，扫荡中原四百州。

　便有海鳅船万只，俱来泊内一齐休！"

高太尉看了诗，大怒，便要起军征剿："若不杀尽贼寇，誓不回军！"闻参谋谏道："太尉暂息雷霆（tíng）之怒。想此狂寇惧怕，特写恶言唬吓，不为大事。消停数日之间，拨定了水陆军马，那时征进未迟。目今深冬，天气和暖，此是天子洪福，元帅虎威也。"高俅听罢甚喜，遂入城中，商议拨军遣将。旱路上便调周昂、王焕同领大军，随行策应。却调项元镇、张开，总领军马一万，直至梁山泊山前那条大路上守住厮杀。原来梁山泊自古四面八方，茫茫荡荡，都是芦苇野

如此安排，不知高太尉能不能如愿？

水，近来只有山前这条大路，却是宋公明方才新筑的，旧不曾有。高太尉教调马军先进，截住这条路口，其馀闻参谋、丘岳、徐京、梅展、王文德、杨温、李从吉，长史王瑾，造船人叶春，随行牙将，大小军校，随从人等，都跟高太尉上船征进。

高太尉手下的能人也不少！

闻参谋谏道："主帅只可监督马军，陆路进发，不可自登水路，亲临险地。"高太尉道："无伤！前番二次，皆不得其人，以致失陷了人马，折了许多船只。今番造得若干好船，我若不亲临监督，如何擒捉此寇！今次正要与贼人决一死战，汝不必多言。"闻参谋再不敢开口，只得跟随高太尉上船。高俅拨三十只大海鳅船与先锋丘岳、徐京、梅展管领，拨五十只小海鳅船开路，令杨温同长史王瑾、船匠叶春管领。头船上立两面大红绣旗，上书十四个金字道："搅海翻江冲白浪，安邦定国灭洪妖。"中军船上，却是高太尉、闻参谋，引着歌儿舞女，自守中军队伍。向那三五十只大海鳅船上，摆开碧油幢、帅字旗、黄钺(yuè)白旄(máo)、朱幡皂盖、中军器械。后面船上，便令王文德、李从吉压阵。此是十一月中时。马军得令先行。水军先锋丘岳、徐京、梅展三个，在头船上，首先进发，飞云卷雾，望梁山泊来。但见海鳅船：

高太尉已决心死战，不听劝告。

前排箭洞，上列弩楼。冲波如蛟蜃之形，走水似鲲(kūn)鲸之势。龙鳞密布，左右排二十四部绞车；雁翅齐分，前后列一十八般军器。青布织成皂盖，紫竹制作遮洋。往来冲击似飞梭，展转交锋欺快马。五方旗帜翻风，遍插垛楼；两下甲兵挺剑，皆潜复道。搅起掀天骇浪，掀翻滚雪洪涛。来时金鼓喧阗(tiǎn)，到处波澜汹涌。荷叶池中风雨响，蒹葭(jiān jiā)丛里海鳅来。

看来，高太尉做好了充分准备。

当下三个先锋，催动船只，把小海鳅分在两边，当住小

梁山好汉们将如何应付呢？兵来将挡，水来土掩！

港，大海鳅船望中进发。众军诸将，正如蟹眼鹤顶，只望前面奔窜，迤（yǐ）逦（lǐ）来到梁山泊深处。宋江、吴用，已知备细，预先布置已定，单等官军船只到来。只见远远地早有一簇船来，每只船上，只有十四五人，身上都有衣甲，当中坐着一个头领。前面三只船上，插着三把白旗，旗上写道："梁山泊阮氏三雄"。中间阮小二，左边阮小五，右边阮小七。远远地望见明晃晃都是戎装衣甲，却原来尽把金银箔纸糊成的。三个先锋见了，便叫前船上将火炮、火枪、火箭一齐打放。那三阮全然不惧，料着船近，枪箭射得着时，发声喊，都跳下水里去了。丘岳等夺得三只空船。又行不过三里来水面，见三只快船，抢风摇来。头只船上，只有十数个人，都把青黛、黄丹、土硃（zhū）、泥粉抹在身上，头上披着发，口中打着唿哨，飞也似来。两边两只船上，都只五七个人，搭红画绿不等。中央是玉幡（fān）竿孟康，左边是出洞蛟童威，右边是翻江蜃（shèn）童猛。这里先锋丘岳，又叫打放火器，只见对面发声喊，都弃了船，一齐跳下水里去了。又捉得三只空船。

梁山好汉为什么每次都弃了船，跳下水里？

　　再行不得三里多路，又见水面上三只中等船来，每船上四把橹，八个人摇动，十馀个小喽啰打着一面红旗，簇拥着一个头领，坐在船头上，旗上写："水军头领混江龙李俊"。左边这只船上，坐着这个头领，手搦铁枪，打着一面绿旗，上写道："水军头领船火儿张横。"右边那只船上，立着那个好汉，上面不穿衣服，下腿赤着双脚，腰间插着几个铁凿，手中挽个铜锤，打着一面皂旗，银字，上书："头领浪里白跳张顺"。乘着船，高声说道："承谢送船到泊。"三个先锋听了，喝教放箭。弓弩响时，对面三只船上众好汉，都翻筋斗跳下水里去了。

　　此是暮冬天气，官军船上招来的水手军士，那里敢下水去。正犹豫间，只听得梁山泊顶上，号炮连珠价响，只见四分五落，芦苇丛中钻出千百只小船来，水面如飞蝗一般。每只船上，只三五个人，船舱中竟不知有何物。大海鳅船要撞时，又撞不得。水车正要踏动时，前面水底下都填塞定了车辐板，竟踏不动。弩楼上放箭时，小船上人一个个自顶片板遮护。看看逼将拢来，一个把挠钩搭住了舵，一个把板刀便砍那踏车的军士，早有五六十个扒上先锋船来。官军急要退时，后面又塞定了，急切退不得。前船正混战间，后船又大叫起来。

原来如此！

高太尉和闻参谋在中军船上，听得大乱，急要上岸。只听得芦苇中金鼓大振，舱内军士一齐喊道："船底漏了。"滚滚走入水来。前船后船，尽皆都漏，看看沉下去。四下小船，如蚂蚁相似，望大船边来。高太尉新船，缘何得漏？却原来是张顺引领一班儿高手水军，都把锤凿在水底下凿透船底，四下里滚入水来。高太尉扒去舵楼上，叫后船救应，只见一个人从水底下钻将起来，便跳上舵楼来，口里说道："太尉，我救你性命！"高俅看时，却不认得。那人近前，便一手揪住高太尉巾帻（zé），一手提住腰间束带，喝一声："下去！"把高太尉扑同地丢下水里去。堪嗟架海擎天手，翻作生擒败阵人。

<后语>

梁山泊宋江、卢俊义各分水陆抵挡官军的围剿。宋江掌水路，活捉了高太尉，杀死了其他几员大将。卢俊义掌旱路，从山前大路杀将出来，逼退官军。宋江把高太尉捉到梁山泊后，以贵宾相待。高太尉喝醉酒后说自己从小学习相扑，还没遇到过对手。卢俊义在醉意中就说燕青也是相扑高手。于是这两个相扑高手就在忠义堂上开始相扑，结果高太尉输了。最后经过宋江等人的努力，在朝廷宿太尉的帮助下，朝廷不得不做出令梁山满意的招安决定。宋江等人受招安后为朝廷效力征剿北辽和方腊，一百零八位好汉战后只剩三十六人。

❖ 闲话少说

这是高太尉与"梁山泊"的最后一战。作者刻画了征剿者信心十足，准备充分，而被征剿者在开战之前没有任何动静。是赢是输？是赢，如何赢？是输，又输到怎样的地步？读者的心一直悬着，一直到梁山泊"号炮连珠价响""芦苇丛中钻出千百只小船来，水面如飞蝗一般"，读者才放下心来。高俅被捉的场面也是大快人心。

❀ 我观"水浒"：

谈判是要讲条件的

任何谈判都是要讲条件，凭实力说话的。如果谈判双方在实力上存在巨大差异，谈判就不是谈了，而是一边倒，一边说了算。无论是在历史上，还是在现今社会，谈判双方都会根据自己的情况，谈条件，谈如何让自己的利益最大化。

有罪人 想招安

《水浒传》中武松和宋江在第三十二回"武行者醉打孔亮 锦毛虎义释宋江"中曾谈到"招安"的话题。当时他俩都是朝廷犯人。武松杀了潘金莲、西门庆及张都监家十五口人。虽然这都事出有因，但他毕竟杀死了许多无辜者。宋江有杀害阎婆惜、私放晁盖等人的罪责。宋江邀请武松一起投奔清风寨。武松认为投奔清风寨可能会连累清风寨的寨主花荣，他想去二龙山落草避难，对宋江说："天可怜见，异日不死，受了招安，那时却来寻访哥哥未迟。"在兄弟俩分开的时候，宋江对武松说："如得朝廷招安，你便可撺掇鲁智深、杨志投降了。日后但是去边上，一枪一刀，博得个封妻荫子，久后青史上留得一个好名，也不枉了为人一世。"

由此可见，宋江、武松早有招安的愿望，只是因为自己是戴罪之人，目前不可能有招安谈判的机会。那么从什么时候开始他们才有这样的机会，使招安谈判变得有可能呢？

早招安　早心安

到了第七十一回"忠义堂石碣受天文　梁山泊英雄排座次"，宋江等根据石碣天书，重新立起"替天行道"杏黄旗，发布梁山泊忠义堂号令，一百零八位好汉各得其位。"共存忠义于心，同著功勋于国。替天行道，保境安民。"在一次菊花会上，宋江大醉，乘着酒兴作《满江红》一词，词中唱道："望天王降诏，早招安，心方足。"这是宋江第一次在好汉们面前公开招安想法，当然也是宋江等人的一厢情愿。朝廷虽有招安的先例，甚至是惯例，但那种招安都是缴械似的，无条件投降，完全要服从朝廷的安排。现在梁山好汉们的所作所为并不一定符合招安要求，其中许多人都是犯命案的要犯。何况在梁山泊内部，招安意见也没有统一起来。当宋江通过《满江红》唱出招安一说时，连最开始有招安想法的武松也第一个站出来反对，最信服宋江的李逵睁圆怪眼，大叫"招安，招安，招甚鸟安!"把桌子踢得粉碎。因此，现在还不是与朝廷谈判的时候。

如草芥　不招安

尽管谈判不是时候，但必须让天子知道宋江等人不但不反对皇帝，而且是"替天行道，保境安民"，是站在皇帝一边，替皇帝保境安民的。于是他们想方设法接近皇帝，向皇帝表达忠心，表达他们愿意接受招安、为国效力。然而他们的想法并没有顺利地传达到皇帝那里。蔡太师、高太尉都是与梁山泊有深仇大恨的，他们恨不得马上剿灭梁山泊，皇帝也只是按照以前的惯例采取一边倒的方式招安。第一次招安开始后，吴用说："纵使招安，也看得俺们如草芥。"关胜说："诏书上必然写着些吓唬的言语来惊我们。"关胜原是朝廷官员，他见朝廷招安多了，没有一定的实力，招安就是投降，任由朝廷处理。幸亏军师吴用看得清，他说"等这厮引将大军来到，叫他着些毒手，杀得他人亡马倒，梦里也怕，那时方受招安，才有些气度"。

第一次招安失败了，宋江等人拒绝接受一边倒的招安。皇帝听蔡太师等一说，龙颜大怒，随即降下圣旨，派枢密使童贯兵剿梁山泊。不过，正如吴用所说，"杀得童贯胆寒心碎，梦里也怕"。朝廷虽然有些惧怕，但朝廷仍然将梁山好汉视为草莽，要继续派重兵围剿。

无条件　如心愿

后来朝廷派高太尉亲自带兵出征，派了三次，三次都败了。朝廷此时不得不改变对梁山的看法，不再视为草莽了，高太尉也只好回到谈判桌前。失败了的高太尉依然没有真心想帮宋江如愿以偿受招安，甚至将宋江派的乐和与朝廷使臣萧让"养在后花园中，不让他们出来"。不让他们出来就是不让他们与皇帝见面，不与其他官员见面，从而达到不能宣传梁山泊的主张，阻止皇帝招安的目的。最后，宋江等人通过宿太尉顺利地让朝廷按照梁山好汉的意思招安。朝廷无条件接受宋江等人的建议，天子亲书诏敕，赐宋江为破辽都先锋，卢俊义为副先锋，其余诸将，待建功之后，加官受爵。

最终宋江凭一百零八位好汉的实力，得到了皇帝的认可，重新下招安的诏书，赢得了招安谈判的胜利。

♣ "水浒"技法：

文章要有几处修辞

修辞方法包括比喻、夸张、设问、排比、拟人、反问等，在文章中恰当运用修辞方法，能使文章增色，让读者容易理解作者的表达意图。

比喻　栩栩如生

使用比喻，可以用读者熟悉的事物来比喻不熟悉的事物，使描绘更具体，更栩栩如生，通俗易懂。比喻通常由本体（被比喻的事物）、喻体（比喻的事物）和比喻词（像、是、如等）三部分构成。

本选段中，作者为了描写海鳅船的快捷，说"冲波如蛟蜃之形，走水似鲲鲸之势"。海鳅船在水中行走,形成的波浪水纹,就像是蛟龙的嘴唇一样,海鳅船就像鲲鲸。在描写小船多时,说这些小船"如飞蝗一般""如蚂蚁相似"。把小船比喻成飞蝗和蚂蚁,既描写出小船多,又体现了小船与海鳅船相比,确实很小。

夸张　艺术渲染

夸张的方法能生动地揭示事物的本质,增强语言的感染力,给人以深刻的印象。它是运用丰富的想象力,对事物的某些方面着意夸大或缩小,做艺术上的渲染。

在本选段中,为了突出高太尉很生气,闻参谋就说高太尉的怒是"雷霆之怒"。在"武松打虎"一节中,作者也曾夸张了老虎的吼声:"大虫见掀他不着,吼一声,就像半天里起了个霹雳,震得那山冈也动了。""三万里河东入海,五千仞岳上摩天。"又如毛泽东在《长征》中写道:"五岭逶迤腾细浪,乌蒙磅礴走泥丸。"把五岭山、乌蒙山分别视为细浪、泥丸,藐视它的小,突出红军高大光辉的形象。夸张能引起读者丰富的想象和强烈的共鸣。

设问　释疑答惑

设问可以引起读者兴趣,吸引读者读下去。作者为了强调某部分内容,常故意先提出问题,明知故问,自问自答。

本选段中高太尉造的新船怎么会漏水呢?"高太尉新船,缘何得漏?"读到前面的时候,读者就已经有疑惑了,这时作者主动提出这个问题并回答,"原来是张顺引领一班儿高手水军,都把锤凿在水底下凿透船底,四下里滚入水来"。从而突出张顺等人的勇敢,宋江等人的智慧。

运用修辞时,要新鲜自然,贴切适当,不宜过滥。

🔥 **趣味链接:**

张顺魂捉方天定

且说城西山内李俊等得了将令,引军杀到净慈港,夺得船只,便从湖里使将过来，涌金门上岸。众将分投去抢各处水门，李俊、石秀首先登城，就夜城中混战。止存南门不围，亡命败军，都从那门下奔走。却说方天定上得马，四下里寻不着一员将校，只有几个步军跟着，出南门奔走，忙忙似丧家之狗，急急如漏网之鱼。走得到五云山下，只见江里走起一个人来，口里衔着一把刀，赤条条跳上岸来。方天定在马上见来得凶，便打马要走。可奈那匹马作怪，百般打也不动，却似有人笼住嚼环的一般。那汉抢到马前，把方天定扯下马来，一刀便割了头，却骑了方天定的马，一手提了头，一手执刀，奔回杭州城来。林冲、呼延灼领兵赶到六和塔时，恰好正迎着那汉。二将认的是船火儿张横，吃了一惊。呼延灼便叫："贤弟那里来？"张横也不应，一骑马直跑入城里去。

此时宋先锋军马大队，已都入城了，就在方天定官中为帅府。众将校都守住行官，望见张横一骑马跑将来，众人皆吃一惊。张横直到宋江面前，滚鞍下马，把头和刀撇在地下，纳头拜了两拜，便哭起来。宋江慌忙抱住张横道："兄弟，你从那里来？阮小七又在何处？"张横道："我不是张横。"宋江道："你不是张横，却是谁？"张横道："小弟是张顺。因在涌金门外被枪箭攒死，一点幽魂，不离水里飘荡。感得西湖震泽龙君，收做金华太保，留于水府龙官为神。今日哥哥打破了城池，兄弟一魂缠住方天定，半夜里随出城去。见哥哥张横在大江里来，借哥哥身壳，飞奔上岸，跟在五云山脚下，杀了这贼，一径奔来见哥哥。"说了，蓦然倒地。宋江亲自扶起。张横睁开眼，看了宋江并众将，刀剑如林，军士丛满。张横道："我莫不在黄泉见哥哥么？"宋江哭道："却才你与兄弟张顺傅体，杀了方天定这贼。你不曾死，我等都是阳人，你可精神着。"张横道："怎地说时，我的兄弟已死了？"宋江道："张顺因要从西湖水底下去捵（chēn）水门，入城放火。不想至涌金门外越城，被人知觉，枪箭攒死在彼。"张横听了，大哭一声："兄弟！"蓦然倒了。众人看张横时，四肢不举，两眼朦胧，七魄悠悠，三魂杳杳。正是：未随五道将军去，定是无常二鬼催。

（选自　第九十五回　张顺魂捉方天定　宋江智取宁海军）

❋ 原著练习

1. 在下列正确的读音下画横线：

雷霆(léi tíng　léi tǐng)　　　　　　遣将(qián jiàng　qiǎn jiàng)

箔纸(bó zhǐ　bǎi zhǐ)　　　　　　　簇拥(zú yōng　cù yōng)

器械(qì xiè　qì jiè)　　　　　　　　皂旗(zǎo qí　zào qì)

2. 按选段内容填空：

(1)为朝廷造海鳅船的人氏名为(　　　　　)，最后一次征剿梁山泊时，他也随高太尉出征。

(2)(中军船)头船上立两面大红绣旗，上书十四个金字道："(

)"。

(3)右边那只船上，立着那个好汉，上面(　　　　)衣服，下腿(　　　　)双脚，腰间(　　　　)几个铁凿，手中(　　　　)铜锤，打着一面皂旗。

(4)四下小船，如(　　　　)相似，望大船边来。

(5)将高太尉丢入水中，又将其拖上船来的人是(　　　　　)。

3. 判断：

(1)用金银箔纸装饰的船上坐的头领是阮小二、阮小五、阮小七。(　　　)

(2)芦苇丛中，钻出千百只小船来，水面如飞蝗一般。这是场面描写。

(　　　)

(3)首先进发，往梁山泊而来的官军水军先锋分别是丘岳、徐京、闻参谋。

(　　　)

(4)官军的新船漏水原因是梁山泊的人钻到船底凿的。(　　　)

(5)"四下小船，如蚂蚁相似，望大船边来。"这里用的是比喻手法，把小船比喻成蚂蚁。(　　　)

4. "宋江、吴用已知备细，预先布置已定，单等官军船只到来。"这句话是什么意思？他们预先布置的是什么？

5. 在电视节目或各类体育比赛中，有许多选手表现得与众不同，你能选一次印象深刻的节目或比赛，写出各个选手或嘉宾独特的表现吗？

「红楼」篇

那人那事　情真意切

第一节　黛玉初进贾府

（选自　第三回　贾雨村夤缘复旧职　林黛玉抛父进京都）

前言：这是林黛玉首次出现在大家面前。此时，黛玉之母（贾敏）刚刚去世，应贾母再三邀请，黛玉忍痛告别父亲，进入京城外祖母家，开始了她的寄居生活。

且说黛玉自那日弃舟登岸时，便有荣国府打发了轿子并拉行李的车辆久候了。这林黛玉常听得母亲说过，他外祖母家与别家不同。他近日所见的这几个三等仆妇，吃穿用度，已是不凡了，何况今至其家。因此步步留心，时时在意，不肯轻易多说一句话，多行一步路，惟恐被人耻笑了他去。

> 为后文铺垫，其外祖母家的确与众不同。

自上了轿，进入城中，从纱窗向外瞧了一瞧，其街市之繁华，人烟之阜（fù）盛，自与别处不同。又行了半日，忽见街北蹲着两个大石狮子，三间兽头大门，门前列坐着十来个华冠丽服之人。正门却不开，只有东西两角门有人出入。正门之上有一匾，匾上大书"敕造宁国府"五个大字。黛玉想道："这必是外祖之长房了。"想着，又往西行，不多远，照样也是三间大门，方是荣国府了。却不进正门，只进了西边角门。那轿夫抬进去，走了一射之地，将转弯时，便歇下退出去了。后面的婆子们已都下了轿，赶上前来。另换了三四个衣帽周全、十七八岁的小厮上来，复抬起轿子。众婆子步下围随至一垂花门前落下。众小厮退出，众婆子上来打起轿帘，扶黛玉下轿。林黛玉扶着婆子的手，进了垂花门，两边是抄手游廊，当中是穿堂，当地放着一个紫檀（tán）架子大理石的大插屏。转过插屏，小小的三间厅，厅后就是后面的正房大院。正面五间上房，皆雕梁画栋，两边穿山游廊厢

> 随着黛玉一起去了解其外祖母家的气派吧。

> 敕（chì）造：奉帝王的命令建造。

> 曹雪芹：林黛玉一边走一边看，我就跟着她写，各位就跟着她读吧。

房，挂着各色鹦鹉、画眉等鸟雀。台矶之上，坐着几个穿红着绿的丫头，一见他们来了，便忙都笑迎上来，说："刚才老太太还念呢，可巧就来了。"于是三四人争着打起帘笼，一面听得人回话："林姑娘到了。"

抓住外祖母"鬓发如银"的特点。

曹雪芹：你知道这里的心肝儿肉是谁吗？

黛玉方进入房时，只见两个人搀着一位鬓（bìn）发如银的老母迎上来，黛玉便知是他外祖母。方欲拜见时，早被他外祖母一把搂入怀中，心肝儿肉叫着大哭起来。当下地下侍立之人，无不掩面涕泣，黛玉也哭个不住。一时众人慢慢解劝住了，黛玉方拜见了外祖母。——此即冷子兴所云之史氏太君，贾赦（shè）贾政之母也。当下贾母一一指与黛玉："这是你大舅母；这是你二舅母；这是你先珠大哥的媳妇珠大嫂子。"黛玉一一拜见过。贾母又说："请姑娘们来。今日远客才来，可以不必上学去了。"众人答应了一声，便去了两个。

从贾母的语言中你可以感受到什么？

不一时，只见三个奶嬷（mó）嬷并五六个丫鬟（huán），簇（cù）拥着三个姊（zǐ）妹来了。第一个肌肤微丰，合中身材，腮（sāi）凝新荔，鼻腻鹅脂，温柔沉默，观之可亲。第二个削肩细腰，长挑身材，鸭蛋脸面，俊眼修眉，顾盼神飞，文彩精华，见之忘俗。第三个身量未足，形容尚小。其钗（chāi）环裙袄，三人皆是一样的妆饰。黛玉忙起身迎上来见礼，互相厮认过，大家归了座。丫鬟们斟（zhēn）上茶来。不过说些黛玉之母如何得病，如何请医服药，如何送死发丧。不免贾母又伤感起来，因说："我这些儿女，所疼者独有你母，今日一旦先舍我而去，连面也不能一见，今见了你，我怎不伤心！"说着，搂了黛玉在怀，又呜咽起来。众人忙都宽慰解释，方略略止住。

奶嬷嬷：旧时的奶妈，这里用方言称呼老年妇女。

<后语>

黛玉进贾府后，得到了贾家长辈的格外疼爱和同辈的喜爱，她不凡的神态、柔弱的外表，更惹得大家怜香惜玉。后来她表现出的诗词歌赋才能，也让大家刮目相看，她被誉为大观园中最有才华的女子。但是，长辈们认为她寿命不长，不是宝玉的最佳配偶，最后断送了她的爱情，林黛玉也香消玉殒。

❖ **闲话少说**

本文按照参观的顺序，不仅把林黛玉一边走一边看的景和人写了出来，而且写出了当时林黛玉的内心体验。这些体验都反映出黛玉的性格特征。另外，对贾氏三姊妹的描写也反映出不同的人物性格，可谓传神传情，活灵活现。

❈ **我观"红楼"：**

外祖母家与别家不同

"外祖母家与别家不同。"这是林黛玉在来贾府之前，听母亲说的。

在第二回，贾雨村感叹道：街东是宁国府，街西是荣国府，二宅相连，竟将大半条街占了。隔着围墙往里望，里面厅殿楼阁，峥嵘轩峻，后面的花园里树木山石，无不有蓊（wěng）蔚（wèi）洇（yīn）润（rùn）之气。这个花园后来经过改造，成为了元妃省亲别墅，赐名题写"大观园"。其规模堪比皇家园林，元妃认为有些奢侈。

府邸敕造

敕造，就是皇帝下令建造。宁国府和荣国府是根据皇帝的旨意建造的住宅，这样的待遇一般官员是没有的，足可见贾府在当时的地位有多高了。

林黛玉来到荣宁街，首先看到的是立在宁国府门前的两个大石狮子，三间兽头大门。

《红楼梦》作者虽然没有明说故事里的事是哪朝哪代，但作品中的人和事都蕴涵着中华民族传统文化。中国古代建筑的大门是有讲究的，官职不同，住宅大门的形式、大小也不一样。荣宁二府的大门有三间，说明其地位是相当高的。以清朝为例，官员住宅大门及房间数量就有明确规定："一二品正门三间五架，三至五品正门三间三架，六至九品正门一间三架。"。

中国人历来把石狮子视为吉祥之物。古代的官衙庙堂、豪门巨宅前，都摆放一对石狮子用以镇宅护院。直到现代，许多建筑物大门前，还有这种安放石狮子镇宅护院的遗风。从门前的大石狮子和三间兽头大门推算，敕造府邸的主人不是一般的官宦人家。

古时候有权势的人家大门有主大门和侧门之分。古代等级制度森严，什么人走什么门都有规定，奴仆下人只能走后门，婆妾只能走侧门，娶正妻或迎贵宾时必须走主大门，像我们平时所说的走主大门，就是对客人表示尊敬的意思。

林黛玉当初进贾府时，从西边角门进入，是因为她当时还是一小孩子，显然不够级别。要知道与荣宁二府来往的客人大都非常尊贵，王爷也是这两家的常客。如果是皇帝曾走过的门，一般人就不能随便走了。

雕梁画栋

雕梁画栋用来形容房屋的彩绘装饰十分华丽，一般要在宫殿和庙宇的建筑上才能看到这些美丽的彩绘。

古代官员住宅规模及其装饰也是非常讲究的。例如，清朝的亲王府大门为五间，正殿为七间，后殿五间，寝宫两重，各五间。明朝规定公侯的宅邸为前厅、中堂、后堂共七间，大门三间，梁栋、斗拱、檐角用彩色绘饰，门窗房柱用黑漆油饰，门上有金漆兽面摆锡环。一、二品官的厅、堂各七间，屋脊允许用兽样的瓦片，梁栋、斗拱、檐角用青碧绘饰，门屋三间，用绿油兽面摆锡环。

贾母所住的地方雕梁画栋，林黛玉觉得甚是新奇，感觉到外祖母家的房子与她在江南的家是不一样的。进了垂花门，沿着抄手游廊，从穿堂而过，转过紫檀架子大理石做的大插屏，进入三间厅，就能看到正房大院。正面是贾母住的五间正房，两边是穿山游廊厢房。在厢房前还挂着各色鹦鹉、画眉等鸟雀。

再看荣国府的其他房屋。黛玉入荣府去拜见舅舅时，下了车，众嬷嬷引着，便往东转弯，穿过一个东西的穿堂，向南大厅之后，进门内大院，正面五间大正房，两边厢房鹿顶耳房钻山，四通八达，轩昂壮丽，比贾母处不同，显得更加宽敞、漂亮。

陈设名贵

贾府里拥有许多名贵的家具陈设。

《红楼梦》第五回里，贾宝玉随同贾母在宁国府游玩。在其堂侄贾蓉家午休时，宝玉看到他家陈设非同一般。作者写道，"入房向壁上看时，有唐伯虎画的《海棠春睡图》，两边有宋学士秦太虚写的一副对联，其联云：嫩寒锁梦因春冷，芳气笼人是酒香。案上设着武则天当日镜室中设的宝镜，一边摆着飞燕立着舞过的金盘，盘内盛着安禄山掷过伤了太真乳的木瓜。上面设着寿阳公主于含章殿下卧的榻，悬的是同昌公主制的联珠帐。"

文中提到的这些人物，都是历史上响当当的角色，他们的作品或使用过的物件自然都具有一定的收藏价值。

如：唐伯虎是明代著名画家、书法家、诗人，在绘画方面，他与沈周、文徵明、仇英并称"吴门四家"，又称"明四家"；诗文方面，他与祝允明、文徵明、徐祯卿并称"吴中四才子"。宋学士秦太虚，名叫秦观，北宋词人，太虚是他的字，是"苏门四学士"之一。武则天是中国历史上唯一的正统的女皇帝，后世将其与汉朝的吕后并称为"吕武"。安禄山是唐代藩镇割据势力之一的最初建立者，发动安史之乱建立燕政权。寿阳和同昌两公主是唐代杰出的公主。

贾宝玉的侄儿贾蓉家有如此名贵陈设，他们家其他收藏摆设的东西也由此可见一斑了。

♣ "红楼"技法：

边走边记录

边走边聊，边走边记录，是很轻松愉悦的事情。

写作文，也应是一件快乐的事，边回忆边描写，把自己看到的事事人人、体验到的感受、切身经历等有选择地写下来，让读者轻松自如地随你同行，与你感同身受。

有顺序　不回头

真实记录你见到的或经历的场景，要按照一定的顺序来写，不能走回头路，就像是一串珍珠，一个接一个，不能打结，打结就不好看了。一般地，我们记录时是按照方位转换或者参观游玩的顺序。"林黛玉初进贾府"的场景描写就是按照她进入贾府的顺序，按方位转换来写的。

首先入京城一笔略过，接着经过宁国府门口，突出其房屋建筑显赫不凡，再来到荣国府。进入荣国府后，穿过三间小厅，就来到了贾母所住的正房大院。描写顺序清楚了，读起来就不会绕来绕去。

抓特征　多角度

真实记录时需要你抓住事物的特征。这些特征要从多个角度去思考，写出你印象深刻的内容，不必处处平均着力。比如从事物的大小、颜色、质地、数量、形状、作用等方面去选取。突出其特征时，用上恰当的修辞促使读者与你同悲同喜，一起感知，一起欣赏。不过，运用修辞也要符合实际情况，不能浮夸、虚构，真实地记录你所见到的一切和切身的感受。

林黛玉早就听母亲说过，外祖母家与别家不同。她一路走来所看到的，确实如此。贾家仆妇在外面的吃穿用度，所居住的城市都是与别处不同的。经过宁国府门口时，她见到了两个大石狮子，三间兽头大门，门前列坐着十来个华冠丽服之人。正门之上有一匾，匾上大书"敕造宁国府"五个大字。这些都是她真实见到的，也是最能体现外祖母家与众不同的地方。

与同伴　一起行

真实记录身边人的情况。林黛玉进入荣国府时，婆子们下轿陪同，她乘坐的轿子轿夫也换成了三四个衣帽周全、十七八岁的小厮。停轿后，再由婆子们打起轿帘，扶林黛玉下轿。走进贾母所住的正房大院后，几个穿红着绿的丫头们又接替婆子们，将林黛玉迎到贾母房间。

在贾母房间里，作者记录下这里的人是怎样见黛玉，黛玉又是怎样和她们互动的。其中最让人感动的是其外祖母："一把搂入怀中，心肝儿肉叫着大哭起来。"令林黛玉感兴趣的是，看到了衣着华丽的三个姊妹，她们不但美，而且温柔、可亲，富有才华，让人感觉也不一般，"见之忘俗"。

另外，作者如实记录下了林黛玉一路走来，陪护和迎接她的人数和各自的特点。

应选择　有重点

在真实记录的同时，也要注意不要记流水账，要有选择。珍珠虽多，但也要选择质量上乘的，否则就是"鱼龙混杂"，参差不齐，浪费自己和读者的好时光。林黛玉初进贾府，就围绕其"祖母家与别家不同"，重点选择了贾府建筑的高贵、人员众多及在外祖母房间里和大家见面时的场景。在城外所见就简单交代一下，然后用一些过渡词句来为一路所见的"珍珠"牵线搭桥。比如，"自上了轿，进入城中""又行了半日""又往西行""走了一射之地""进了垂花门""转过插屏""进入房时""方欲拜见"等等。通过这些字词，把一路走来所见所感清晰地记录下来，让读者读起来轻松愉悦。

♨ 趣味链接：

凤辣子初见林妹妹

一语未了，只听后院中有人笑声，说："我来迟了，不曾迎接远客！"黛玉纳罕道："这些人个个皆敛声屏气，恭肃严整如此，这来者系谁，这样放诞无礼？"心下想时，只见一群媳妇丫鬟围拥着一个人从后房门进来。这个人打扮与众姑娘不同：彩绣辉煌，恍若神妃仙子。头上戴着金丝八宝攒珠髻，绾着朝阳五凤挂珠钗；项上戴着赤金盘螭璎珞圈；裙边系着豆绿宫绦双衡比目玫瑰佩；身上穿着缕金百蝶穿花大红洋缎窄裉袄，外罩五彩刻丝石青银鼠褂；下着翡翠撒花洋绉裙。一双丹凤三角眼，两弯柳叶吊梢眉，身量苗条，体格风骚。粉面含春威不露，丹唇未起笑先闻。黛玉连忙起身接见。贾母笑道："你不认得他，他是我们这里有名的一个泼皮破落户儿，南省俗谓作'辣子'，你只叫他'凤辣子'就是了。"

黛玉正不知以何称呼，只见众姊妹都忙告诉他道："这是琏嫂子。"黛玉虽不识，也曾听见母亲说过，大舅贾赦之子贾琏，娶的就是二舅母王氏之内侄女，自幼假充男儿教养的，学名王熙凤。黛玉忙陪笑见礼，以"嫂"呼之。

这熙凤携着黛玉的手，上下细细打谅了一回，仍送至贾母身边坐下，因笑道："天下真有这样标致的人物，我今儿才算见了！况且这通身的气派，竟不象老祖宗的外孙女儿，竟是个嫡亲的孙女，怨不得老祖宗天天口头心头一时不忘。只可怜我这妹妹这样命苦，怎么姑妈偏就去世了！"说着，便用帕拭泪。贾母笑道："我才好了，你倒来招我。你妹妹远路才来，身子又弱，也才劝住了，快再休提前话。"这熙凤听了，忙转悲为喜道："正是呢！我一见了妹妹，一心都在他身上了，又是喜欢，又是伤心，竟忘记了老祖宗。该打，该打！"又忙携黛玉之手，问："妹妹几岁了？可也上过学？现吃什么药？在这里不要想家，想要什么吃的、什么玩的，只管告诉我；丫头老婆们不好了，也只管告诉我。"一面又问婆子们："林姑娘的行李东西可搬进来了？带了几个人来？你们赶早打扫两间下房，让他们去歇歇。"

（选自 第三回 贾雨村夤缘复旧职 林黛玉抛父进京都）

✳ 原著练习

1. 在正确的读音下画横线：

阜盛(fù shèng　bù shèng)　　敕造(lè zào　chì zào)

紫檀(zǐ tán　zǐ chán)　　鬓发(bìn fà　bìng fà)

贾赦(jiǎ shè　jiǎ chì)　　宝钗(bǎo chā　bǎo chāi)

2. 按选段内容填空：

（1）因此（　　）留心，（　　）在意，不肯轻易多（　　）一句话，多（　　）一步路，（　　）被人耻笑了。

(2)(黛玉)却不进正门，只进了(　　　　)。

(3)正面五间上房，皆(　　　　　　)，两边穿山游廊厢房，挂着各色(　　　　)、(　　　　)等鸟雀。

(4)黛玉方进入房时，只见两个人挽着一位(　　　　)的老母迎上来，黛玉便知是他外祖母。

(5)第二个削肩细腰，长挑(　　　　)，鸭蛋(　　　　)，俊眼修眉，顾盼神飞，文彩精华，见之忘俗。

3. 判断：

(1)林黛玉是其父亲林如海亲自送到贾府的。(　　　)

(2)黛玉的外祖母有两儿一女，分别是贾赦、贾政、贾敏。(　　　)

(3)李纨是贾珠的遗孀，宝玉的嫂子，贾兰的母亲。(　　　)

(4)王熙凤是王夫人的侄女，贾琏的老婆，宝玉的堂嫂，巧姐的母亲。(　　　)

(5)"你不认得他，他是我们这里有名的一个泼皮破落户儿，南省俗谓作'辣子'，你只叫他'凤辣子'就是了。"这句话是王夫人说的。(　　　)

4. 在本选段中，哪些地方可以看出贾母心疼林黛玉，请用横线画记出来，并谈谈你的感受。

5. 你到过许多地方，不妨模仿曹雪芹写黛玉首次进贾府的手法，一边走一边看，你选一处地方，一边回忆一边写，把自己的所见所闻所感写出来。

第二节　宝玉喝酒

（选自　第八回　比通灵金莺微露意　探宝钗黛玉半含酸）

前言：宝玉陪贾母看戏取乐后，忽然想起薛宝钗在家养病，因而去探望。正当他俩探讨宝玉的玉和宝钗的金项圈上所刻之字时，黛玉也来了。因此，就有了下文的含酸吃醋。

这里薛姨妈已摆了几样细巧茶果来留他们吃茶。宝玉因夸前日在那府里珍大嫂子的好鹅掌鸭信。薛姨妈听了，忙也把自己糟的取了些来与他尝。宝玉笑道："这个须得就酒才好。"薛姨妈便令人去灌了最上等的酒来。

> 糟：做、酿

李嬷嬷便上来道："姨太太，酒倒罢了。"宝玉央道："妈妈，我只喝一钟。"李嬷嬷道："不中用！当着老太太、太太，那怕你吃一坛呢。想那日我眼错不见一会，不知是那一个没调教的，只图讨你的好儿，不管别人死活，给了你一口酒吃，葬送的我挨了两日骂。姨太太不知道，他性子又可恶，吃了酒更弄性。有一日老太太高兴了，又尽着他吃，什么日子又不许他吃，何苦我白赔在里面。"

> 李嬷嬷：宝玉的奶妈。

薛姨妈笑道："老货，你只放心吃你的去，我也不许他吃多了，便是老太太问，有我呢。"一面令小丫鬟："来，让你奶奶们去，也吃一杯搪（táng）搪雪气。"那李嬷嬷听如此说，只得和众人去吃些酒水。

> 搪：抵挡。

这里宝玉又说："不必温暖了，我只爱吃冷的。"薛姨妈忙道："这可使不得，吃了冷酒，写字手打飐儿。"宝钗笑道："宝兄弟，亏你每日家杂学旁收的，难道就不知道酒性最热，若热吃下去，发散的就快；若冷吃下去，便凝结在内，以五脏去暖他，岂不受害？从此还不快不要吃那冷的

> 酒后打飐儿："打飐儿"即打颤儿。在酒精的作用下，毛细血管扩张，身体热量更容易被带走，所以人体会感觉冷，会打颤。

了。"宝玉听这话有情理，便放下冷酒，命人暖来方饮。

　　黛玉磕(kē)着瓜子儿，只抿着嘴笑。可巧黛玉的小丫鬟雪雁走来与黛玉送小手炉，黛玉因含笑问他："谁叫你送来的？难为他费心，那里就冷死了我！"雪雁道："紫鹃姐姐怕姑娘冷，使我送来的。"黛玉一面接了，抱在怀中，笑道："也亏你倒听他的话。我平日和你说的，全当耳旁风；怎么他说了你就依，比圣旨还快些！"宝玉听这话，知是黛玉借此奚(xī)落他，也无回复之词，只嘻嘻的笑两声罢了。宝钗素知黛玉是如此惯了的，也不去睬他。薛姨妈因道："你素日身子弱，禁不得冷的，他们记挂着你倒不好？"黛玉笑道："姨妈不知道。幸亏是姨妈这里，倘或在别人家，人家岂不恼？好说就看的人家连个手炉也没有，巴巴的从家里送个来。不说丫鬟们太小心过徐，还只当我素日是这等轻狂惯了呢。"薛姨妈道："你这个多心的，有这样想，我就没这样心。"

　　说话时，宝玉已是三杯过去。李嬷嬷又上来拦阻。宝玉正在心甜意洽(qià)之时，和宝黛姊妹说说笑笑的，那肯不吃。宝玉只得屈意央告："好妈妈，我再吃两钟就不吃了。"李嬷嬷道："你可仔细老爷今儿在家，隄(dī)防问你的书！"宝玉听了这话，便心中大不自在，慢慢的放下酒，垂了头。

　　黛玉先忙的说："别扫大家的兴！舅舅若叫你，只说姨妈留着呢。这个妈妈，他吃了酒，又拿我们来醒脾了！"一面悄推宝玉，使他赌气；一面悄悄的咕哝说："别理那老货，咱们只管乐咱们的。"那李嬷嬷不知黛玉的意思，因说道："林姐儿，你不要助着他了。你倒劝劝他，只怕他还听些。"林黛玉冷笑道："我为什么助他？我也不犯着劝他。你这妈妈太小心了，往常老太太又给他酒吃，如今在姨妈这里多吃一口，料也不妨事。毕竟姨妈这里是外人，不当在这里的也

（旁注）

奚落：数落。

注意宝玉的神态和动作哦。

这个场面热闹吗？

未可定。"李嬷嬷听了，又是急，又是笑，说道："真真这林姐儿，说出一句话来，比刀子还尖。你——这算了什么。"宝钗也忍不住笑着，把黛玉腮上一拧，说道："真真这个颦(pín)丫头的一张嘴，叫人恨又不是，喜欢又不是。"薛姨妈一面又说："别怕，别怕，我的儿！来这里没好的你吃，别把这点子东西唬的存在心里，倒叫我不安。只管放心吃，都有我呢。越发吃了晚饭去，便醉了，就跟着我睡罢。"因命："再烫热酒来！姨妈陪你吃两杯，可就吃饭罢。"宝玉听了，方又鼓起兴来。

注意人物的细节描写哦，看她们的神态、动作咋样。

李嬷嬷因吩咐小丫头子们："你们在这里小心着，我家里换了衣服就来，悄悄的回姨太太，别由着他，多给他吃。"说着便家去了。这里虽还有三两个婆子，都是不关痛痒的，见李嬷嬷走了，也都悄悄去寻方便去了。只剩了两个小丫头子，乐得讨宝玉的欢喜。幸而薛姨妈千哄万哄的，只容他吃了几杯，就忙收过了。作酸笋鸡皮汤，宝玉痛喝了两碗，吃了半碗碧粳(jīng)粥。一时薛林二人也吃完了饭，又酽(yàn)酽的沏上茶来大家吃了。薛姨妈方放了心。雪雁等三四个丫头已吃了饭，进来伺(cì)候。

酸笋属稀有食品，酸笋鸡皮汤可以解酒。

黛玉因问宝玉道："你走不走？"宝玉乜(miē)斜倦眼道："你要走，我和你一同走。"黛玉听说，遂起身道："咱们来了这一日，也该回去了。还不知那边怎么找咱们呢。"说着，二人便告辞。

你发现宝玉醉了吗？

<后语>

黛玉表面上是反驳宝玉的奶妈，其实是将宝玉探望宝钗的不满发泄出来，她不会考虑是否得罪宝玉的奶妈。由此可见黛玉的人际关系处理得很不好。

❖ **闲话少说**

　　这是一个家里招待客人的场面：贾宝玉来到薛姨妈家，薛姨妈自然要好好款待贾母的心肝宝贝——宝玉，劝宝玉多喝几杯酒也是情理之中。奶妈为了自己不被贾母责备而反对宝玉喝酒，也是情有可原的。曹雪芹把当时喝酒的场面描绘出来，刻画出贾宝玉、林黛玉、薛宝钗等人物的个性。

❋ **我观"红楼"：**

酒伤身　人有情

　　成年人喝酒过量会伤身体，青少年由于处在身体发育阶段，更不宜喝酒。《红楼梦》中有很多喝酒行令的场合，他们边喝酒边猜谜，无比快活，但这是文学作品里的故事。我们不主张未成年人喝酒。通过本选段贾宝玉喝酒一事，我们来说说小说作品中呈现出来的亲情。

姨　妈　情

　　薛姨妈是贾宝玉母亲王夫人的妹妹，本姓王，是薛家的媳妇，故称薛姨妈。外婆一般格外心疼外孙（女），外孙（女）在外婆面前时常有求必应，没有什么不能满足的。姨妈疼外甥也是如此。

　　三个"忙"字显亲情。"忙"是连忙的忙，"很快"的意思。选段中，"忙"字第一次出现是在薛姨妈的住处。薛姨妈一听宝玉夸珍大嫂子家的鹅掌鸭信好吃，就忙拿出自家的鹅掌鸭信。"忙"字第二次出现是宝玉说"我只爱吃冷的"，她就连忙说："这可使不得，吃了冷酒，写字手打颭儿。"第三次出现在贾宝玉在薛姨妈家吃晚饭时，"只容他吃了几杯，就忙收过了"。作为长辈，她担心宝玉酒喝多了，会影响健康，就连忙制止喝酒，不允许他们再喝了。

　　一碗醒酒汤可见其爱。宝玉说鹅掌鸭信需要"就酒"，薛姨妈立即端上最好的酒。当宝玉奶妈劝阻时，她反过来劝奶妈说："我也不许他吃多了"，就算老太太追究起来，她可以去解释。显然，薛姨妈是要让宝玉开心一回。当宝玉喝了三杯，奶妈再次劝阻时，薛姨妈竟然说"只管放心吃，都有我呢。越发吃了晚饭去"，就算醉了也没关系，睡在她那里也可以。晚上，他们喝得非常开心，幸亏薛姨妈想方设法，"只容他吃了几杯"，就连忙让他们停下来，把酒拿走了。看样子宝玉喝得也差不多了——当林黛玉问宝玉"走不走"时，宝玉的眼睛睁不开，似醉非醉，倦意浓浓。薛姨妈知道宝玉喝了很多酒，就特意做了酸笋鸡皮汤，让宝玉痛喝了两碗，还吃了半碗稀饭。酸笋鸡皮汤不仅是稀罕之物，而且能解酒。薛姨妈能用稀有食品招待宝玉，说明她对宝玉特别喜爱。

奶 妈 情

奶妈是一种专门为别人哺乳、代育婴儿的女性。李嬷嬷就是贾宝玉的奶妈，贾宝玉是喝李嬷嬷的奶长大的。宝玉不喝奶后，李嬷嬷负责照看他的生活。

后来李嬷嬷老了，不适应贾宝玉的成长，就提前退休了。但退休之前，对贾宝玉还是尽职尽责，呵护有加。在生活上认真负责，显示出足够的母爱。在薛姨妈家，薛姨妈答应宝玉喝酒，李嬷嬷立即反对，说宝玉不能喝酒。一是因为宝玉喝酒一事，曾让贾母和王夫人怪罪于她；二是宝玉喝了酒后，有些调皮、任性、闹事。宝玉在薛姨妈的宠护下喝了三杯酒，和宝黛姊妹喝得差不多时，李嬷嬷又过来提醒，并且还搬出了贾宝玉父亲来，提醒他要按照父亲的要求去读书了。

贾宝玉很聪明，但他不大喜欢读书，不喜欢读那些考取功名的四书五经。作为贾宝玉的奶妈，她知道功名的重要，知道宝玉应该按照其父亲的安排去完成相应的任务。所以她还是希望宝玉能牢记父亲的话，完成该完成的学习任务。

李嬷嬷是贾家的佣人，当然拗不过贾家客人薛姨妈的热情，只好按薛姨妈的意思，让贾宝玉再喝一点，吃了晚饭再回家。李嬷嬷即使借口有事离开一会儿，也要嘱咐小丫头们"回姨太太，别由着他，多给他吃"。李嬷嬷就是这样如同母亲一般呵护宝玉，关心他的身体，关心他的学习。

兄 妹 情

宝钗比宝玉大三岁，在《红楼梦》中她是以知性、稳重闻名。后来，在贾母等人的商议下，采取偷梁换柱的方式，让她与宝玉拜堂成亲，但婚后的生活也是十分艰难的，一方面她要照顾宝玉，另一方面还得照顾其破败的薛家。

宝钗听说宝玉爱吃冷酒，不吃温酒，就殷切地告诉他为什么要吃温酒，不能吃冷酒的道理：喝冷酒伤身体。宝玉听后立即改变自己的想法喝温酒。黛玉在旁边就吃醋了，借自己的丫鬟雪雁和紫鹃给自己送手炉说事，说"也亏你倒听她的话。我平日和你说的，全当耳旁风，怎么她说了你就依，比圣旨还快些"。

宝玉一听，就知道是"指桑骂槐"，表面上说的是丫鬟雪雁，实际上说的是自己，知道是黛玉借此奚落他听了宝钗的话，放下冷酒不喝要喝温酒了。他也只能"嘻嘻"地笑两声。

黛玉不愿意看到宝玉过于亲近宝钗，当看到或知道宝玉去宝钗处时，她都会伤心流泪。宝钗虽然也喜欢宝玉，但她时常把对宝玉的爱藏在心里，而黛玉则时常用眼泪和尖锐的语言来表达对宝玉的情。

古代中国，在婚配上有亲上加亲和父母决定孩子婚姻的思想，所以贾宝玉、林黛玉、薛宝钗尽管是表姊妹，但他们都被长辈确定为理想的婚配对象。他们之间的亲情很容易变成爱情。现代社会，法律不允许这种现象的发生，因为近亲结婚不利于后代的发育成长。

♣ "红楼"技法：

人物语言符合其身份

语言是人物身份符号之一，是人物个性特点的外在表现，处于某种身份的人，一般会说符合其身份的话，表现其自身的特点。

贾府是复杂的封建社会的一个缩影，里面有着各种各样的人，其中个性鲜明的人物也相当多。比如说王熙凤的辣、林黛玉的多疑、贾探春的犀利、晴雯的刚烈、妙玉的洁癖，等等。她们在说话时，不仅凸显了她们的个性特点，也符合她们当时的身份地位。

主子与长者

薛姨妈的语言符合姨妈身份，体现出她对宝玉的关爱。

薛姨妈是宝玉的姨妈，后来还成为宝玉的岳母。在这一选段中，薛姨妈拿出她家里最好的茶果、酒、菜招待宝玉，让宝玉喝特别稀罕之物酸笋做成的醒酒酸笋鸡皮汤，这些都说明薛姨妈对宝玉有着特殊的感情。

薛姨妈对李嬷嬷说："老货，你只放心吃你的去。"她命令小丫鬟："来，让你奶奶们去，也吃一杯搪搪雪气。"薛姨妈是当时金陵四大家族的薛家太太、王家大小姐、贾家姨太太，拥有多重贵族身份。她称宝玉的奶妈为"老货"，是完全可以的，对小丫鬟则用直接命令的语气，也是正常的。

在宝玉喝酒的问题上，尽管李嬷嬷力劝宝玉不要再喝了，但薛姨妈坚持说："别怕，别怕，我的儿！来这里没好的你吃，别把这点子东西唬的存在心里，倒叫我不安。只管放心吃，都有我呢，越发吃了晚饭去，便醉了，就跟着我睡罢。"她这是向李嬷嬷下最后指令了，这件事她做主了，并且"姨妈陪你吃两杯"。

在李嬷嬷面前，薛姨妈能说话算话，毕竟她们的身份不同。

特殊的仆人

李嬷嬷不仅是仆人，更是呵护宝玉成长的奶妈。她在大观园里拥有许多佣人所没有的权威，她可以训斥宝玉的贴身丫鬟袭人，可以随意数落其他丫鬟，就算是大管家辣妹子王熙凤有时也惧怕她三分。因为在贾母和王夫人眼里，李嬷嬷也是应该得到尊重的长者。李嬷嬷退休后，在贾府里，还享受着可以自由行走的特权。

本选段中，贾宝玉一行来到薛姨妈家玩，喝茶饮酒。在随行的这些仆人丫鬟中，只有李嬷嬷才能跟薛姨妈直言，劝姨妈不要拿酒给宝玉喝。只有她才能要林黛玉劝宝玉少喝点酒，才能说林黛玉说的话"比刀子还尖"。林黛玉虽是贾家外孙女，是官宦人家林如海家的大小姐，但在李嬷嬷眼里，毕竟是和宝玉一样的孩子，她直说两句，也不会让林黛玉失态。

李嬷嬷尽管不能完全阻止宝玉喝酒，但作为宝玉奶妈的她，肩负着照看宝玉的责任。在回家换衣服前，她仍坚持嘱咐小丫头们，要"悄悄的回姨太太，别由着他，多给他吃"。后来薛姨妈还是想方设法，及时制止了这一群年轻人饮酒作乐，并且给宝玉喝醒酒汤。

叛逆之人

林黛玉在《红楼梦》里金陵十二钗中出场最早。她聪明，悟性极强，自尊自爱，多愁善感，才学横溢又具有浓郁的诗人气质。作者笔下的林黛玉，是一个诗化了的才女。她博览群书，学识渊博，也有些叛逆。

本选段中，林黛玉说话语言刻薄，在流露出她对宝玉爱恋的同时，还显露出她心眼比较小、敏感等特点。

当李嬷嬷在劝宝玉不要喝酒，宝钗劝宝玉不要喝冷酒时，林黛玉在旁边一边嗑着瓜子儿，一边抿着嘴笑，却不答话。当黛玉的小丫鬟雪雁给她送小手炉时，她就开始说话了。字面上说的是紫鹃和雪雁送手炉的事，可实际上说的是宝钗和宝玉的事，她乘机数落宝玉。

贾宝玉听宝钗说不能喝冷酒的道理后，他马上放下冷酒，要喝温酒。林黛玉在旁边看在眼里，吃醋在心里，宝玉如此听宝钗的话，让她很不开心，她在那想着怎样把自己心中的不满说出来。林黛玉是个藏不住话的人，说出来后还往往叫别人无话可说。正如李嬷嬷说的，她的话"比刀子还尖"，比刀子还尖就是针了，真是一针见血。黛玉告诉雪雁："也亏你倒听他的话。我平日里和你说的，全当耳旁风；怎么他说了你就依，比圣旨还快些！"宝玉听了此话明知是说他，却无回复之词，宝钗也是听出了其中的醋意，不过听惯了，也就不去理她。

林黛玉见这两个年轻人不理她，就又开始和薛姨妈说话，表现出自己的多愁善感、多疑。薛姨妈直接告诉黛玉："你这个多心的，你这样想，我还没这样心。"

当李嬷嬷又拿老爷要宝玉读书一事来劝阻宝玉喝酒时，林黛玉也开始暗地里给宝玉支招，要宝玉不理李嬷嬷。林黛玉既不喜欢那些功名利禄，也不喜欢读那些考功名的书，更不支持贾宝玉去考取功名，这和薛宝钗是不一样的。薛宝钗一直主张要读四书五经，要考取功名。后来在薛宝钗的努力下，贾宝玉不得不去读去考，最后宝玉考中了举人。

林黛玉说李嬷嬷是"老货"，告诉宝玉不要理她，还责怪李嬷嬷太小心眼了，弄得宝钗在旁边笑着"往黛玉腮上一拧""真真这个颦丫头的一张嘴，叫人恨又不是，喜欢又不是。"

趣味链接:

宝玉撵奶妈

宝玉吃了半碗茶，忽又想起早起的茶来，因问茜雪道："早起沏了一碗枫露茶，我说过，那茶是三四次后才出色的，这会子怎么又沏了这个来?"茜雪道："我原是留着的，那会子李奶奶来了，他要尝尝，就给他吃了。"宝玉听了，将手中的茶杯只顺手往地下一掷，豁啷一声，打了个粉碎，泼了茜雪一裙子的茶。又跳起来问着茜雪道："他是你那一门子的奶奶，你们这么孝敬他? 不过是仗着我小时候吃过他几日奶罢了。如今逞的他比祖宗还大了。如今我又吃不着奶了，白白的养着祖宗作什么! 撵了出去，大家干净!"说着便要去立刻回贾母，撵他乳母。

原来袭人实未睡着，不过故意装睡，引宝玉来怄他顽耍。先闻得说字问包子等事，也还可不必起来;后来摔了茶钟，动了气，遂连忙起来解释劝阻。早有贾母遣人来问是怎么了。袭人忙道："我才倒茶来，被雪滑倒了，失手砸了钟子。"一面又安慰宝玉道："你立意要撵他，也好，我们也都愿意出去，不如趁势连我们一齐撵了。我们也好，你也不愁再有好的来服侍你。"宝玉听了这话，方无了言语，被袭人等扶至炕上，脱换了衣服。不知宝玉口内还说些什么，只觉口齿缠绵，眼眉愈加饧涩，忙服侍他睡下。袭人伸手从他项上摘下那通灵玉来，用自己的手帕包好，塞在褥下，次日带时便冰不着脖子。那宝玉就枕便睡着了。彼时李嬷嬷等已进来了，听见醉了，不敢前来再加触犯，只悄悄的打听睡了，方放心散去。

(选自 第八回 比通灵金莺微露意 探宝钗黛玉半含酸)

❋ 原著练习

1. 在正确的读音下画横线:

搪(tāng táng) 嗑(kē ké)

奚落(xī luò　qī luò)　　　　咕哝(gū nóng　gū nong)

粳粥(gěng zhōu　jīng zhōu)　　伺候(cì hou　shì hòu)

2. 按选段内容填空：

(1)李嬷嬷道："……想那日我眼错不见一会，（　　）是那一个没调教的，（　　）讨你的好儿，（　　）别人死活，给了你一口酒吃，葬送的我挨了两日骂。"

(2)黛玉（　　）着瓜子儿，只（　　）着嘴笑。

(3)（林黛玉）一面（　　）宝玉，使他赌气，一面（　　）说："别理那老货，咱们只管乐咱们的。"

(4)李嬷嬷听了，又是（　　），又是（　　），说道："真真这林姐儿，说出一句话来，比（　　）还尖。"

(5)（　　）薛姨妈千哄万哄的，（　　）容他吃了几杯，（　　）忙收过了。

3. 判断：

(1)李嬷嬷是宝玉的奶妈，宝玉是喝李嬷嬷的奶长大的。（　　）

(2)给黛玉送手炉的是丫鬟紫鹃。（　　）

(3)"真真这个颦丫头的一张嘴，叫人恨又不是，喜欢又不是。"这个颦丫头是指林黛玉。（　　）

(4)薛姨妈道："你这个多心的，你这样想，我就没这样心。"薛姨妈说的是李嬷嬷。（　　）

(5)"从此还不快不要吃那冷的了。"改成肯定句式为：从此要吃冷的了。（　　）

4. 本选段中，有人劝宝玉喝酒，有人劝宝玉不要喝酒。你怎样看宝玉在姨妈家喝酒这件事呢？

5. 你见过喝酒劝酒的场面吗？有人劝酒，有人推辞，有人在旁"起哄"。所谓旁观者清，你不妨把当时的情景用笔记录下来，注意事情的起因、经过，结果及人物的语言、神态、动作等内容，尽可能地显示出他们的个性。

第三节　大观园奇趣盎然

（选自　第十七回　大观园试才题对额　荣国府归省庆元宵）

前言：大观园是《红楼梦》主要人物居住、活动的场所，原为元妃（元春，即宝玉的姐姐）省亲所建。因元妃加封为贤德妃，皇上开恩，准许各妃省亲。大观园建好后各处匾额未题字，贾政借视察之机带领众清客游览大观园，同时考查宝玉的学问。

贾政刚至园门前，只见贾珍带领许多执事人来，一旁侍立。贾政道："你且把园门都关上，我们先瞧了外面再进去。"贾珍听说，命人将门关了。贾政先秉（bǐng）正看门。只见正门五间，上面桶瓦泥鳅脊；那门栏窗槅，皆是细雕新鲜花样，并无朱粉涂饰；一色水磨群墙，下面白石台矶（jī），凿成西番草花样。左右一望，皆雪白粉墙，下面虎皮石，随势砌去，果然不落富丽俗套，自是欢喜。遂命开门，只见迎面一带翠嶂（zhàng）挡在前面。众清客都道："好山，好山！"贾政道："非此一山，一进来园中所有之景悉入目中，则有何趣。"众人道："极是。非胸中大有邱（qiū）壑（hè），焉想及此。"说毕，往前一望，见白石崚（léng）嶒（céng），或如鬼怪，或如猛兽，纵横拱立，上面苔藓成斑，藤萝掩映，其中微露羊肠小径。贾政道："我们就从此小径游去，回来由那一边出去，方可遍览。"

说毕，命贾珍在前引导，自己扶了宝玉，逶（wēi）迤（yí）进入山口。抬头忽见山上有镜面白石一块，正是迎面留题处。贾政回头笑道："诸公请看，此处题以何名方妙？"众人听说，也有说该题"叠翠"二字，也有说该题"锦嶂"的，

> 参观大观园从正门开始。

> 描写所见景物，体现大观园的美。

> 也有……也有……又有……又有真是众说纷纭。

又有说"赛香炉"的，又有说"小终南"的，种种名色，不止几十个。

原来众客心中早知贾政要试宝玉的功业进益如何，只将些俗套来敷(fū)衍(yǎn)。宝玉亦料定此意。贾政听了，便回头命宝玉拟来。宝玉道："常闻古人有云：'编新不如述旧，刻古终胜雕今。'况此处并非主山正景，原无可题之处，不过是探景一进步耳。莫若直书'曲径通幽处'这句旧诗在上，倒还大方气派。"众人听了，都赞道："是极！二世兄天分高，才情远，不似我们读腐了书的。"贾政笑道："不可谬(miù)奖。他年小，不过以一知充十用，取笑罢了。再俟(sì)选拟。"

说着，进入石洞来。只见佳木茏葱，奇花炳灼，一带清流，从花木深处曲折泻于石隙之下。再进数步，渐向北边，平坦宽豁(huò)，两边飞楼插空，雕甍(méng)绣槛，皆隐于山坳树杪(miǎo)之间。俯而视之，则清溪泻雪，石磴穿云，白石为栏，环抱池沿，石桥三港，兽面衔吐。桥上有亭，贾政与诸人上了亭子，倚(yǐ)栏坐了，因问："诸公以何题此？"诸人都道："当日欧阳公《醉翁亭记》有云：'有亭翼然'，就名'翼然'。"贾政笑道："'翼然'虽佳，但此亭压水而成，还须偏于水题方称。依我拙裁，欧阳公之'泻出于两峰之间'，竟用他这一个'泻'字。"有一客道："是极，是极。竟是'泻玉'二字妙。"贾政拈(niān)髯(rán)寻思，因抬头见宝玉侍侧，便笑命他也拟一个来。

宝玉听说，连忙回道："老爷方才所议已是。但是如今追究了去，似乎当日欧阳公题酿泉用一'泻'字则妥，今日此泉若亦用'泻'字，则觉不妥。况此处虽云省亲驻跸(bì)别墅，亦当入于应制之例，用此等字眼，亦觉粗陋(lòu)不雅。求再拟较此蕴(yùn)藉(jiè)含蓄者。"贾政笑道："诸公

谬奖：错误地奖励。

不仅有对美景的直接描写，也有通过语言赞赏美景的间接描写。

贾政前有"拈髯寻思"，后有"拈髯点头不语"，这是前后照应，反映出他的内心世界。

听此论若何？方才众人编新，你又说不如述古；如今我们述古，你又说粗陋不妥。你且说你的来我听。"宝玉道："有用'泻玉'二字，则莫若'沁（qìn）芳'二字，岂不新雅？"贾政拈髯点头不语。众人都忙迎合，赞宝玉才情不凡。贾政道："匾上二字容易。再作一副七言对联来。"宝玉听说，立于亭上，四顾一望，便机上心来，乃念道："绕堤柳借三篙翠，隔岸花分一脉香。"贾政听了，点头微笑。众人先称赞不已。

于是出亭过池，一山一石，一花一木，莫不着意观览。忽抬头看见前面一带粉垣（yuán），里面数楹（yíng）修舍，有千百竿翠竹遮映。众人都道："好个所在!"于是大家进入，只见入门便是曲折游廊，阶下石子漫成甬（yǒng）路。上面小小两三间房舍，一明两暗，里面都是合着地步打就的床几椅案。从里间房内又得一小门，出去则是后院，有大株梨花兼着芭蕉。又有两间小小退步。后院墙下忽开一隙，得泉一派，开沟仅尺许，灌入墙内，绕阶缘屋至前院，盘旋竹下而出。

贾政笑道："这一处还罢了。若能月夜坐此窗下读书，不枉虚生一世。"说毕，看着宝玉，唬的宝玉忙垂了头。

众客忙用话开释，又说道："此处的匾该题四个字。"贾政笑问："那四字？"一个道是"淇水遗风"。贾政道："俗。"又一个是"睢（suī）园雅迹"。贾政道："也俗。"贾珍笑道："还是宝兄弟拟一个来。"

贾政道："他未曾作，先要议论人家的好歹，可见就是个轻薄人。"众客道："议论的极是，其奈他何。"贾政忙道："休如此纵了他。"因命他道："今日任你狂为乱道，先设议论来，然后方许你作。方才众人说的，可有使得的？"宝玉见问，答道："都似不妥。"

贾政冷笑道："怎么不妥？"宝玉道："这是第一处行幸

你猜后来是谁住在这个地方？

133

从宝玉的回答能否猜到后来是谁住在此处了吗?

管窥蠡测:形容目光短浅,无见识。

之处,必须颂圣方可。若用四字的匾,又有古人现成的,何必再作。"贾政道:"难道'淇水''睢园'不是古人的?"宝玉道:"这太板腐了。莫若'有凤来仪'四字。"众人都哄然叫妙。贾政点头道:"畜生,畜生,可谓'管窥(kuī)蠡(lí)测'矣。"因命:"再题一联来。"宝玉便念道:"宝鼎茶闲烟尚绿,幽窗棋罢指犹凉。"贾政摇头说道:"也未见长。"说毕,引众人出来。

方欲走时,忽又想起一事来,因问贾珍道;"这些院落房宇并几案桌椅都算有了,还有那些帐幔帘子并陈设玩器古董,可也都是一处一处合式配就的?"贾珍回道:"那陈设的东西早已添了许多,自然临期合式陈设。帐幔帘子,昨日听见琏兄弟说,还不全。那原是一起工程之时就画了各处的图样,量准尺寸,就打发人办去的。想必昨日得了一半。"贾政听了,便知此事不是贾珍的首尾,便命人去唤贾琏。

一时,贾琏赶来,贾政问他共有几种,现今得了几种,尚欠几种。贾琏见问,忙向靴桶取靴掖内装的一个纸折略节来,看了一看,回道:"妆蟒绣堆、刻丝弹墨并各色绸绫大小幔子一百二十架,昨日得了八十架,下欠四十架。帘子二百挂,昨日俱得了。外有猩猩毡帘二百挂,金丝藤红漆竹帘二百挂,墨漆竹帘二百挂,五彩线络盘花帘二百挂,每样得了一半,也不过秋天都全了。椅搭、桌围、床裙、桌套,每分一千二百件,也有了。"

倏尔:极快地,很快。

一面走,一面说,倏(shū)尔青山斜阻。转过山怀中,隐隐露出一带黄泥筑就矮墙,墙头皆用稻茎掩护。有几百株杏花,如喷火蒸霞一般。里面数楹茅屋。外面却是桑、榆、槿(jǐn)、柘(zhè),各色树稚新条,随其曲折,编就两溜青篱。篱外山坡之下,有一土井,旁有桔(jié)槔(gāo)辘(lù)轳(lu)之属。下面分畦(qí)列亩,佳蔬菜花,漫然无际。

桔槔:一种汲水的设备。

辘轳:安在井上绞起汲水斗的器具。

贾政笑道："倒是此处有些道理。固然系人力穿凿，此时一见，未免勾引起我归农之意。我们且进去歇息歇息。"说毕，方欲进篱门去，忽见路旁有一石碣（jié），亦为留题之备。众人笑道："更妙，更妙！此处若悬匾待题，则田舍家风一洗尽矣。立此一碣，又觉生色许多，非范石湖田家之咏不足以尽其妙。"贾政道："诸公请题。"众人道："方才世兄有云，'编新不如述旧'，此处古人已道尽矣，莫若直书'杏花村'妙极。"贾政听了，笑向贾珍道："正亏提醒了我。此处都妙极，只是还少一个酒幌（huǎng）。明日竟作一个，不必华丽，就依外面村庄的式样作来，用竹竿挑在树梢。"贾珍答应了，又回道："此处竟还不可养别的雀鸟，只是买些鹅鸭鸡类，才都相称了。"贾政与众人都道："更妙。"贾政又向众人道："'杏花村'固佳，只是犯了正名，村名直待请名方可。"众客都道："是呀。如今虚的，便是什么字样好？"

大家想着，宝玉却等不得了，也不等贾政的命，便说道："旧诗有云：'红杏梢头挂酒旗'。如今莫若'杏帘在望'四字。"众人都道："好个'在望'！又暗合'杏花村'意。"宝玉冷笑道："村名若用'杏花'二字，则俗陋不堪了。又有古人诗云：'柴门临水稻花香'，何不就用'稻香村'的妙？"众人听了，亦发哄声拍手道："妙！"贾政一声断喝："无知的业障！你能知道几个古人，能记得几首熟诗，也敢在老先生前卖弄！你方才那些胡说的，不过是试你的清浊，取笑而已，你就认真了！"

碣：石碑。

宝玉取名的这两句诗是谁作的？

135

<后语>

宝玉一路陪父亲等人赏玩大观园，边赏边接受贾政的考问。虽然贾政对宝玉的表现比较满意，但他保持文官的谦虚。尽管众人称赞，他仍无一语称好。后贾妃省亲，见园内题字是宝玉所为，也就未作改动。

❖ 闲话少说

大观园是为贾妃省亲而建。在即将竣工的大观园内，贾政等一边游园，一边赋以诗文。作者不仅从正面直接描写出大观园的美、奇，而且通过人物的诗词和言语反映出大观园独特的魅力。

※ 我观"红楼"：

诗情画意大观园

大观园是在宁国府会芳园的基础上建设起来的，名字是元妃所赐所题。大观园内，一处处铺陈不一，一桩桩新奇点缀，美景数不胜数。最让元妃喜爱的是潇湘馆、蘅芜苑、怡红院、浣葛山庄。

潇 湘 馆

潇湘馆，在大观园里与怡红院遥遥相对，是一处带有江南情调的房舍。林黛玉是江南人氏，所以在分配住房时，元妃就安排林黛玉居住在这里。贾宝玉曾为此题匾额："有凤来仪"，暗指林黛玉具有尊贵的身份。后文中引用古代君王舜的潇湘二妃娥皇、女英的典故，加之"凤"字不是一般人能用的，故后来将"有凤来仪"更名为潇湘馆。院外一带粉垣，院内千百竿翠竹掩映。

入门曲折游廊，廊上挂着一架鹦鹉。正房三间，一明两暗。后院有大株梨花和芭蕉，又有两间小小的退步，院墙根处有缝隙流入清水，绕至前院，从竹下而出。"爱那几竿竹子，隐着一道曲栏，比别处更觉得幽静。"林黛玉在此读书、幽怨、孤独，伴随着泪水度过了一生。

潇湘馆中以竹子最盛，"凤尾森森，龙吟细细，一片翠竹环绕"。翠竹，象征的是一种不屈不挠的可贵品质，高洁中带着儒雅，含蓄里透着活力。黛玉的诗号"潇湘妃子"，正体现了这样一种高贵而自然脱俗、婀娜而风姿绰约的魅力。

蘅　芜　苑

蘅（héng）芜（wú）苑，当初贾政在第一眼望见它时，是不以为然的。当时，他看见此处"一所清凉瓦舍，一色水磨砖墙，清瓦花堵"，便说道："此处这所房子，无味的很。"可是进入内院后，里面的奇景却一下子给他带来了震撼："步入门时，忽迎面突出插天的大玲珑山石来，四面群绕各式石块，竟把里面所有房屋悉皆遮住，而且一株花木也无。只见许多异草：或有牵藤的，或有引蔓的，或垂山巅，或穿石隙，甚至垂檐绕柱，萦砌盘阶，或如翠带飘飘，或如金绳盘屈，或实若丹砂，或花如金桂，味芬气馥，非花香之可比。"

原先瞧不起此处景观的贾政，至此也不禁笑道："有趣！"再向内走，里面景色的清雅更是超乎贾政等人的想象："贾政因见两边俱是抄手游廊，便顺着游廊步入。只见上面五间清厦连着卷棚，四面出廊，绿窗油壁，更比前几处清雅不同。"贾政不禁点头赞叹，告诫随行的众人："此轩中煮茶操琴，亦不必再焚名香矣。此造已出意外，诸公必有佳作新题以颜其额，方不负此。"

根据元春的安排，宝钗住在这里。可见薛宝钗的地位在《红楼梦》里与林黛玉不相上下。

怡　红　院

怡红院是贾宝玉居住的地方，院内主要的植物是芭蕉和海棠花。当初建园时，宝玉题"红香绿玉"，取意蕉棠两种植物。元妃省亲时，因"香玉"与"黛玉"都有一个玉字，元妃不喜"香玉"二字，于是将其改为"怡红快绿"，赐名"怡红院"，宝玉也因此号"怡红公子"。

院内四面皆是雕空玲珑木板，或"流云百蝠"，或"岁寒三友"，或山水人物、或翎毛花卉，或集锦，或博古，或万福万寿，各种花样，皆是名手雕镂，五彩镶金嵌宝的。一格一格，或贮书处，或设鼎处，或安置笔砚处，或供花瓶安放盆景处，其格各式各样，或天圆地方，或葵花蕉叶，或连环半壁，真是花团锦簪，剔透玲珑。

房间陈设琳琅满目，设计也是精妙绝伦，难怪参观的众客夸赞："好精致想头！难为怎么想来！"一次，刘姥姥进入怡红院后，找不到出口，闯进了贾宝玉的卧室，并且在宝玉的床上睡着了。

怡红院内，还发生了一件奇异的事情：晴雯死去的那一年，枯死的海棠花竟然发芽开花了。当时令许多人伤感，认为兆头不佳。

浣葛山庄

建园之初，贾宝玉题浣(huàn)葛山庄名为"杏帘在望"，又取"柴门临水稻花香"之意，名之"稻香村"，并题写了一副对联"新涨绿添浣葛处，好云香护采芹人"。在元妃省亲那天晚上，元妃游幸后，将"杏帘在望"赐名"浣葛山庄"。该处居住者是元妃大哥贾珠的遗孀李纨。李纨虽然才气不如其他兄弟姐妹，但在大观园里是名副其实的大嫂，人缘非常好。在古代，女子无才便是德，李纨就是受此影响。她在大观园里积极参与大家的吟诗创作活动，倡导成立诗社并且自荐当"掌坛"人，自称"稻香老农"。在她的提议下，大家都以居所的特点给自己起了雅号：如贾宝玉为怡红公子，林黛玉为潇湘妃子，其中薛宝钗的号还是李纨取的，叫"蘅芜君"。

大观园内山水相间，亭台相应，楼阁遍布，村舍田庄，鸡鸭鱼鹅应有尽有。元妃见园内设施如此奢华，默默叹息奢华过度，劝道："以后不可太奢，此皆过分之极。"不过，大观园给贾府也带来了许多欢声笑语，贾府的男女老少时常利用中秋节、生日等机会，享受着这里的美景，聚在一起作诗题词，饮酒赏月，击鼓传花说笑话，度过了一段令人难忘的快乐时光。

♣ "红楼"技法：

巧用引用技法

写文章时，通过引用成语、诗句、格言、典故等，表达自己对事物的见解，这种修辞手法叫引用。

古人之言

在大观园入口处，贾政笑问大家："此处题以何名方妙？"大家此时都清楚这是贾政想试探其子宝玉的才学，于是，大家就随便说出几十个俗套的词语：叠翠、锦嶂、赛香炉、小终南等。宝玉也知道父亲的用意，为了稳妥，不至于让父亲严厉批评，他就引用古人的话来印证自己的想法，说"常闻古人有云：编新不如述旧，刻古终胜雕今"，说这里不是主要景观，只是一个通道而已，不需题词，用"曲径通幽处"这句旧诗，更显大方气派。他引用"曲径通幽"这样的词语，既能从理论上站得住脚，又能从事实出发，这样说，显得贴切、稳妥。

我们写文章时，可以根据具体情况，引用一些古人所说之话，来表达自己的心情感受。"古人云"就是"古人说"，表明古代也曾出现过类似的情况，经过了时间的考验留了下来，可以借用。

诗词作品

贾政一行来到大观园农庄田舍，为是否用"杏花村"一词而发生了争执，有人认为直接使用"杏花村"似乎不妥，因为这里并不是真正的杏花村。在中华大地上有很多地方叫"杏花村"，而大观园里的景点仅仅与它们有些像而已，还不能说是"杏花村"。贾宝玉根据自己的理解，引用了一句诗来表达自己的灵感。他说"旧诗有云：红杏梢头挂酒旗"，由此定一个"杏帘在望"。这个题名得到了大家的赞赏。贾宝玉还借用诗句"柴门临水稻花香"提出了"稻香村"一说。

借用诗词提升表达魅力，让自己的言论更显文采，更有说服力。

典故之词

诗文中引用的古代故事和有来历的词语，称之为典故。

运用典故，是古诗词创作中常用的一种表现方法，其主要特点是借助一些历史人物、神话传说、寓言故事等来表达自己的某种愿望或情感。在作文及口头表达时，典故用得适当，可以收到很好的修辞效果，既典雅风趣，又含蓄别致，从而使语言更加精练、言简意赅、辞近旨远。

在潇湘馆处，大家谈论此处匾额该题什么字时，宝玉发表了自己的观点，说大家题的词都太板腐，莫若"有凤来仪"四字。贾政一边点头一边批评："畜生，畜生，可谓'管窥蠡测'矣。""管窥蠡测"出自汉代东方朔的《答客难》："以管窥天，以蠡测海，以莛撞钟，岂能通其条贯，考其文理，发其音声哉。"后用"管窥蠡测"比喻眼界狭小，见识短浅。这是贾政用这个成语来批评宝玉的言行。不过，贾政虽是训斥，但也点头认可，认为宝玉说得有道理，并且还要他做一副对联来完善他的想法。贾政带着宝玉进大观园，就是考查他的学识。古代的读书人讲究谦卑，不炫耀，一般不会在客人面前表扬自己的孩子。

♨ 趣味链接：

神夺巧至大观园

说着，引人进入房内。只见这几间房内收拾的与别处不同，竟分不出间隔来的。原来四面皆是雕空玲珑木板，或"流云百蝠"，或"岁寒三友"，或山水人物，或翎毛花卉，或集锦，或博古，或万福万寿。各种花样，皆是名手雕镂，五彩销金嵌宝的。一槅一槅，或有贮书处，或有设鼎处，或安置笔砚处，或供花设瓶、安放盆景处。其槅各式各样，或天圆地方，或葵花蕉叶，或连环半璧。真是花团锦簇，剔透玲珑。倏尔五色纱糊就，竟系小窗；倏尔彩绫轻覆，竟系幽户。且满墙满壁，皆系随依古董玩器之形抠成的槽子。诸如琴、剑、悬瓶、桌屏之类，虽悬于壁，却都是与壁相平的。众人都赞："好精致想头！难为怎么想来！"

原来贾政等走了进来，未进两层，便都迷了旧路，左瞧也有门可通，右瞧又有窗暂隔，及到了跟前，又被一架书挡住。回头再走，又有窗纱明透，门径可行；及至门前，忽见迎面也进来了一群人，都与自己形相一样，——却是一架玻璃大镜相照。及转过镜去，益发现门子多了。贾珍笑道："老爷随我来。从这门出去，便是后院，从后院出去，倒比先近了。"说着，又转了两层纱厨锦槅，果得一门出去，院中满架蔷薇、宝相。转过花障，则见青溪前阻。众人诧异："这股水又是从何而来？"贾珍遥指道："原从那闸起流至那洞口，从东北山坳里引到那村庄里，又开一道岔口，引到西南上，共总流到这里，仍旧合在一处，从那墙下出去。"众人听了，都道："神妙之极！"说着，忽见大山阻路。众人都道"迷了路了。"贾珍笑道："随我来。"仍在前导引，众人随他，直由山脚边忽一转，便是平坦宽阔大路，豁然大门前见。众人都道："有趣，有趣，真搜神夺巧之至！"于是大家出来。

（选自 第十七回 大观园试才题对额 荣国府归省庆元宵）

❊ 原著练习

1. 在正确的读音下画横线：

秉正（bǐn zhèng　bǐng zhèng）　　　　敷衍（fū yán　fū yàn）

谬奖（miào jiǎng　miù jiǎng）　　　　拈髯（niān rǎn　lián rǎn）

沁芳（qìn fāng　xìn fāng）　　　　粉垣（fěn héng　fěn yuán）

2. 按选段内容填空：

（1）那门栏窗槅，（　　）细雕新鲜花样，（　　）朱粉涂饰，（　　）水磨群墙，下面白石台矶，凿成西番草花样。

（2）（众人）往前一望，见白石崚嶒，或如（　　），或如（　　），纵横拱立，上面苔藓（　　），藤萝（　　），其中微露（　　）。

（3）只见佳木（　　），奇花（　　），一带清流，从花木深处曲折（　　）石隙之下。

（4）宝玉听说，（　　）于亭上，四顾一（　　），便（　　），乃（　　）道：绕堤柳借三篙翠，隔岸花分一脉香。

（5）有几百株杏花，如（　　）一般，（　　）数楹茅屋，（　　）却是桑、榆、槿、柘，各色稚树新条，随其曲折，编就两溜青篱。

3. 判断：

（1）大观园是因元妃加封为贤德妃后，皇上开恩，允许各妃省亲，贾府为迎接元妃而建。（　　）

(2)沁芳亭处风景秀丽，众文客在亭依栏坐下，曾想起欧阳修的《醉翁亭记》一文来。(　　)

(3)贾政笑道："若能月夜坐此窗下读书，不枉虚生一世。"这处地方叫"有凤来仪"，后来改为潇湘馆，由林黛玉居住。(　　)

(4)"古人诗云：柴门临水稻花香。何不就用稻香村的妙?"宝玉说这句话的意思是用稻香村的名字更好。(　　)

(5)大观园中的怡红院为贾宝玉所居，蘅芜苑由薛宝钗所住，凤辣子一家则住在浣葛山庄。(　　)

4. 大家参观到沁芳亭处时，众说纷纭，其中有人说用"泻玉"为题，宝玉说"沁芳"，你认为呢? 请你从不同的角度分析一下，这两个词语用在此处会有哪些不同的效果。

5. 文人游园，他们的谈吐也符合文人。不同的人在参观或游玩时都有不同的言行，写作时抓住他们各自的特点写出符合他们特点的言行来。你参加过许多参观、学习、游玩的活动，从中挑选一次，并按照一定的顺序写出你们的言行。

第四节　宝玉受伤

（选自　第二十五回　魇魔法姊弟逢五鬼　红楼梦通灵遇双真）

前言：宝玉为贾政正室王夫人所生，长相很好，言谈举
止皆逗人喜欢，贾母等人格外疼爱，惹得其父侧室赵姨娘及
其所生的贾环十分嫉妒。因平常服侍宝玉的人很多，他俩无
法对他直接进行伤害。有一天，终于来了机会，赵姨娘等人
狠狠地"反击"了一次。

（贾环、彩霞）两人正说着，只见凤姐来了，拜见过王
夫人。王夫人便一长一短的问他，今儿是那几位堂客，戏文
好歹，酒席如何等语。说了不多几句话，宝玉也来了，进门
见了王夫人，不过规规矩矩说了几句，便命人除去抹额，脱
了袍服，拉了靴子，便一头滚在王夫人怀里。王夫人便用手
满身满脸摩（mó）挲（suō）抚弄他，宝玉也扳着王夫人的脖
子说长道短的。王夫人道："我的儿，你又吃多了酒，脸上
滚热。你还只是揉搓，一会闹上酒来。还不在那里静静的倒
一会子呢！"说着，便叫人拿个枕头来。宝玉听说便下来，在
王夫人身后倒下，又叫彩霞来替他拍着。宝玉便和彩霞说
笑，只见彩霞淡淡的，不大答理，两眼睛只向贾环处看。宝
玉便拉他的手笑道："好姐姐，你也理我理儿呢。"一面说，
一面拉他的手，彩霞夺手不肯，便说："再闹，我就嚷了。"

二人正闹着，原来贾环听的见，素日原恨宝玉，如今又
见他和彩霞闹，心中越发按不下这口毒气。虽不敢明言，却
每每暗中算计，只是不得下手，今见相离甚近，便要用热油
烫瞎他的眼睛。因而故意装作失手，把那一盏油汪汪的蜡灯
向宝玉脸上只一推。只听宝玉"嗳哟"了一声，满屋里众人

曹雪芹：你能分析
出事件的起因吗？

都唬了一跳。连忙将地下的戳（chuō）灯挪（nuó）过来，又将里外间屋的灯拿了三四盏看时，只见宝玉满脸是油。王夫人又急又气，一面命人来替宝玉擦洗，一面又骂贾环。凤姐三步两步的上炕去替宝玉收拾着，一面笑道："老三还是这么慌脚鸡似的，我说你上不得高台盘。赵姨娘时常也该教导教导他。"一句话提醒了王夫人，那王夫人不骂贾环，便叫过赵姨娘来骂道："养出这样黑心不知道理下流种子来，也不管管！几番几次我都不理论，你们得了意了，越发上来了！"

> **宝玉被烫后，从大家的反应中可以看出什么？**

那赵姨娘素日虽然常怀嫉妒之心，不忿凤姐宝玉两个，也不敢露出来；如今贾环又生了事，受这场恶气，不但吞声承受，而且还要走去替宝玉收拾。只见宝玉左边脸上烫了一溜燎泡出来，幸而眼睛竟没动。王夫人看了，又是心疼，又怕明日贾母问怎么回答，急的又把赵姨娘数落一顿。然后又安慰了宝玉一回，又命取败毒消肿药来敷上。宝玉道："有些疼，还不妨事。明儿老太太问，就说是我自己烫的罢了。"凤姐笑道："便说是自己烫的，也要骂人为什么不小心看着，叫你烫了！横竖有一场气生的，到明儿凭你怎么说去罢。"王夫人命人好生送了宝玉回房去后，袭人等见了，都慌的了不得。

> **真是有其子必有其母啊！**

> **"横竖"是什么意思？**

林黛玉见宝玉出了一天门，就觉闷闷的，没个可说话的人。至晚，正打发人来问了两三遍回来不曾，这遍方才回来，又偏生烫了。林黛玉便赶着来瞧，只见宝玉正拿镜子照呢，左边脸上满满的敷了一脸的药。林黛玉只当烫的十分利害，忙上来问怎么烫了，要瞧瞧。宝玉见他来了，忙把脸遮着，摇手叫他出去，不肯叫他看。——知道他的癖性喜洁，见不得这些东西。林黛玉自己也知道自己也有这件癖性，知道宝玉的心内怕他嫌脏，因笑道："我瞧瞧，烫了那里了，有什么遮着藏着的。"一面说，一面就凑上来，强搬着脖子瞧

> **曹雪芹：瞧我是怎样描写宝玉伤势的。**

了一瞧，问他疼的怎么样。宝玉道："也不很疼，养一两日就好了。"林黛玉坐了一回，闷闷地回房去了。一宿无话。

<后语>

宝玉虽遭人暗算，但他毫不计较，反倒自己承担全部责任，可见他胸怀宽广，与赵姨娘、贾环的心胸狭窄形成鲜明对比。

❖ **闲话少说**

通过宝玉受伤后主要人物的言行，可以看出他们的心理世界和他们之间的关系。

❋ **我观"红楼"：**

有些疼　不碍事

贾环在《红楼梦》里直接伤害贾宝玉的情况有两次：一次是在父亲贾政面前诬告金钏儿的死是因为宝玉欺负了她，结果贾政生气极了，暴打了宝玉；一次就是本选段里所写的想用蜡灯烫瞎宝玉。即便如此，宝玉并没有表示不满，而说是自己烫的，"有些疼，还不妨事"。

不受欢迎的贾环

贾环是贾政与赵姨娘生的孩子，赵姨娘原来是丫鬟，后来成为了贾政的姿。贾环与贾宝玉是同父异母的兄弟，比宝玉小两三岁，是探春同父同母的弟弟。

在古代，孩子有嫡出和庶出之分，嫡出就是其母亲是明媒正娶的，而庶出则是妾所生。庶出的子女一般比不上嫡出的，并且庶出的不能喊自己的生母为母亲，要喊明媒正娶的夫人为母亲，自己的生母叫姨娘。《红楼梦》中探春和贾环都称王夫人为母亲，称自己的生母为姨娘。

贾环虽然是主子身份，但由于他的性格，特别是受他生母赵姨娘的影响，在《红楼梦》里是一个不受欢迎的人。在贾母面前，他表现不如宝玉、贾兰；在父亲贾政面前，也得不到应有的父爱，见贾政如遇洪水猛兽；即便是喜欢他的丫鬟彩霞都这样劝："安分些，省得别人讨厌这讨厌那的。"

宝玉原谅贾环

一次，贾宝玉喝酒后，利用在王夫人那里休息的时机，要求彩霞拍着他睡觉，并且拿住她的手和她说笑。可是彩霞不理他，宝玉就说："好姐姐，你也理我理儿呢。"彩霞不愿意。

正在王夫人处抄经的贾环听到这个情况，非常生气，寻思着怎样报复贾宝玉。忽然，他故意将油灯推向宝玉一侧，想烫瞎他的眼睛。幸亏眼睛没烫到，把宝玉的左脸烫起了很大一个泡。宝玉是贾府中何其重要的人物，他若有任何一点闪失，贾府上下都会手忙脚乱的，何况这是烫了脸，其场面就可想而知了。

当大家不知怎样向贾母汇报这件事情时，令人想不到的是，宝玉竟然说，这是他自己烫的，与别人无关，不碍事。宝玉对贾环竟没有任何怨恨之意，也无责怪之心。

♣ "红楼"技法：

注意事件的完整性

说故事，写文章，都应把事情的前因后果及经过交代清楚，让听众和读者能明白是怎么回事，完整的故事不能等到"下回分解"。贾环故意烫宝玉这件事的完整性如何呢？

事情的起因

贾环非常喜欢彩霞，他不愿意看到宝玉和彩霞一起打闹玩耍，这就是他要烫宝玉的直接原因。其实，从选段中，我们也可以看出，贾环对宝玉恨之已久，他一直想要报复宝玉，只是找不到机会。贾环是赵姨娘所生，人也长得不如宝玉帅气、灵巧，在贾府他也得不到大家的宠爱，而同父异母的宝玉就完全不同了。所以，贾环和他的生母赵姨娘都对宝玉十分嫉妒，甚至嫉恨。

事情的起因可以借助人物语言直接表达出来，也可以由作者讲述。

事情的经过

这一次，贾环在王夫人炕上抄经写字。贾宝玉在王夫人身后躺下了，身边有一盏油灯。贾环认为这是千载难逢的报复机会。于是，"故意装作失手，把那一盏油汪汪的蜡灯向宝玉脸上只一推"，只听躺在炕上的宝玉大叫一声。这一叫让满屋子里的人都吓了一大跳。瞬间，大家就忙开了：有人拿来戳灯看，有人替宝玉收拾，有人在骂人，有人在受着气，整个屋子一团糟。没想到的是还有人在笑，王熙凤不仅笑着批评贾环慌鸡脚似的，上不了高台盘。当宝玉要为贾环推脱责任时，她还笑着说宝玉。尽管在贾母面前宝玉可以说是自己烫的，但贾母还是会怪罪别人没有照顾好他。从王熙凤的笑中，我们可以感受到烫的还不是很严重，就像文中说的"幸而眼睛竟没动"。这对于贾环和宝玉来说，应该是幸运的，不然，真烫瞎了眼睛，事情就严重多了，后果将不堪设想。

事情的经过是文章故事的主体，要写好人物在过程中的表现。

事情的结果

宝玉烫伤之后，林黛玉着急了，"便赶着来瞧"。见面后，林黛玉"忙上来问怎么烫了"。尽管自己有洁癖，见不得脏东西，但她仍然坚持看。"一面说，一面就凑上来，强搬着脖子瞧了一瞧。"一直到宝玉说"也不很疼，养一两日就好了"，她才闷闷地回潇湘馆去了。

贾环烫伤宝玉，是嫉恨的结果，是贾环将寻思已久的想法变为现实的结果。烫的过程很简单，就是"故意装作失手，把那一盏油汪汪的蜡灯向宝玉脸上只一推"。其结果是烫着了，并且引得当时屋子里乱得不得了，喊的喊，骂的骂，拿药的拿药。连有洁癖的林黛玉都过来要看看烫得怎样了。不过，没有造成宝玉瞎眼、毁容的后果，已是不幸中的万幸了。

♨ 趣味链接：

王熙凤笑说黛玉配宝玉

林黛玉信步便往怡红院中来，只见几个丫头舀水，都在回廊上围着看画眉洗澡呢。听见房内有笑声，林黛玉便入房中看时，原来是李宫裁、凤姐、宝钗都在这里呢，一见他进来都笑道："这不又来了一个。"林黛玉笑道："今儿齐全，谁下帖子请的？"凤姐道："前儿我打发了丫头送了两瓶茶叶去，你往那去了？"林黛玉笑道："哦，可是倒忘了，多谢多谢。"凤姐儿又道："你尝了可还好不好？"没有说完，宝玉便说道："论理可倒罢了，只是我说不大甚好，也不知别人尝着怎么样。"宝钗道："味倒轻，只是颜色不大好些。"凤姐道："那是暹罗进贡来的。我尝着也没什么趣儿，还不如我每日吃的呢。"林黛玉道："我吃着好，不知你们的脾胃是怎样？"宝玉道："你果然爱吃，把我这个也拿了去吃罢。"凤姐笑道："你要爱吃，我那里还有呢。"林黛玉道："果真的，我就打发丫头取去了。"凤姐道："不用取去，我打发人送来就是了。我明儿还有一件事求你，一同打发人送来。"

林黛玉听了笑道："你们听听，这是吃了他们家一点子茶叶，就来使唤人了。"凤姐笑道："倒求你，你倒说这些闲话，吃茶吃水的。你既吃了我们家的茶，怎么还不给我们家作媳妇？"众人听了一齐都笑起来。林黛玉红了脸，一声儿不言语，便回过头去了。李宫裁笑向宝钗道："真真我们二婶子的诙谐是好的。"林黛玉道："什么诙谐，不过是贫嘴贱舌讨人厌恶罢了。"说着便啐了一口。凤姐笑道："你别作梦！你给我们家作了媳妇，少什么？"指宝玉道："你瞧瞧，人物儿、门第配不上，根基配不上，家私配不上？那一点还玷辱了谁呢？"

（选自 第二十五回 魇魔法姊弟逢五鬼 红楼梦通灵遇双真）

❋ 原著练习

1. 在正确的读音下画横线：

摩挲(mó sā　mó suō)　　　戳灯(chuō dēng　zhuó dēng)

挪动(luó dòng　nuó dòng)　燎泡(liáo pào　liào pào)

数落(shǔ luò　shù luò)　　嫉妒(jí dù　jì dù)

2. 按原著填空：

(1)（宝玉）进门见了王夫人，不过规规矩矩(　　)了几句，便命人(　　)抹额，(　　)了袍服，(　　)了靴子，便一头滚在王夫人怀里。

(2)（贾环）虽不敢明言，(　　)每每暗中算计，(　　)不得下手，今见相离甚近，(　　)用热油烫瞎他的眼睛，(　　)故意装作失手，把那一盏油汪汪的蜡灯向宝玉脸上只一推。

(3)王夫人(　　)急(　　)气，(　　)命人来替宝玉擦洗，(　　)又骂贾环。

(4)那赵姨娘素日(　　)常怀嫉妒之心，不满凤姐宝玉两个，(　　)不敢露出来，如今贾环又生了事，受这场恶气，(　　)吞声承受，(　　)还要走去替宝玉收拾。

(5)宝玉见他来了，忙把脸(　　)，摇手(　　)，不肯叫他看。

3. 判断：

(1)宝玉的脸被烫伤了，是他自己不小心烫的。(　　)

(2)宝玉被烫的时候，林黛玉在现场帮宝玉擦洗。(　　)

(3)赵姨娘是贾环的生母，但贾环喊生母为姨娘。(　　)

(4)本选段中有一个破折号"——知道他的癖性喜洁"，该破折号的作用是解释说明。(　　)

(5)宝玉说，当老太太问起这件事，便告知是自己烫的。王熙凤说，即使如此，也少不了老太太骂人，其挨骂的主要原因是宝玉撒谎。(　　)

4. 本选段中，宝玉说是自己不小心烫伤的，其真实情况是什么？你怎么看宝玉在这个问题上的想法呢？

  5. 在生活中，我们都会受到一些伤害。每当受到伤害时，所有关心我们的人都会有不同的反应。想想看，用你手中的笔记录一次你受伤害的前前后后，写出他人对你的关爱。

第五节　晴雯气哭宝玉

（选自　第三十一回　撕扇子作千金一笑　因麒麟伏白首双星）

前言：晴雯是所有丫鬟中最有个性、容貌最俊的一个，她的叛逆性格与黛玉、宝玉非常相似，但她比黛玉更大胆、更直接地表露她的爱与恨，连宝玉也让她三分。

因此，今日之筵（yán），大家无兴散了，林黛玉倒不觉得，倒是宝玉心中闷闷不乐，回至自己房中长吁短叹。偏生晴雯上来换衣服，不防又把扇子失了手跌在地下，将股子跌折。宝玉因叹道："蠢才，蠢才！将来怎么样？明日你自己当家立事，难道也是这么顾前不顾后的？"晴雯冷笑道："二爷近来气大的很，行动就给脸子瞧。前儿连袭人都打了，今儿又来寻我们的不是。要踢要打凭爷去。就是跌了扇子，也是平常的事。先时连那么样的玻璃缸、玛瑙碗不知弄坏了多少，也没见个大气儿，这会子一把扇子就这么着了。何苦来！要嫌我们就打发我们，再挑好的使。好离好散的，倒不好？"宝玉听了这些话，气的浑身乱战，因说道："你不用忙，将来有散的日子！"

这些语言可真够厉害的。

袭人在那边早已听见，忙赶过来向宝玉道："好好的，又怎么了？可是我说的'一时我不到，就有事故儿'。"晴雯听了冷笑道："姐姐既会说，就该早来，也省了爷生气。自古以来，就是你一个人服侍爷的，我们原没服侍过。因为你服侍的好，昨日才挨窝心脚；我们不会服侍的，到明儿还不知是个什么罪呢！"袭人听了这话，又是恼，又是愧（kuì），待要说几句话，又见宝玉已经气的黄了脸，少不得自己忍了性子，推晴雯道："好妹妹，你出去逛逛，原是我们的

曹雪芹：人物的神态写得很好哦！

151

不是。"

晴雯听他说"我们"两个字，自然是他和宝玉了，不觉又添了醋意，冷笑几声，道："我倒不知道你们是谁，别教我替你们害臊（sào）了！便是你们鬼鬼祟（suì）祟干的那事儿，也瞒不过我去，那里就称起'我们'来了。明公正道，连个姑娘还没挣上去呢，也不过和我似的，那里就称上'我们'了！"袭人羞的脸紫胀起来，想一想，原来是自己把话说错了。宝玉一面说："你们气不忿，我明儿偏抬举他。"袭人忙拉了宝玉的手道："他一个糊涂人，你和他分证什么？况且你素日又是有担待的，比这大的过去了多少，今儿是怎么了？"晴雯冷笑道："我原是糊涂人，那里配和我说话呢！"袭人说道："姑娘倒是和我拌嘴呢，是和二爷拌嘴呢？要是心里恼我，你只和我说，不犯着当着二爷吵；要是恼二爷，不该这们吵的万人知道。我才也不过为了事，进来劝开了，大家保重。姑娘倒寻上我的晦气。又不像是恼我，又不像是恼二爷，夹枪带棒，终久是个什么主意？我就不多说，让你说去。"说着便往外走。

宝玉向晴雯道："你也不用生气，我也猜着你的心事了。我回太太去，你也大了，打发你出去好不好？"晴雯听见了这话，不觉又伤心起来，含泪说道："为什么我出去？要嫌我，变着法儿打发我出去，也不能够。"宝玉道："我何曾经过这个吵闹？一定是你要出去了。不如回太太，打发你去吧。"说着，站起来就要走。袭人忙回身拦住，笑道："往那里去？"宝玉道："回太太去。"袭人笑道："好没意思！真个的去回，你也不怕臊了？便是他认真的要去，也等把这气下去了，等无事中说话儿回了太太也不迟。这会子急急的当作一件正经事去回，岂不叫太太犯疑？"宝玉道："太太必不犯疑，我只明说是他闹着要去的。"晴雯哭道："我多早晚闹着要去了？

气不忿：看到不平的事，心中不服气。

看到这儿，你是否同情晴雯了呢？

饶生了气，还拿话压派我。只管去回，我一头碰死了也不出这门儿。"宝玉道："这也奇。你又不去，你又闹些什么？我经不起这吵，不如去了倒干净。"说着一定要去回。

袭人见拦不住，只得跪下了。碧痕、秋纹、麝（shè）月等众丫鬟见吵闹，都鸦雀无闻的在外头听消息，这会子听见袭人跪下央求，便一齐进来都跪下了。宝玉忙把袭人扶起来，叹了一声，在床上坐下，叫众人起去，向袭人道："叫我怎么样才好！这个心使碎了也没人知道。"说着不觉滴下泪来。袭人见宝玉流下泪来，自己也就哭了。

<后语>

丫鬟终究是丫鬟，再犟（jiàng）也犟不过主子，虽然宝玉经常受丫鬟们的气，但这次正好碰上他闷闷不乐，因此他在气头上用了主子的绝招——赶走晴雯。晴雯那俊俏的容貌、出色的针线手艺及办事太过伶俐，终究使人嫉妒，最后被王夫人赶出贾府，含冤而死。

❖ **闲话少说**

故事从扇子被折断、宝玉叹气开始。然而让宝玉也没想到的是晴雯居然说出"好离好散"的话，加上那神态和语气，不仅让宝玉"气的浑身乱战"，也使袭人"又是恼，又是愧"。晴雯见此不仅没有收敛，反而越发厉害，攻势一浪高过一浪，不仅让宝玉和袭人十分恼火，而且也让读者有喘不过气来之感。因此，不得不佩服作者对人物的刻画入木三分。

❋ **我观"红楼"：**

美甲丫鬟晴雯

晴雯，作者没有介绍她的家世，连她姓什么也没告诉读者。她似乎是一个无父无母孤苦伶仃的小姑娘，没有受到怎样为人处世的教育，任性、刚强、暴躁，一身的"野气"。

刀 子 嘴

晴雯是那种独来独往、敢爱敢恨、敢笑敢骂的丫鬟，与林黛玉在语言上有很多相似之处。在她的口舌间，时时吐露出刀剑般的讽刺。在第三十一回里，晴雯因跌坏了扇骨子和宝玉吵嘴，袭人说了一句"原是我们的不是"。晴雯听她说"我们"两字，就冷笑几声道："我倒不知道你们是谁，别教我替你们害臊了！……连个姑娘还没挣上去呢，也不过和我似的，那里就称上'我们'了！"

不过，晴雯是怡红院里最机灵也是最操心的丫鬟，在贾宝玉有需要的时候她总能及时地出现；怡红院里发生了什么意外情况，总是她第一个出主意、想办法。宝玉睡梦里要喝水，叫了两声，睡在旁边的麝月还不知道，睡在外面的晴雯早醒了；晴雯虽然嘴里说着："等你们都去尽了，我再动不迟。有你们一日，我且受用一日"，表示自己不愿做事，却又常常主动完成大家未完成或没想到的事。晴雯就是这样的刀子嘴、豆腐心，一边把活都干了，一边嘴上不饶人。

如 兰 花

在贾府的丫头群中，晴雯是最美丽的一个。作者写晴雯的美，不同于写袭人和平儿。在袭人、平儿的身上，满是绫罗绸缎、珠光宝气和浓妆艳抹的涂饰，晴雯身上却没有这些庸俗的富贵气。"水蛇腰，削肩膀儿""钗軃（duǒ）鬓松，衫垂带褪，有春睡捧心之遗风"。作者只用这样几笔水墨的勾勒，就把晴雯的天然美貌送到读者的眼前。宝玉也是用这样的语言来赞美晴雯：她像"一盆才透出嫩箭的兰花"。在宝玉心中，晴雯不仅漂亮，还如兰花般纯洁。

长 美 甲

晴雯不仅拥有如同黛玉般的身材与性格，还有一般人没有的指甲。她的指甲有二三寸长。中国古代留长指甲的文化源远流长。据说在明清时期，男性的文人墨客、士大夫阶层也以蓄甲为美，能蓄有一副美丽而长的指甲可以显示自己养尊处优的社会地位和生活环境。女性更是如此，清朝慈禧太后的指甲就保养得特别好。晴雯以一丫鬟之身，身份低贱，却能留这样美艳细长的指甲，不能不令人惊叹。

《红楼梦》里先后两次描写了晴雯的指甲：

第一次出现在第五十一回"薛小妹新编怀古诗，胡庸医乱用虎狼药"。晴雯病中，胡庸医为晴雯把脉，"那大夫见这只手上有两根指甲，足有三寸长，尚有金凤花染的通红的痕迹，便忙回过头来。有一个老嬷嬷忙拿了一块手帕掩了。"有长指甲的女人，地位一般比较高，岂是外人能随便见的呢？即使是医生看病也不能例外。

第二次出现在第七十七回"俏丫鬟抱屈夭风流，美优伶斩情归水月"。晴雯被逐，在远方亲戚家的床上躺着，昔日娇艳的红指甲也磨损了好些，不及二寸长了。晴雯临终之际将自己的指甲齐根铰下送与了宝玉："这个你收了，以后就如见我一般。快把你的袄儿脱下来我穿。我将来在棺材内独自躺着，也就像还在怡红院的一样了。论理不该如此，只是担了虚名，我可也是无可如何了。"

多么感人的场面呀！一个是宁可忍痛铰下长指甲，在临死前担当虚名也不屈服的丫鬟晴雯；一个是宁可挨批评，也要溜出大观园，去探望昔日照顾他的丫鬟的宝玉。在晴雯去世后，宝玉多次独自祭奠这位芙蓉花神。

♣ "红楼"技法：

带着情感说话

说话是为了表达，就是告诉对方你有怎样的思想、情感、内容，或喜或悲，或忧或怒，或轻松或紧张。在习作中，说话可以带着动作和情感，让读者感受到你要表达什么，又是怎样表达的。

冷　笑　道

选段中，晴雯对宝玉说的话多次"冷笑"。晴雯为什么对宝玉冷笑呢？选段中有交代，是因为晴雯不小心把扇子跌在地下，把扇子跌坏了，宝玉叹说："蠢才，蠢才！将来怎么样？明日你自己当家立事，难道也是这么顾前不顾后的？"一连两个"蠢才"，两个问号，让晴雯不开心了。再加上宝玉最近经常生气，甚至连特别关心呵护他的袭人也被狠狠地踢了一脚，晴雯想起这些就恼火心寒。晴雯是比较直率的人，喜形于色。她在性格上与黛玉有些相似，在语言上吃不得半点亏，喜欢直接表达出来。袭人来劝宝玉，反被晴雯如此挖苦一番。晴雯听袭人说"一时我不到，就有事故儿"，就对袭人冷嘲热讽的，说"自古以来，就是你一个人服侍爷的，我们原没服侍的"。袭人再说出"原是我们的不是"，宝玉还帮袭人时，晴雯不仅冷笑，而且还在冷笑中添了酸意。

含 泪 说

晴雯看到宝玉看不起她，批评她，看到袭人与宝玉特别亲近，想起自己也对宝玉有爱恋之情，心中自然有许多不快，于是就冷笑，抱怨宝玉。

当听到宝玉要赶她出去时，她不再冷笑，也不敢冷笑了。宝玉有这个权力赶她走。于是，她急了，伤心了，"含泪说道：为什么我出去？要嫌我，变着法儿打发我出去。也不能够。"即使要"拿话压派我。只管去回，我一头碰死了也不出这门儿"。

赶 紧 做

面对晴雯这样的冷嘲热讽，我们看看袭人的处理方式：

袭人在那边早已听见，忙过来向宝玉道：好好的，又怎么了？这"忙"字，说明她发现当时情况不妙，赶紧过来劝劝大家。可是晴雯依然冷笑，并且将笑的对象对准了她。袭人毕竟比他们都要大几岁，虽然有些恼，虽然有些愧，但看见宝玉已经"气的黄了脸"，就不得不忍住自己的性子，推劝晴雯先出去，消消气。这一劝不打紧，没想到又刺激了晴雯，晴雯在冷笑中还添加酸意，冷嘲热讽升级了。袭人也感觉到自己的话说错了，面对晴雯的冷笑，她只好不说什么了，只告诉晴雯：如果不要我劝，我就离开。

不过，袭人还是和大家一起劝阻宝玉不赶走晴雯。宝玉叹了一声，在床上坐下，叫众人起来，对着袭人说道："叫我怎么样才好！这个心使碎了也没人知道。"说着不知不觉就滴下泪来，袭人也跟着哭了起来。

　　带着情感和动作说话，让读者感受到说话者的内心世界，从而体会出作者这样表达的用意。

♨ **趣味链接：**

晴雯撕扇找乐

　　一时黛玉去后，就有人说"薛大爷请"，宝玉只得去了。原来是吃酒，不能推辞，只得尽席而散。

　　晚间回来，已带了几分酒，跄跄踉踉来至自己院内，只见院中早把乘凉枕榻设下，榻上有个人睡着。宝玉只当是袭人，一面在榻沿上坐下，一面推他，问道："疼的好些了？"只见那人翻身起来说："何苦来，又招我！"宝玉一看，原来不是袭人，却是晴雯。宝玉将他一拉，拉在身旁坐下，笑道："你的性子越发惯娇了。早起就是跌了扇子，我不过说了那两句，你就说上那些话。说我也罢了，袭人好意来劝，你又括上他，你自己想想，该不该？"晴雯道："怪热的，拉拉扯扯作什么！叫人来看见像什么！我这身子也不配坐在这里。"宝玉笑道："你既知道不配，为什么睡着呢？"晴雯没的话，嗤的又笑了，说："你不来便使得，你来了就不了。起来，让我洗澡去。袭人麝月都洗了澡，我叫了他们来。"宝玉笑道："我才又吃了好些酒，还得洗一洗。你既没有洗，拿了水来咱们两个洗。"

　　晴雯摇手笑道："罢，罢，我不敢惹爷。还记得碧痕打发你洗澡，足有两三个时辰，也不知道作什么呢。我们也不好进去的。后来洗完了，进去瞧瞧，地下的水淹着床腿，连席子上都汪着水，也不知是怎么洗了，叫人笑了几天。我也没那工夫收拾，也不用同我洗去。今儿也凉快，那会子洗了，可以不用再洗。我倒舀一盆水来，你洗洗脸通通头。才刚鸳鸯送了好些果子来，都湃（bá）在那水晶缸里呢，叫他们打发你吃。"宝玉笑道："既这么着，你也不许洗去，只洗洗手来拿果子来吃罢。"

　　晴雯笑道："我慌张的很，连扇子还跌折了，那里还配打发吃果子。倘或再打破了盘子，还更了不得呢。"宝玉笑道："你爱打就打，这些东西原不过是借人所用，你爱这样，我爱那样，各自性情不同。比如那扇子原是扇的，你要撕着玩也可以使得，只是不可生气时拿他出气。就如杯盘，原是盛东西的，你喜听那一声响，就故意的碎了也可以使得，只是别在生气时拿他出气。这就是爱物了。"晴雯听了，笑道："既这么说，你就拿了扇子来我撕。我最喜欢撕的。"宝玉听了，便笑着递与他。晴雯果然接过来，嗤的一声，撕了两半，接着嗤嗤又听几声。宝玉在旁笑着说："响的好，再撕响些！"

正说着，只见麝月走过来，笑道："少作些孽罢。"宝玉赶上来，一把将他手里的扇子也夺了递与晴雯。晴雯接了，也撕了几半子，二人都大笑。麝月道："这是怎么说，拿我的东西开心儿?"宝玉笑道："打开扇子匣子你拣去，什么好东西!"麝月道："既这么说，就把匣子搬了出来，让他尽力的撕，岂不好?"宝玉笑道："你就搬去。"麝月道："我可不造这孽。他也没折了手，叫他自己搬去。"晴雯笑着，倚在床上说道："我也乏了，明儿再撕罢。"宝玉笑道："古人云，'千金难买一笑'，几把扇子能值几何!"一面说着，一面叫袭人。袭人才换了衣服走出来，小丫头佳蕙过来拾去破扇，大家乘凉，不消细说。

（选自　第三十一回　撕扇子作千金一笑　因麒麟伏白首双星）

❋ 原著练习

1. 在正确的读音下画横线：

筵席（yán xí　yàn xí）　　　　惭愧（cán kuì　cán guì）

玛瑙（mǎ lǎo　mǎ nǎo）　　　　害臊（hài sāo　hài sào）

晦气（huì qì　huǐ qì）　　　　麝月（shē yuè　shè yuè）

2. 按选段内容填空：

(1) 今日之筵，大家无兴散了，林黛玉倒不觉得，倒是宝玉心中（　　　　），回至自己房中（　　　　）。

(2) 宝玉听了这些话，气得（　　　　），因说道："你不用忙，将来有散的日子!"

(3) 袭人听了这话，又是（　　　　），又是（　　　　），待要说几句话，又见宝玉已经气的(　　　)，少不得自己忍了性子，(　　　)晴雯道。

(4)晴雯听见了这话，不觉又(　　　)起来，(　　　)说道："为什么我出去？要嫌我，变着法儿打发我出去，也不能够。"

(5)宝玉忙把袭人(　　　)，(　　　)了一声，在床上(　　　)，叫众人起去，向袭人道。

3. 判断：

(1)宝玉说晴雯是"蠢才"是因为她把扇子跌坏了。(　　　)

(2)袭人"挨窝心脚"是因为那天宝玉淋雨回家时，丫鬟们没有及时开门，宝玉非常生气，就对开门的人踢了一脚，没想到是袭人。(　　　)

(3)晴雯冷笑道："我原是糊涂人，那里配和我说话呢！"晴雯的意思是她配不上与宝玉说话。(　　　)

(4)宝玉非常讨厌晴雯，不喜欢她，所以要回太太去，撵走晴雯。(　　　)

(5)宝玉说，他猜着了晴雯的心思。他是真猜着了。(　　　)

4. 本选段中，晴雯多次对袭人冷嘲热讽，她是真讨厌袭人吗？她为什么对袭人说那些话呢？

5. 你见过吵架斗嘴吗？回忆一次吵架斗嘴场面，加上故事发生的起因和结果，写成一个故事。在故事的讲述中，像曹雪芹一样刻画出吵架斗嘴中的人物。

第六节　刘姥姥游大观园

（选自　第四十回　史太君两宴大观园　金鸳鸯三宣牙牌令）

前言：刘姥姥是贾府佣人周瑞以前买田地时认识的人。年关将近，因家中贫寒，刘姥姥到贾家拜访，请他们关照。刘姥姥曾两次带着外孙到过贾家，与贾家的太太、小姐、丫鬟们都比较熟悉了。大观园建成后，刘姥姥带着板儿又来到了这里，为这里增添了许多欢声笑语。

次日清早起来，可喜这日天气清朗。李纨侵晨先起，看着老婆子丫头们扫那些落叶，并擦抹桌椅，预备茶酒器皿。只见丰儿带了刘姥姥板儿进来，说"大奶奶倒忙的紧。"李纨笑道："我说你昨儿去不成，只忙着要去。"刘姥姥笑道："老太太留下我，叫我也热闹一天去。"丰儿拿了几把大小钥匙，说道："我们奶奶说了，外头的高几恐不够使，不如开了楼把那收着的拿下来使一天罢。奶奶原该亲自来的，因和太太说话呢，请大奶奶开了，带着人搬罢。"李氏便令素云接了钥匙，又令婆子出去把二门上的小厮叫几个来。李氏站在大观楼下往上看，令人上去开了缀（zhuì）锦阁，一张一张往下抬。小厮老婆子丫头一齐动手，抬了二十多张下来。李纨道："好生着，别慌慌张张鬼赶来似的，仔细碰了牙子。"又回头向刘姥姥笑道："姥姥，你也上去瞧瞧。"刘姥姥听说，巴不得一声儿，便拉了板儿登梯上去。进里面，只见乌压压的堆着些围屏、桌椅、大小花灯之类，虽不大认得，只见五彩炫耀，各有奇妙。念了几声佛，便出来了。然后锁上门，一齐才下来。李纨道："恐怕老太太高兴，越性把舡（chuán）上划子、篙（gāo）桨、遮阳幔（màn）子。都搬了下

高几：高脚的茶几。

刘姥姥是一个闲不住的农村妇女。

越性：干脆，索性。舡：同"船"。

来预备着。"众人答应，复又开了，色色的搬了下来。令小厮传驾娘们到舡坞(wù)里撑出两只船来。

　　正乱着安排，只见贾母已带了一群人进来了。李纨忙迎上去，笑道："老太太高兴，倒进来了。我只当还没梳头呢，才撷(xié)了菊花要送去。"一面说，一面碧月早捧过一个大荷叶式的翡翠盘子来，里面盛着各色的折枝菊花。贾母便拣了一朵大红的簪(zān)于鬓上。因回头看见了刘姥姥，忙笑道："过来带花儿。"一语未完，凤姐便拉过刘姥姥来，笑道："让我打扮你。"说着，将一盘子花横三竖四的插了一头。贾母和众人笑的不住。刘姥姥笑道："我这头也不知修了什么福，今儿这样体面起来。"众人笑道："你还不拔下来摔到他脸上呢，把你打扮的成了个老妖精了。"刘姥姥笑道："我虽老了，年轻时也风流，爱个花儿粉儿的，今儿老风流才好。"

　　说笑之间，已来至沁芳亭子上。丫鬟们抱了一个大锦褥(rù)子来，铺在栏杆榻板上。贾母倚柱坐下，命刘姥姥也坐在旁边，因问他："这园子好不好?"刘姥姥念佛说道："我们乡下人到了年下，都上城来买画儿贴。时常闲了，大家都说，怎么得也到画儿上去逛逛。想着那个画儿也不过是假的，那里有这个真地方呢。谁知我今儿进这园里一瞧，竟比那画儿还强十倍。怎么得有人也照着这个园子画一张，我带了家去，给他们见见，死了也得好处。"贾母听说，便指着惜春笑道："你瞧我这个小孙女儿，他就会画。等明儿叫他画一张如何?"刘姥姥听了，喜的忙跑过来，拉着惜春说道："我的姑娘，你这么大年纪儿，又这么个好模样，还有这个能干，别是神仙托生的罢。"

　　贾母少歇一回，自然领着刘姥姥都见识见识。先到了潇湘馆。一进门，只见两边翠竹夹路，土地下苍苔布满，中间

舡坞：船码头。

多么开心的场面啊！

刘姥姥不仅打扮滑稽可爱，而且她的语言也幽默。

从刘姥姥的语言中影射出后文的环境。

羊肠一条石子漫的路。刘姥姥让出路来与贾母众人走，自己却趍（qǐn）走土地。琥珀拉着他说道："姥姥，你上来走，仔细苍苔滑了。"刘姥姥道："不相干的，我们走熟了的，姑娘们只管走罢。可惜你们的那绣鞋，别沾脏了。"他只顾上头和人说话，不防底下果踬（cǎi）滑了，咕咚一跤跌倒。众人拍手都哈哈的笑起来。贾母笑骂道："小蹄子们，还不搀起来，只站着笑。"说话时，刘姥姥已爬了起来，自己也笑了，说道："才说嘴就打了嘴。"贾母问他："可扭了腰了不曾？叫丫头们捶一捶。"刘姥姥道："那里说的我这么娇嫩了。那一天不跌两下子，都要捶起来，还了得呢。"

紫鹃早打起湘帘，贾母等进来坐下。林黛玉亲自用小茶盘捧了一盖碗茶来奉与贾母。王夫人道："我们不吃茶，姑娘不用倒了。"林黛玉听说，便命丫头把自己窗下常坐的一张椅子挪到下首，请王夫人坐了。刘姥姥因见窗下案上设着笔砚（yàn），又见书架上磊（lěi）着满满的书，刘姥姥道："这必定是那位哥儿的书房了。"贾母笑指黛玉道："这是我这外孙女儿的屋子。"刘姥姥留神打量了黛玉一番，方笑道："这那像个小姐的绣房，竟比那上等的书房还好。"

> 刘姥姥的语言生动幽默，给大观园带来了许多欢笑。

<后语>

刘姥姥是一个性格开朗的农村妇女，很快就融入到大观园的氛围之中，给大观园带来了许多欢声笑语。她也是一个善良、知恩图报之人。

❖ 闲话少说

刘姥姥进大观园，为大观园带来了许多笑声，这与曹雪芹对刘姥姥这个人物刻画的成功是分不开的。

❋ 我观"红楼"：

善人刘姥姥

一身粗布衣，满脸皱纹，花白头发上被插满了鲜花，年逾古稀的农村老太太乐呵呵地行令、饮酒。她就是给大观园里带来很多欢笑的善人刘姥姥。

初进贾府

刘姥姥的女婿姓王，与贾府仆人周瑞曾有过交情，与王夫人娘家有家族关系。一年冬天，刘姥姥的女婿生活拮据，买不起孩子过冬的衣物，正当愁苦之际，刘姥姥想到去贾府找王夫人和王熙凤，看能不能得到一点救助。

一天，刘姥姥和外孙板儿来到贾府，在周瑞老婆的引荐下，见到了贾府当时当家的王熙凤，刘姥姥含羞说道，家里没有吃的，天气也冷起来了，孩子的冬衣还没着落。王熙凤是个精明的人，一听就明白了刘姥姥的意思，没等她把话说完，就赶紧说：不必说了，先吃饭吧。等刘姥姥吃完饭，王熙凤将太太给丫头们做衣裳的二十两银子交给她，刘姥姥高兴得浑身发痒："但俗语说的，'瘦死的骆驼比马大'，凭他怎样你老拔根寒毛比我们的腰还粗呢！"周瑞家的在旁边见她说话如此粗鄙，连忙向刘姥姥使眼色，叫她别说了。

刘姥姥从王熙凤那里领了二十两银子后，不仅对周瑞家的感恩不尽，当时就拿出一两银子要给周瑞家的表示谢意，还表达了对王熙凤的喜爱："心眼儿里爱还爱不过来"。

再进贾府

一年后，刘姥姥和板儿带着新鲜的瓜果蔬菜来到了贾府，表达她们一家对贾府的感恩之心。

在大观园里，刘姥姥得到了贾母等人的热情款待。她在那里不仅开了眼界，长了见识，还显得格外开心快乐。她笑道："我虽老了，年轻时也风流，爱个花儿粉儿的，今儿老风流才好。"坐在大观园的栏杆榻板上，刘姥姥感觉这里的风景比乡下人买的年画还漂亮，可见她多开心呀！在潇湘馆里，她看到林黛玉的笔墨纸砚，认为这是欲考功名的少爷公子哥的书房。潇湘馆让她开了眼，原来女孩也可以读书习字。

她们一路走来，一路笑声不断，特别是在秋爽斋的晓翠堂上，刘姥姥的一句"老刘，老刘，食量大似牛，吃一个老母猪不抬头"。加上"自己却鼓着腮不语"，惹得上上下下的人都哈哈大笑起来，有喷饭的，有喷茶的，有喊揉肠子的，有大喊哎哟的……

刘姥姥就这样开心地在大观园里住了几天。离开时，王熙凤不仅送衣服、布匹、瓜果、粮食，还送给她可以做小本买卖的银子，就连平儿也送了不少东西。平儿还说："你只管睡你的去。我替你收拾妥当了，就放在这里，明儿一早打发小厮们雇辆车装上，不用你费一点心的。"刘姥姥越发感激不尽。

感恩贾府

有了上次贾府的救助，刘姥姥很久没有到贾府来了，但时常关注贾府的情况。当听到贾母去世时，她天没亮就赶着进城，再次走进贾府。见到王熙凤，她说："昨日又听说老太太没有了。我在地里打豆子，听见了这话，唬的连豆子都拿不起来了，就在地里狠狠的哭了一大场。我和女婿说：'我也顾不得你们了，不管真话谎话，我是要进城瞧瞧去的。'我女儿女婿也不是没良心的，听见了也哭了一回子。"刘姥姥见着王熙凤骨瘦如柴，神情恍惚，心里也就悲惨起来。探望过凤姐，不及饮茶，先急着叫人带去"请太太的安，哭哭老太太去罢"。

当晚，刘姥姥连夜出城，为王熙凤祷告减病去了。忠诚善良的刘姥姥的祷告终不能改变王熙凤的命运，王熙凤最终含泪而亡。不过，刘姥姥在巧姐被迫外嫁的关键时刻救救了巧姐。平儿向刘姥姥告知了巧姐要被卖的详情，刘姥姥道："我就把姑娘藏起来，即刻叫我女婿弄了人，叫姑娘亲笔写个字儿，赶到姑老爷那里，少不得他就来了。"最后，平儿将巧姐装作青儿的模样，用车将巧姐送到刘姥姥家。巧姐和平儿在刘姥姥家住下来，并且得到了乡亲们的关照，其中有一个极富的人家，还看上了巧姐，要迎娶巧姐。

一日，板儿进城打听到贾府得到了皇上的旨意，返还了以前没收的财产，贾政等人也官复原职。巧姐又回到了贾府。

♣ "红楼"技法：

过渡让文章更流畅

　　过渡就是承上启下，连接上下文，使文章表达更流畅，层次更分明。写文章时，为了服务中心，有时需要写几件事、几个场景或者几个地点，这时就需要用上过渡词句（段），使各部分连接自如，行文流畅。

　　《红楼梦》中，"刘姥姥游大观园"是非常经典的一部分内容。它不仅给读者展示了奢华无比的大观园，还展示了可亲可爱的刘姥姥及贾府一家和谐美好的生活。大观园内，场馆多，景致美，人物各异，生活丰富。在描写中，过渡词句运用得体，转换馆舍，移步观景，或坐或行，或酒或茶，如行云流水，读起来让人身临其境，倍感亲切，不枯燥。

地点体现

　　直接在过渡中使用体现地点或位置的词语。这些词语用在过渡句中，让读者阅读时能清晰地看到地理位置的变化，从而起到过渡的作用。

　　描写刘姥姥游大观园时，多次直接用体现位置的词语来承上启下。"李氏站在大观楼下往上看，令人上去开了坠锦阁，一张一张往下抬。"刘姥姥就是从大观楼这里开始参观、游玩大观园。刘姥姥到锦阁楼看见"五彩炫耀，各有奇妙"的东西，念了几声佛，就赶紧下来了。这里的东西太多，太漂亮了，刘姥姥从来没见过。

　　"说笑间，已来至沁芳亭子上。"凤姐听说，便回身同探春、李纨、鸳鸯、琥珀带着端饭的人等，抄着近路到了秋爽斋，就在小翠堂上调开桌椅。"凤姐儿等来至探春房中，只见他娘儿们正说笑。""贾母忙命拢岸，顺着云步石梯上去，一同进了蘅芜苑。"这些过渡句中明显有许多表示地点和位置的词。

总结式承启

　　先概括上文内容，再引出下文。过渡时，先对前面的内容进行简短总结，总结的词句不必多，几个字就行，如"正乱着""一时吃毕"等等。

李纨安排大家取下高几和划子、篙桨等划船设备，准备安排人到船坞里撑出两只船时，贾母带人到大观园游玩来了。曹雪芹如此过渡："正乱着安排，只见贾母已带了一群人进来了。"接着，"李纨忙迎上去"，开始陪同贾母、刘姥姥等人游玩了。在小翠堂上开心过后，"一时吃毕，贾母等都往探春卧室中去说闲话"。

暂停式承启

暂停式的承接，让读者舒缓一口气，准备下一阶段的阅读。转换地点时，用另外一种形态承上启下，比如："说笑之间""少歇一回""说着"等等。过渡时，不提上面的内容，只是暂停一下，然后接着进行后面的描写。

在大观园游玩中，她们在"说笑之间"就到了沁芳亭，在"少歇一回"后，就很自然地领着刘姥姥见识见识另外的馆舍。她们在潇湘馆"说笑一会"后，贾母要求给潇湘馆换窗纱；在探春房里，她们继续说笑，最后"说着，众人都笑了，一齐出来"，没走多远，就到了荇叶渚。

语言过渡

在过渡时，除了上面的描述性过渡之外，还可以通过人物的语言来承上启下，实现过渡。这些语言内容带有明显的承上启下的意思。

贾母领着刘姥姥一行在潇湘馆聊一会后，起身笑道："这屋里窄，再往别处逛去。"说着她们就离开了潇湘馆，远远望见池中一群人在那里撑船。贾母道："他们既预备下船，咱们就坐。"凤姐根据贾母安排，抄近路来到探春住的秋爽斋，为大家在秋爽斋吃饭说笑做准备。

从秋爽斋出来，贾母等乘船来到了花溆的萝港之下，贾母问："这是你薛姑娘的屋子不是?"贾母忙命拢岸，顺着云步石梯上去，一同进了薛宝钗住的蘅芜苑。在那里开始行令喝酒，说笑话。鸳鸯与刘姥姥行令，鸳鸯道"左边'四四'是个人"，刘姥姥说"是个庄家人罢"；鸳鸯说"中间'三四'绿配红"，刘姥姥道"大火烧了毛毛虫"；鸳鸯说"右边'幺四'真好看"，刘姥姥道"一个萝葡一头蒜"；鸳鸯说"凑成便是一枝花"，刘姥姥道"花儿落了结个大倭瓜"。刘姥姥一边比划一边回鸳鸯，再次引得众人哄堂大笑。

☀ **趣味链接：**

刘姥姥吃"鸡蛋"

　　只见一个媳妇端了一个盒子站在当地，一个丫鬟上来揭去盒盖，里面盛着两碗菜。李纨端了一碗放在贾母桌上。凤姐儿偏拣了一碗鸽子蛋放在刘姥姥桌上。贾母这边说声"请"，刘姥姥便站起身来，高声说道："老刘，老刘，食量大似牛，吃一个老母猪不抬头。"自己却鼓着腮不语。

　　众人先是发怔，后来一听，上上下下都哈哈的大笑起来。史湘云撑不住，一口饭都喷了出来；林黛玉笑岔了气，伏着桌子叫"嗳哟"；宝玉早滚到贾母怀里，贾母笑的搂着宝玉叫"心肝"；王夫人笑的用手指着凤姐儿，只说不出话来；薛姨妈也撑不住，口里茶喷了探春一裙子；探春手里的饭碗都合在迎春身上；惜春离了坐位，拉着他奶母叫揉一揉肠子。地下的无一个不弯腰屈背，也有躲出去蹲着笑去的，也有忍着笑上来替他姊妹换衣裳的，独有凤姐鸳鸯二人撑着，还只管让刘姥姥。

　　刘姥姥拿起箸来，只觉不听使，又说道："这里的鸡儿也俊，下的这蛋也小巧，怪俊的。我且肏攮一个。"众人方住了笑，听见这话又笑起来。贾母笑的眼泪出来，琥珀在后捶着。贾母笑道："这定是凤丫头促狭鬼儿闹的，快别信他的话了。"那刘姥姥正夸鸡蛋小巧，要肏攮一个，凤姐儿笑道："一两银子一个呢，你快尝尝罢，那冷了就不好吃了。"刘姥姥便伸箸子要夹，那里夹的起来，满碗里闹了一阵好的，好容易撮起一个来，才伸着脖子要吃，偏又滑下来滚在地下，忙放下箸子要亲自去捡，早有地下的人捡了出去了。刘姥姥叹道："一两银子，也没听见个响声儿就没了。"众人已没心吃饭，都看着他笑。

　　（选自　第四十回　史太君两宴大观园　金鸳鸯三宣牙牌令）

✳ 原著练习

1. 在正确的读音下画横线：

高几(gāo jī   gāo jǐ)   钥匙(yào shì   yào shi)

篙桨(gāo jiǎng   hāo jiǎng)   舡坞(chuán wū   chuán wù)

簪子(zān zi   zhān zi)   琥珀(hǔ bó   hǔ pò)

2. 按选段内容填空：

(1)刘姥姥听说，巴不得一声儿，便（   ）了板儿（   ）上去。

(2)一语未完，凤姐便（   ）刘姥姥，笑道："让我打扮你。"

(3)丫鬟们（   ）了一个大锦褥子来，（   ）在栏杆榻板上。

(4)一进门，只见（   ）翠竹夹路，（   ）下苍苔布满，（   ）羊肠一条石子漫的路。

(5)说话时，刘姥姥已（   ）起来，自己也（   ），说道："才说嘴就打了嘴。"

3. 判断：

(1)这次刘姥姥带了青儿来游大观园。（   ）

(2)贾母和刘姥姥用菊花打扮自己。（   ）

(3)贾母要惜春给刘姥姥画大观园。（   ）

(4)刘姥姥看见窗下案上设着笔砚，书架上还有很多书，就说这是公子哥儿的书房。这位公子哥是贾宝玉，当时是在怡红院。（   ）

(5)在大观园里喝酒行令时，刘姥姥也参加了，当鸳鸯说："中间'三四'绿配红"时，刘姥姥对道："大火烧了毛毛虫。"（   ）

4. 这次刘姥姥进大观园，曹雪芹在原著中用四回的篇目来介绍，可见内容的重要性。刘姥姥给你留下的印象是什么？结合原著中那四回的内容说说吧。

5. 在生活中你会遇到一些特别喜欢说笑的人。选其中的一个人，通过他(她)的语言表现他(她)的幽默，以及他(她)给大家带来的快乐。

第七节　香菱学诗

（选自　第四十八回　滥情人情误思游艺　慕雅女雅集苦吟诗）

前言：薛蟠外出做生意，其强买来的香菱以照顾陪伴宝钗为名进入了大观园与宝钗同住。香菱进入大观园，是想借机学诗。入住的当天晚上，香菱就去潇湘馆，拜黛玉为师，从她那里借了王维的诗集。按黛玉的要求和方法，她很快就将王维的诗集读完了。

一日，黛玉方梳洗完了，只见香菱笑吟吟的送了书来，又要换杜律。黛玉笑道："共记得多少首？"香菱笑道："凡红圈选的我尽读了。"黛玉道："可领略了些滋味没有？"香菱笑道："领略了些滋味，不知可是不是，说与你听听。"黛玉笑道："正要讲究讨论，方能长进。你且说来我听。"

香菱笑道："据我看来，诗的好处，有口里说不出来的意思，想去却是逼真的。有似乎无理的，想去竟是有理有情的。"黛玉笑道："这话有了些意思，但不知你从何处见得？"香菱笑道："我看他《塞上》一首，那一联云：'大漠孤烟直，长河落日圆。'想来烟如何直？日自然是圆的。这'直'字似无理，'圆'字似太俗。合上书一想，倒像是见了这景的。若说再找两个字换这两个，竟再找不出两个字来。再还有'日落江湖白，潮来天地青'，这'白''青'两个字也似无理。想来，必得这两个字才形容得尽，念在嘴里倒像有几千斤重的一个橄榄。还有'渡头馀落日，墟里上孤烟'，这'馀'字和'上'字，难为他怎么想来！我们那年上京来，那日下晚便湾住船，岸上又没有人，只有几棵树，远远的几家人家作晚饭，那个烟竟是碧青，连云直上。谁知我昨日晚上读了这

曹雪芹：积极讨论，说出自己的理解，这是一个好的学习方法。

联系实际理解，很好！

两句，倒像我又到了那个地方去了。"

正说着，宝玉和探春也来了，也都入坐听他讲诗。宝玉笑道："既是这样，也不用看诗。会心处不在多，听你说了这两句，可知'三昧'你已得了。"黛玉笑道："你说他这'上孤烟'好，你还不知他这一句还是套了前人来的。我给你这一句瞧瞧，更比这个淡而现成。"说着便把陶渊明的"暧暧远人村，依依墟里烟"翻了出来，递与香菱。香菱瞧了，点头叹赏，笑道："原来'上'字是从'依依'两个字上化出来的。"宝玉大笑道："你已得了，不用再讲，越发倒学杂了。你就作起来，必是好的。"探春笑道："明儿我补一个柬来，请你入社。"香菱笑道："姑娘何苦打趣我，我不过是心里羡慕，才学着顽罢了。"

这是要出版发行吗？

探春黛玉都笑道："谁不是顽？难道我们是认真作诗呢！若说我们认真成了诗，出了这园子，把人的牙还笑倒了呢。"宝玉道："这也算自暴自弃了。前日我在外头和相公们商议画儿，他们听见咱们起诗社，求我把稿子给他们瞧瞧。我就写了几首给他们看看，谁不真心叹服。他们都抄了刻去了。"探春黛玉忙问道："这是真话么？"宝玉笑道："说谎的是那架上的鹦哥。"黛玉探春听说，都道："你真真胡闹！且别说那不成诗，便是成诗，我们的笔墨也不该传到外头去。"宝玉道："这怕什么！古来闺阁中的笔墨不要传出去，如今也没有人知道了。"说着，只见惜春打发了入画来请宝玉，宝玉方去了。

边学边练，学练结合。

香菱又逼着黛玉换出杜律来，又央黛玉探春二人："出个题目，让我诌去，诌了来，替我改正。"黛玉道："昨夜的月最好，我正要诌一首，竟未诌成，你竟作一首来。十四寒的韵，由你爱用那几个字去。"

香菱听了，喜的拿回诗来，又苦思一回作两句诗，又舍不得杜诗，又读两首。如此茶饭无心，坐卧不定。宝钗道："何苦自寻烦恼。都是颦儿引的你，我和他算帐去。你本来呆头呆脑的，再添上这个，越发弄成个呆子了。"香菱笑道："好姑娘，别混我。"一面说，一面作了一首，先与宝钗看。宝钗看了笑道："这个不好，不是这个作法。你别怕臊，只管拿了给他瞧去，看他是怎么说。"香菱听了，便拿了诗找黛玉。

黛玉看时，只见写道是：

月挂中天夜色寒，清光皎皎影团团。

诗人助兴常思玩，野客添愁不忍观。

翡翠楼边悬玉镜，珍珠帘外挂冰盘。

良宵何用烧银烛，晴彩辉煌映画栏。

黛玉笑道："意思却有，只是措词不雅。皆因你看的诗少，被他缚住了。把这首丢开，再作一首，只管放开胆子去作。"

香菱听了，默默的回来，越性连房也不入，只在池边树下，或坐在山石上出神，或蹲在地下抠土，来往的人都诧异。李纨、宝钗、探春、宝玉等听得此信，都远远的站在山坡上瞧着他。只见他皱一回眉，又自己含笑一回。

宝钗笑道："这个人定要疯了！昨夜嘟嘟哝哝直闹到五更天才睡下，没一顿饭的工夫天就亮了。我就听见他起来了，忙忙碌碌梳了头就找颦儿去。一回来了，呆了一日，作了一首又不好，这会子自然另作呢。"宝玉笑道："这正是'地灵人杰'，老天生人再不虚赋情性的。我们成日叹说可惜他这么个人竟俗了，谁知到底有今日。可见天地至公。"宝钗笑道："你能够像他这苦心就好了，学什么有个不成的。"宝玉不答。

只见香菱兴兴头头的又往黛玉那边去了。探春笑道：

香菱是怎样学习的？从哪些词句可以看出来呢？

"咱们跟了去，看他有些意思没有。"说着，一齐都往潇湘馆来。只见黛玉正拿着诗和他讲究。众人因问黛玉作的如何。黛玉道："自然算难为他了，只是还不好。这一首过于穿凿了，还得另作。"

众人因要诗看时，只见作道：

非银非水映窗寒，试看晴空护玉盘。

淡淡梅花香欲染，丝丝柳带露初干。

只疑残粉涂金砌，恍若轻霜抹玉栏。

梦醒西楼人迹绝，馀容犹可隔帘看。

宝钗笑道："不像吟月了，月字底下添一个'色'字倒还使得，你看句句倒是月色。这也罢了，原来诗从胡说来，再迟几天就好了。"

香菱：没关系，我不会放弃努力的。

香菱自为这首妙绝，听如此说，自己扫了兴，不肯丢开手，便要思索起来。因见他姊妹们说笑，便自己走至阶前竹下闲步，挖心搜胆，耳不旁听，目不别视。一时探春隔窗笑说道："菱姑娘，你闲闲罢。"香菱怔怔答道："'闲'字是十五删的，你错了韵了。"众人听了，不觉大笑起来。宝钗道："可真是诗魔了。都是颦儿引的他！"黛玉道："圣人说，'诲人不倦'，他又来问我，我岂有不说之理。"李纨笑道："咱们拉了他往四姑娘房里去，引他瞧瞧画儿，叫他醒一醒才好。"

画缯：有图的丝织品。

说着，真个出来拉了他过藕香榭，至暖香坞中。惜春正乏倦，在床上歪着睡午觉，画缯（zēng）立在壁间，用纱罩着。众人唤醒了惜春，揭纱看时，十停方有了三停。香菱见画上有几个美人，因指着笑道："这一个是我们姑娘，那一个是林姑娘。"探春笑道："凡会作诗的都画在上头，快学罢。"说着，顽笑了一回。

各自散后，香菱满心中还是想诗。至晚间对灯出了一回神，至三更以后上床卧下，两眼鳏（guān）鳏，直到五更方才朦胧睡去了。一时天亮，宝钗醒了，听了一听，他安稳睡了，心下想："他翻腾了一夜，不知可作成了？这会子乏了，且别叫他。"正想着，只听香菱从梦中笑道："可是有了，难道这一首还不好？"宝钗听了，又是可叹，又是可笑，连忙唤醒了他，问他："得了什么？你这诚心都通了仙了。学不成诗，还弄出病来呢。"一面说，一面梳洗了，会同姊妹往贾母处来。

原来香菱苦志学诗，精血诚聚，日间做不出，忽于梦中得了八句。梳洗已毕，便忙录出来，自己并不知好歹，便拿来又找黛玉。刚到沁芳亭，只见李纨与众姊妹方从王夫人处回来，宝钗正告诉他们说他梦中作诗说梦话。众人正笑，抬头见他来了，便都争着要诗看。

> 香菱：你们有过梦里背书写作文的经历吗？

<后语>

大家看了香菱作的这首诗后，都说不仅好，而且新巧有意趣，还邀请香菱以后参加他们诗社的活动。后来，香菱遇到多才的史湘云，又向她请教作诗。

❖ 闲话少说

香菱从小被拐走，养大后又被卖掉。她没有读过书，但她想学习，并且勤奋刻苦忘我地学，最后得到大家的肯定。真是功夫不负有心人。

✳ 我观"红楼"：

学习不分出身

香菱的命运十分坎坷。在《红楼梦》里，她是金陵十二钗副册中第一位出场的，最后退场的。她本是乡宦人家甄士隐的女儿，乳名英莲。四岁那年元宵节，在看社火花灯时因其家奴霍启看护不当而被拐子拐走。养大后被养父卖给金陵公子冯渊，中途却被薛蟠抢回去做小妾，宝钗给她起名叫香菱。

有幸学诗

一次，薛蟠出门远行做生意，香菱得到了进大观园的机会。宝钗知道香菱羡慕大观园的生活，就对其母说："妈既有这些人作伴，不如叫菱姐姐和我作伴去。我们园里又空，夜长了，我每夜作活，越多一个人岂不越好。"香菱进园后，笑着对宝钗说："好姑娘，你趁着这个工夫教给我作诗罢。"

宝钗自己虽然懂得不少诗画，但她的骨子里还是"女子无才便是德"的思想。她不主张香菱学诗，她认为男人才应该学习，考取功名。在与宝玉成亲后，她就一直主张宝玉应按照其父贾政的要求读书考取功名。林黛玉则不同，她从不主张宝玉去考取功名。香菱进园的当天晚上，就独自去潇湘馆，拜林黛玉为师，语气还不一般："我这一进来了，也得了空儿，好歹教给我作诗，就是我的造化了！"还说"你可不许腻烦的。"香菱对师傅还提出了要求，不管怎样都要教她作诗，还不能不耐烦，要对她诲人不倦。可见香菱学诗心切与心诚至深了。

香菱学得也非常认真。林黛玉讲一遍，她就能抓住要点，诗词虽有"一三五不论、二四六分明""平仄虚实"之说，但有时也有"不以词害意"，取其新奇为上。林黛玉建议香菱从王维的五言律诗开始学起，熟读一百首五言律诗后，再读二百首杜甫的七言律诗、二百首李白的七言绝句，最后再去读陶渊明等人的诗词文章。

香菱拿了王维的律诗之后，"诸事不顾，只向灯下一首一首的读起来。宝钗连催他数次睡觉，他也不睡"。很快，香菱将黛玉借给她的诗就读完了，对古诗也有了自己的理解。一天，她笑着对林黛玉说："据我看来，诗的好处，有口里说不出来的意思，想去却是逼真的，有似乎无理的，想去竟是有理有情的。"

勤奋作诗

香菱在大观园里虽然身份地位比不上林黛玉、薛宝钗等，但有这样的学习机会，她非常珍惜，大观园内到处留下她想诗的场景，"越性连房也不入，只在池边树下，或坐在山石上出神，或蹲在地下抠土，来往的人都诧异"。一天，"自己走至阶前竹下闲步，挖心搜胆，耳不旁听，目不别视。一时探春隔窗笑说道：'菱姑娘，你闲闲罢。'香菱怔怔答道：'闲字是十五删的，你错了韵了。'"她甚至连做梦都在想诗："只听香菱从梦中笑道：'可是有了，难道这一首还不好？'"

香菱苦志学诗，精血诚聚，日间不能做出，忽于梦中得了八句："精华欲掩料应难，影自娟娟魄自寒。一片砧敲千里白，半轮鸡唱五更残。绿蓑江上秋闻笛，红袖楼头夜倚栏。博得嫦娥应借问，缘何不使永团圆！"这是一首根据林黛玉出的题目，完成的带十四寒韵咏月的诗。香菱此前写了一首，大家认为还不妥当。香菱就再次思考，并从梦中得出了这八句话。大家看后，笑道："这首不但好，而且新巧有意趣。"正所谓"天下无难事，只怕有心人"。从此，香菱也有参加大观园诗社活动的资格了。

学习榜样

香菱学诗取得了一定的成绩，其学诗的行为也成为了大家称颂的话题。一次，探春在说诗社活动时，就说即使原来不会诗也没关系，"你看香菱就知道了"。香菱原不会作诗，经过她自己的努力，现在也能作诗了。只要有作诗的想法，都可以学会作诗，可以加入到诗社。宝钗也对宝玉说，希望他认真读书，希望他像香菱学诗一样，勤奋学习功课："你能够像他这苦心就好了，学什么有个不成的？"

香菱学诗给读者留下了深刻的印象，不仅是因为她学有所成，还因为她勤奋好学。不过，香菱的命运并没有因为作诗而改变。薛蟠回家后，娶了夏家小姐金桂为妻，香菱受尽了折磨，改名、挨打、挨骂，甚至差一点被夏金桂毒死。夏金桂作茧自缚，弄巧成拙，害人害己，最后把自己毒死了。薛蟠认识到错怪了香菱，于是将香菱扶正。后来，可怜的香菱难产而死。

♣ "红楼"技法：

言之有物

说话或写文章最需要言之有物、言之有序，即按照一定的顺序把自己需要表达的内容描述出来，让读者能了解作者的表达意图。"香菱学诗"这部分内容让我们清楚地知道了香菱学诗的经历。

愿 望 强

香菱学诗的愿望非常强烈。

当她知道可以到大观园里和薛宝钗住在一起时，她就高兴地说，趁着这功夫，要薛宝钗教她作诗，并且告诉宝钗，她早就有这个想法了。她明确地告诉宝钗，她不是到大观园里来玩的。她到大观园后，第一天晚上就去林黛玉那里，拜黛玉为师："我这一进来了，也得了空儿，好歹教给我作诗。"并且跟黛玉说"不许腻烦"，要耐心地教她写诗。

师 生 议

拜完师后，师徒就开始教学了。

林黛玉先是鼓励一番，说学诗也不是什么难事，学习起来比较简单。"什么难事，也值得去学！"林黛玉告诉香菱，学诗应先知道一些基本规则，写诗其实就是"起承转合，当中承转是两副对子，平声对仄声，虚的对实的，实的对虚的"。写作中描写教和学时，应该要有实实在在的教和学的内容。比如，香菱听后说道，她以前读过一本古诗，有对的工整的，也有对不上的，没有严格按"一三五不论，二四六分明。""原来这些格调规矩竟是末事，只要词句新奇为上。"黛玉说："第一立意要紧。若意趣真了，连词句不用修饰，自是好的，这叫做'不以词害意'。"这就是实实在在的学习，师生一起研讨作诗的规则与立意的关系。

林黛玉还推心置腹地与香菱交流，毫无保留地告诉她自己学诗的经验。学诗应先读王维的五言律诗，再读杜甫的七言律诗和李白的七言绝句，等有了这三个人的底子后，再去读陶渊明等人的作品。黛玉最后还不忘鼓励香菱，说"你又是一个极聪敏伶俐的人，不用一年的功夫，不愁不是诗翁了！"

重 在 学

交流探讨后，香菱还得扎扎实实地学。

我们一起来看看香菱是怎样学诗的。"香菱拿了诗，回至蘅芜苑中，诸事不顾，只向灯下一首一首的读起来。"这是直接描写她学诗的状态。

香菱很快就看完了王维的诗集，到林黛玉处换杜甫的七言律诗。香菱在和黛玉研讨时，全程用了八个"笑"字。从这八个"笑"字里，我们仿佛看到了她在学诗、记诗时是何等的开心。她笑着说，凡是林黛玉圈选的诗歌，她全部读了，并领略了其中的一些滋味。

在练习作诗时，香菱陶醉其中。我们看直接描写："香菱听了，喜的拿回诗来，又苦思一回作两句诗，又舍不得杜诗，又读两首。如此茶饭无心，坐卧不定。"当香菱好不容易完成一首诗交给黛玉看，黛玉说："意思却有，只是措词不雅。"建议她重新写一首，"只管放开胆子去作"。香菱听了，默默地回来后，"越性连房也不入，只在池边树下，或坐在山石上出神，或蹲在地下抠土"。当探春劝她闲一闲时，她还"怔怔答道：'闲'字是十五删的，你错了韵了"等等。

为了突出香菱爱学习，除了直接描写，作者还通过旁人对她的评价和描述来体现。

首先我们来看与她住在一起的薛宝钗是怎样描述她学诗的。学诗之初，"宝钗连催他数次睡觉，他也不睡。宝钗见他这般苦心，只得随他去了。"香菱开始作诗时，宝钗说，她本来有些呆头呆脑的，学诗之后，越发成了个呆子了。后来，宝钗还说她疯了，入魔了。"昨夜嘟嘟哝哝直闹到五更天才睡下。"李纨、探春、宝玉等人看见香菱学诗的样子都很诧异："都远远的站在山坡上瞧着他。只见他皱一回眉，又自己含笑一回。"

终于，功夫不负有心人，香菱在梦中写了一首好诗，得到了大家的认可："这首不但好，而且新巧有意趣。可知俗语说'天下无难事，只怕有心人'。社里一定请你了。"这就是香菱学诗的结果，既有成果的罗列，也有大家的赞赏。

写文章，就是要言之有物，内容具体，恰当地运用直接描写和间接描写把事情的经过写出来。

♨ 趣味链接：

我们都有雅号了

黛玉道："既然定要起诗社，咱们都是诗翁了，先把这些姐妹叔嫂的字样改了才不俗。"李纨道："极是，何不大家起个别号，彼此称呼则雅。我是定了'稻香老农'，再无人占的。"

探春笑道："我就是'秋爽居士'罢。"宝玉道："居士、主人到底不恰，且又累赘。这里梧桐芭蕉尽有，或指梧桐芭蕉起个倒好。"探春笑道："有了，我最喜芭蕉，就称'蕉下客'罢。"众人都道别致有趣。黛玉笑道："你们快牵了他去，炖了脯子吃酒。"众人不解，黛玉笑道："古人曾云'蕉叶覆鹿'。他自称'蕉下客'，可不是一只鹿了？快做了鹿脯来。"众人听了都笑起来。

探春因笑道："你别忙中使巧话来骂人，我已替你想了个极当的美号了。"又向众人道："当日娥皇女英洒泪在竹上成斑，故今斑竹又名湘妃竹。如今他住的是潇湘馆，他又爱哭，将来他想林姐夫，那些竹子也是要变成斑竹的。以后都叫他做'潇湘妃子'就完了。"大家听说，都拍手叫妙，林黛玉低了头方不言语。李纨笑道："我替薛大妹妹也早已想了个好的，也只三个字。"惜春迎春都问是什么。李纨道："我是封他为'蘅芜君'，不知你们以为如何。"探春笑道："这个封号极好。"宝玉道："我呢？你们也替我想一个。"宝钗笑道："你的号早有了，'无事忙'三字恰当的很。"李纨道："你还是你的旧号'绛洞花主'就好。"宝玉笑道："小时候干的营生，还提他作什么。"探春道："你的号多的很，又起什么。我们爱叫你什么，你就答应着就是了。"宝钗道："还得我送你个号罢。有最俗的一个号，却于你最当。天下难得的是富贵，又难得的是闲散，这两样再不能兼有，不想你兼有了，就叫你'富贵闲人'也罢了。"宝玉笑道："当不起，当不起，倒是随你们混叫去罢。"李纨道："二姑娘四姑娘起个什么号？"迎春道："我们又不大会诗，白起个号作什么？"探春道："虽如此，也起个才是。"宝钗道："他住的是紫菱洲，就叫他'菱洲'；四丫头在藕香榭，就叫他'藕榭'就完了。"

　　李纨道："就是这样好。但序齿我大，你们都要依我的主意，管情说了大家合意。我们七个人起社，我和二姑娘四姑娘都不会作诗，须得让出我们三个人去。我们三个人各分一件事。"探春笑道："已有了号，还只管这样称呼，不如不有了。以后错了，也要立个罚约才好。"李纨道："立定了社，再定罚约。我那里地方大，竟在我那里作社。我虽不能作诗，这些诗人竟不厌俗客，我作个东道主人，我自然也清雅起来了。若是要推我作社长，我一个社长自然不够，必要再请两位副社长，就请菱洲藕榭二位学究来，一位出题限韵，一位誊录监场。亦不可拘定了我们三个人不作，若遇见容易些的题目韵脚，我们也随便作一首。你们四个却是要限定的。若如此便起，若不依我，我也不敢附骥了。"迎春惜春本性懒于诗词，又有薛林在前，听了这话便深合己意，二人皆说"极是"。

　　探春等也知此意，见他二人悦服，也不好强，只得依了。因笑道："这话也罢了，只是自想好笑，好好的我起了个主意，反叫你们三个来管起我来了。"宝玉道："既这样，咱们就往稻香村去。"李纨道："都是你忙，今日不过商议了，等我再请。"宝钗道："也要议定几日一会才好。"探春道："若只管会的多，又没趣了。一月之中，只可两三次才好。"宝钗点头道："一月只要两次就够了。拟定日期，风雨无阻。除这两日外，倘有高兴的，他情愿加一社的，或情愿到他那里去，或附就了来，亦可使得，岂不活泼有趣。"众人都道："这个主意更好。"

　　探春道："只是原系我起的意，我须得先作个东道主人，方不负我这兴。"李纨道："既这样说，明日你就先开一社如何？"探春道："明日不如今日，此刻就很好。你就出题，菱洲限韵，藕榭监场。"迎春道："依我说，也不必随一人出题限韵，竟是拈阄公道。"李纨道："方才我来时，看见他们抬进两盆白海棠来，倒是好花。你们何不就咏起他来？"迎春道："都还未赏，先倒作诗。"宝钗道："不过是白海棠，又何必定要见了才作。古人的诗赋，也不过都是寄兴写情耳。若都是等见了作，如今也没这些诗了。"

　　迎春道："既如此，待我限韵。"说着，走到书架前抽出一本诗来，随手一揭，这首竟是一首七言律，递与众人看了，都该作七言律。迎春掩了诗，又向一个小丫头道："你随口说一个字来。"那丫头正倚门立着，便说了个"门"字。迎春笑道:"就是门字韵,'十三元'了。头一个韵定要这'门'字。"说着,又要了韵牌匣子过来,抽出"十三元"一屉,又命那小丫头随手拿四块。那丫头便拿了"盆""魂""痕""昏"四块来。宝玉道:"这'盆''门'两个字不大好作呢!"

待书一样预备下四份纸笔,便都悄然各自思索起来。

(选自　第三十七回　秋爽斋偶结海棠社　蘅芜苑夜拟菊花题)

❋ 原著练习

1. 在正确的读音下画横线:

羡慕(xiàn mù　xiàn mò)　　　　闺阁(guī gé　kuī gé)

诌诗(zōu shī　zhōu shī)　　　　抠土(kōu tǔ　ōu tǔ)

画缯(huà cēng　huà zēng)　　　朦胧(mēng lóng　méng lóng)

2. 按选段内容填空:

(1)香菱笑道:"据我看来,诗的好处,有口里(　　　)不出来的意思,想去却是(　　　)。有似乎无理的,想去竟是(　　　　)的。"

(2)香菱瞧了,(　　)叹赏,笑道:"原来'上'字是从(　　　)两个字上化出来的。"

(3)香菱听了,默默的回来,越性连房也不入,只在池边树下,或(　　　)在山石上出神,或(　　　)在地下抠土,来往的人都(　　　)。

(4)(香菱)因见他姊妹们说笑,便自己走至阶前竹下(　　　),挖心搜胆,(　　　)不旁听,(　　　)不别视。

(5)宝钗听了,又是(　　),又是(　　),连忙(　　)了他。

3. 判断:

(1)香菱住到大观园,陪伴薛宝钗的第一天就去拜黛玉为师。(　　　)

(2)林黛玉要香菱从王维的五言律诗开始学起,再学杜甫的七言律诗,再是李白的七言绝句,最后再读陶渊明等人的文章。(　　　)

(3)"大漠孤烟直,长河落日圆"是王维写的诗句。(　　　)

(4)林黛玉说:"圣人说,诲人不倦,他又来问我,我岂有不说之理。"这里

的圣人是指孔子。(　　)

(5)选段中，有一个人对宝玉说："你能够像他这苦心就好了，学什么有个不成的。"这里的"他"是指香菱，这个人是林黛玉。(　　)

4. 香菱如此刻苦学习，请你对她说几句吧。

5. 你周围有勤奋学习的人吗？你自己也是一位勤奋努力的好孩子吧！模仿香菱学诗的写法，试一试把自己或他人勤奋刻苦学习的场景写出来。

第八节　闹元宵

（选自　第五十四回　史太君破陈腐旧套　王熙凤效戏彩斑衣）

前言：春节和元宵节在贾府是比较热闹的两大节日。春节，他们要进宫朝贺，拜见皇妃，祭祀祖先，所有的仪式都非常隆重严谨，不得有任何差池；而元宵节则不同，是一个"闹"字为先。按传统，正月十五那天是贾母回请大家吃饭的日子。那天晚上，贾母在大花厅摆了十多桌，宴请荣宁二府的子侄孙辈们。同时，为了热闹，还请了小戏班唱戏助兴，边吃边听戏，边喝酒边说笑话。

当下贾蓉夫妻二人捧酒一巡，凤姐儿因见贾母十分高兴，便笑道："趁着女先儿们在这里，不如叫他们击鼓，咱们传梅，行一个'春喜上眉梢'的令如何？"贾母笑道："这是个好令，正对时对景。"忙命人取了一面黑漆铜钉花腔令鼓来，与女先儿们击着，席上取了一枝红梅。贾母笑道："若到谁手里住了，吃一杯，也要说个什么才好。"凤姐儿笑道："依我说，谁像老祖宗要什么有什么呢。我们这不会的，岂不没意思。依我说也要雅俗共赏，不如谁输了谁说个笑话罢。"众人听了，都知道他素日善说笑话，最是他肚内有无限的新鲜趣谈。今儿如此说，不但在席的诸人喜欢，连地下伏侍的老小人等无不欢喜。那小丫头子们都忙出去，找姐唤妹的告诉他们："快来听，二奶奶又说笑话儿了。"众丫头子们便挤了一屋子。

于是戏完乐罢。贾母命将些汤点果菜与文官等吃去，便命响鼓。那女先儿们皆是惯的，或紧或慢，或如残漏之滴，或如迸豆之疾，或如惊马之乱驰，或如疾电之光而忽暗。其

女先儿是干什么的呢？

准备工作和开始的场景要写几句交代一下。

女先儿们：这鼓打得如何？

鼓声慢，传梅亦慢；鼓声疾，传梅亦疾。恰恰至贾母手中，鼓声忽住。大家呵呵一笑，贾蓉忙上来斟了一杯。众人都笑道："自然老太太先喜了，我们才托赖些喜。"贾母笑道："这酒也罢了，只是这笑话倒有些个难说。"众人都说："老太太的比凤姐儿的还好还多，赏一个，我们也笑一笑儿。"

贾母笑道："并没什么新鲜发笑的，少不得老脸皮子厚的说一个罢了。"因说道："一家子养了十个儿子，娶了十房媳妇。惟有第十个媳妇聪明伶俐，心巧嘴乖，公婆最疼，成日家说那九个不孝顺。这九个媳妇委屈，便商议说：'咱们九个心里孝顺，只是不像那小蹄子嘴巧，所以公公婆婆老了，只说他好，这委屈向谁诉去?'大媳妇有主意，便说道：'咱们明儿到阎王庙去烧香，和阎王爷说去，问他一问，叫我们托生人，为什么单单的给那小蹄子一张乖嘴，我们都是笨的。'众人听了都喜欢，说这主意不错。第二日便都到阎王庙里来烧了香，九个人都在供桌底下睡着了。九个魂专等阎王驾到，左等不来，右等也不到。正着急，只见孙行者驾着筋斗云来了，看见九个魂便要拿金箍棒打，唬得九个魂忙跪下央求。孙行者问原故，九个人忙细细的告诉了他。孙行者听了，把脚一跺，叹了一口气道：'这原故幸亏遇见我，等着阎王来了，他也不得知道的。'九个人听了，就求说：'大圣发个慈悲，我们就好了。'孙行者笑道：'这却不难。那日你们妯娌十个托生时，可巧我到阎王那里去的，因为撒了泡尿在地下，你那小婶子便吃了。你们如今要伶俐嘴乖，有的是尿，再撒泡你们吃了就是了。'"说毕，大家都笑起来。

凤姐儿笑道："好的，幸而我们都笨嘴笨腮的，不然也就吃了猴儿尿了。"尤氏娄氏都笑向李纨道："咱们这里谁是吃过猴儿尿的，别装没事人儿。"薛姨妈笑道："笑话儿不在好歹，只要对景就发笑。"说着又击起鼓来。小丫头子们只要听凤姐儿的笑话，便悄悄的和女先儿说明，以咳嗽为记。须臾传至两遍，刚到了凤姐儿手里，小丫头子们故意咳嗽，女先儿便住了。

众人齐笑道："这可拿住他了。快吃了酒说一个好的，别太逗的人笑的肠子疼。"凤姐儿想了一想，笑道："一家子也是过正月半，合家赏灯吃酒，真真的热闹非常，祖婆婆、太婆婆、婆婆、媳妇、孙子媳妇、重孙子媳妇、亲孙子、侄孙子、重孙子、灰孙子、滴滴搭搭的孙子、孙女儿、外孙女儿、姨表孙女儿、姑表孙女儿……嗳哟哟，真好热闹！"众人听他说着，已经笑了，都说："听数贫嘴，又不知编派那一个呢？"尤氏笑道："你要招我，我可撕你的嘴。"凤姐儿起身拍手笑道："人家费力说，你们混，我就不说了。"贾母笑道："你说你说，底下怎么样？"凤姐儿想了一想，笑道："底下就团团的坐了一屋子，吃了一夜酒就散了。"众人见他正言厉色的说了，别无他话，都怔怔的还等下话，只觉冰冷无味。

史湘云看了他半日。凤姐儿笑道："再说一个过正月半的。几个人抬着个房子大的炮仗往城外放去，引了上万的人跟着瞧去。有一个性急的人等不得，便偷着拿香点着了。只听'噗哧'一声，众人哄然一笑都散了。这抬炮仗的人抱怨卖炮仗的扦的不结实，没等放就散了。"湘云道："难道他本人没听见响？"凤姐儿道："这本人原是聋子。"众人听说，一回想，不觉一齐失声都大笑起来。又想着先前那一个没完的，问他："先一个怎么样？也该说完。"凤姐儿将桌子一拍，说道："好罗唆，到了第二日是十六日，年也完了，节也完了，我看着人忙着收东西还闹不清，那里还知道底下的事了。"众人听说，复又笑将起来。凤姐儿笑道："外头已经四更，依我说，老祖宗也乏了，咱们也该'聋子放炮仗——

凤姐，你是在说相声吗？

这里有两个"散"字，它们的意思一样吗？读音呢？

散了'罢。"尤氏等用手帕子握着嘴，笑的前仰后合，指他说道："这个东西真会数贫嘴。"贾母笑道："真真这凤丫头越发贫嘴了。"一面说，一面吩咐道："他提起炮仗来，咱们也把烟火放了解解酒。"

贾蓉听了，忙出去带着小厮们就在院内安下屏架，将烟火设吊齐备。这烟火皆系各处进贡之物，虽不甚大，却极精巧，各色故事俱全，夹着各色花炮。林黛玉禀气柔弱，不禁毕驳之声，贾母便搂他在怀中。薛姨妈搂着湘云。湘云笑道："我不怕。"宝钗等笑道："他专爱自己放大炮仗，还怕这个呢。"王夫人便将宝玉搂入怀内。凤姐儿笑道："我们是没有人疼的了。"尤氏笑道："有我呢，我搂着你。也不怕臊，你这会子又撒娇了，听见放炮仗，吃了蜜蜂儿屎的，今儿又轻狂起来。"凤姐儿笑道："等散了，咱们园子里放去。我比小厮们还放的好呢。"

你知道"莲花落"是怎么回事吗？

说话之间，外面一色一色的放了又放，又有许多的满天星、九龙入云、一声雷、飞天十响之类的零碎小爆竹。放罢，然后又命小戏子打了一回"莲花落"，撒了满台的钱，命那些孩子们满台抢钱取乐。又上汤时，贾母说道："夜长，觉的有些饿了。"凤姐儿忙回说："有预备的鸭子肉粥。"贾母道："我吃些清淡的罢。"凤姐儿忙道："也有枣儿熬的粳（jīng）米粥，预备太太们吃斋的。"贾母笑道："不是油腻腻的就是甜的。"凤姐儿又忙道："还有杏仁茶，只怕也甜。"贾母道："倒是这个还罢了。"说着，又命人撤去残席，外面另设上各种精致小菜。大家随便随意吃了些，用过漱口茶，方散。

元宵夜一般要吃点什么？你家里呢？

＜后语＞

过了正月十五，贾府主人间的春节相互宴请就结束了，之后就是各主要仆人家及亲戚家相互做东宴请的时候。《红楼梦》里只介绍了十七日到二十二日的请客安排。这几天每天一家，依次是薛姨妈、赖大、赖升、林之孝、单大良、吴新等。这几家，贾母有参加的也有不参加的，比较随意了。

❖ 闲话少说

元宵夜就是要热闹。贾母他们击鼓传梅玩游戏、说笑话，无论男女老少都参加闹元宵活动。不参加传梅的就作为观众，听听笑话捧捧场。没有机会说笑话的，就在旁边发表自己的感受，或笑，或议，或说，都可以。

❀ 我观"红楼"：

王熙凤好"刚口"

他是我们这里有名的一个泼皮破落户儿，你只叫他"凤辣子"就是了。

——贾母

凤辣子就是王熙凤。她是贾母的孙媳妇，深得贾母恩宠和王夫人赏识，年纪轻轻就成为贾家荣府的实际掌权者。

未见其人，先闻其声

那天，黛玉初进贾府，正和贾母谈论自己体弱多病和吃药等事，一语未了，只听后院中有笑声，"我来迟了，不曾迎接远客！"这一声正好像戏曲舞台上角色还未出场，先从后台送出一声响亮的"马门腔"，先声夺人，一下子就把观众的三魂六魄给拘定了。真所谓"未写其形，先使闻声"，作者在没有正面描写人物之前，就先通过人物的笑语声传出了人物内在之神。

随着后台这一声，一个浓妆的少妇出场了。作者接着农墨重彩描绘其外貌特征："这个人打扮与众姑娘不同：彩绣辉煌，恍若神妃仙子。头上戴着金丝八宝攒珠髻，绾着朝阳五凤挂珠钗；项上带着赤金盘螭璎珞圈；裙边系着豆绿宫绦双衡比目玫瑰珮；身上穿着缕金百蝶穿花大红洋缎窄裉袄，外罩五彩刻丝石青银鼠褂，下着翡翠撒花洋绉裙。一双丹凤三角眼，两弯柳叶吊梢眉，身量苗条，体格风骚。粉面含春威不露，丹唇未启笑先闻。"

奶奶好"刚口"

凤辣子不仅外表漂亮，而且还有一副好口才，就连那些说书的女艺人都说"奶奶好刚口"。"刚口"是指口才。冷子兴当初介绍王熙凤时，就说她"言谈极爽利"。

她有时说话非常幽默和谐趣，其最精彩的地方是说话"对景儿"。"对景儿"就是随机而出，自然天成，符合当时说话的氛围。比如逛大观园的时候，贾母说自己小时候摔了一跤，头上落下一个疤，一个窝。凤姐马上就说："寿星老儿头上原是个窝儿，因为万福万寿盛满了，所以倒凸出些来了。"你看，贾母头上一个疤，凤辣子也能讨出吉利的口彩，编得这样喜庆，编得这样圆满，而且她是随机编出来，我们不得不佩服凤姐这种即兴发挥的能力。

像这样的还比较容易，要是在贾母生气时，让她转怒为喜，那就更显水平了。一次，贾赦要讨贾母的贴身丫鬟鸳鸯为妾，贾母气得乱颤，凤姐却不慌不忙地说："谁教老太太会调理人，调理得水葱儿似的，怎么怨得人要？我幸亏是孙子媳妇，若是孙子，我早要了，还等到这会子呢。"这真是奇兵突出，贾母气消了，气氛也缓解了，大家又有说有笑了。

越发贫嘴了

她在贾母面前始终能讨得贾母的欢心，对宝玉及众姊妹也并不伤害，尽可能满足他们的需要，还及时凑趣。她虽缺乏文化修养，不会吟诗联句，不懂得行酒令打灯谜等等，但人灵泛，口齿伶俐，也博得老少尊卑的喜爱。

一次，大观园内贾母等人闹元宵，开始击鼓传花说笑话。平时，丫环婆子都怕凤辣子，可是一听到琏二奶奶要讲故事说笑话了，都挤到前面来。本选段中，凤姐说笑话就像说相声，一口气说出了一连串的人物，笑话还没说完大家都笑了。"一家子也是过正月半，合家赏灯吃酒，真真的热闹非常，祖婆婆、太婆婆、婆婆、媳妇、孙子媳妇、重孙子媳妇……"最后还来一个"嗳哟哟，真好热闹!"在说完第二个笑话后，大家还在追问第一个笑话的结局，而凤姐儿竟然将桌子一拍，说道："好罗唆，到了第二日是十六日，年也完了，节也完了，我看着人忙着收东西还闹不清，那里还知道底下的事了。"凤姐儿不知为什么拍了一下桌子，逗得大家重新大笑起来。凤姐儿自己也笑了，就像贾母说的："真真这凤丫头越发贫嘴了。"

王熙凤也是个心狠手辣、笑里藏刀之人，最终落得个"机关算尽太聪明，反误了卿卿性命"的下场。

♣ "红楼"技法：

怎样写"击鼓传花"

击鼓传花也称传彩球，是中国民间游戏，数人或数十人围成一个圆圈席地而坐，另外一个人背对着大家以槌击鼓。鼓响后，大家开始按一定的顺序传花，鼓停时花在谁手中(或其座位前)，谁就表演节目。

怎样写击鼓传花的游戏呢？本选段给了我们一个很好的提示，我们来看看吧!

准备工作

因地制宜准备鼓和花。

本选段用的是黑漆铜钉花腔令鼓，以及从饭桌上就地取材选择一枝红梅。敲鼓的人就是戏班子里打鼓的，他们打鼓更专业。节目内容由贾母指定。只见贾母笑道："若到谁手里住了，吃一杯，也要说个什么才好。"凤姐儿也笑道："依我说，谁像老祖宗要什么有什么呢？我们这不会的，岂不没意思。依我说也要雅俗共赏，不如谁输了谁说个笑话罢。"

场面描写

准备阶段定好了规矩，做好准备后就开始了。击鼓传花要好玩一点，一定要注意节奏，让鼓声也精彩起来。阵阵鼓声，声声扣人心弦，让游戏参加者与读者都紧张起来了。

本选段中的鼓声就是很好的例子："或紧或慢，或如残漏之滴，或如迸豆之疾，或如惊马之乱驰，或如疾电之光而忽暗。"描写一番鼓声后，还需要对游戏参与人传递花的情况进行描写。传送的梅花，如同烫手的山芋，其鼓声慢，传梅也慢，鼓声疾，传梅亦疾。游戏者的呼吸、心跳也随着鼓声有节奏地动起来。有时鼓声似停非停，让大家紧张兮兮；有顽皮者，传花似传非传，故意弄得下一位着急万分。描写完这些个性突出者后，应该鼓停花落，让大家一起看看这个"幸运者"是谁，他将表演什么节目。

精彩表演

本选段中，大家故意将花落在贾母和王熙凤那里。

贾母先得梅花，她是这里的尊者，也是游戏的主要参与者。她接到梅花，开心地说起笑话来。作者把笑话内容几乎全部写出来，让读者也跟着笑一笑，融入其中。梅花传到王熙凤那里，是因为她笑话多，大家都喜欢听她说笑话。

"众人听了，都知道他素日善说笑话，最是他肚内有无限的新鲜趣谈。""那小丫头子们都忙出去，找姐唤妹的告诉她们：'快来听，二奶奶又说笑话儿了。'众丫头子们便挤了一屋子。"可见王熙凤说笑话的本领有多高，在大观园里拥有无数的粉丝。小丫头们为了听王熙凤讲笑话，他们悄悄地和击鼓的人商量好，以咳嗽为记，就这样传了两遍后，在王熙凤那里就停住了。"众人笑着说：这可拿住他了。快吃了酒说一个好的。"还劝她不要说得太搞笑了，免得把大家的肠子笑疼了。

观众配合

说笑话也是表演节目。在写表演节目时，不仅要写表演者的表现，还应该写观众的神态或者动作等。

贾母说完笑话、大家都笑起来。凤姐儿笑道："幸而我们都笨嘴笨腮的，不然也就吃了猴儿尿了。"尤氏等人都笑向李纨，道："咱们这里谁是吃过猴儿尿的，别装没事人儿。"薛姨妈笑道："笑话儿不在好歹，只要对景就发笑。"

王熙凤笑话还没说完，大家都笑了，尤氏开始接话了"你要招我，我可撕你的嘴。"王熙凤看见有人插嘴，就说："人家费力说，你们混，我就不说了。"贾母着急地问："你说你说，底下怎么样？"众人都怔怔的还等下话呢。史湘云呆呆地看她半日。王熙凤见此情景，又笑着说另外一个笑话，再次把大家逗得哈哈大笑。乐得最有趣的是尤氏，她还用手帕子捂着嘴，笑得前仰后合，指着王熙凤说道："这个东西真会数贫嘴。"贾母也笑道："真真这凤丫头越发贫嘴了。"

在描写观众时，既要写大家的样子，也要找几个个性鲜明的人物来重点描写，这样就更能突出讲笑话的人或表演节目者的水平。

♨ **趣味链接：**

中秋赏月

当下园之正门俱已大开，吊着羊角大灯。嘉荫堂前月台上焚着斗香，秉着风烛，陈献着瓜饼及各色果品。邢夫人等一干女客皆在里面久候。真是月明灯彩，人气香烟，晶艳氤氲，不可形状。地下铺着拜毯锦褥。贾母盥手上香拜毕，于是大家皆拜过。贾母便说："赏月在山上最好。"因命在那山脊上的大厅上去。众人听说，就忙着在那里去铺设。贾母且在嘉荫堂中吃茶少歇，说些闲话。

一时，人回："都齐备了。"贾母方扶着人上山来。王夫人等因说："恐石上苔滑，还是坐竹椅上去。"贾母道："天天有人打扫，况且极平稳的宽路，何必不疏散疏散筋骨。"于是贾赦贾政等在前导引，又是两个老婆子秉着两把羊角手罩，鸳鸯、琥珀、尤氏等贴身搀扶，邢夫人等在后围随，从下逶迤而上，不过百馀步，至山之峰脊上，便是这座敞厅。因在山之高脊，故名曰凸碧山庄。于厅前平台上列下桌椅，又用一架大围屏隔作两间。凡桌椅形式皆是圆的，特取团圆之意。上面居中贾母坐下，左垂首贾赦、贾珍、贾琏、贾蓉，右垂首贾政、宝玉、贾环、贾兰，团团围坐。只坐了半壁，下面还有半壁馀空。

贾母笑道："常日倒还不觉人少，今日看来，还是咱们的人也甚少，算不得甚么。想当年过的日子，到今夜男女三四十个，何等热闹。今日就这样，太少了。待要再叫几个来，他们都是有父母的，家里去应景，不好来的。如今叫女孩们来坐那边罢。"于是令人向围屏后将迎春、探春、惜春三个请出来。贾琏、宝玉等一齐出坐，先尽他姊妹坐了，然后在下方依次坐定。

贾母便命折一枝桂花来，命一媳妇在屏后击鼓传花。若花到谁手中，饮酒一杯，罚说笑话一个。于是先从贾母起，次贾赦，一一接过。鼓声两转，恰恰在贾政手中住了，只得饮了酒。众姊妹弟兄皆你悄悄的扯我一下，我暗暗的又捏你一把，都含笑倒要听是何笑话。

贾政见贾母喜悦，只得承欢。方欲说时，贾母又笑道："若说的不笑了，还要罚。"贾政笑道："只得一个，说来不笑，也只好受罚了。"因笑道："一家子一个人最怕老婆的。"

才说了一句，大家都笑了。因从不曾见贾政说过笑话，所以才笑。贾母笑道："这必是好的。"贾政笑道："若好，老太太多吃一杯。"贾母笑道："自然。"贾政又说道："这个怕老婆的人从不敢多走一步。偏是那日是八月十五，到街上买东西，便遇见了几个朋友，死活拉到家里去吃酒。不想吃醉了，便在朋友家睡着了，第二日醒了，后悔不及，只得来家赔罪。他老婆正洗脚，说：'既是这样，你替我舔舔就饶你。'这男人只得给他舔，未免恶心要吐。他老婆便恼了，要打，说：'你这样轻狂！'唬得他男人忙跪下求说：'并不是奶奶的脚脏。只因昨晚吃多了黄酒，又吃了几块月饼馅子，所以今日有些作酸呢。'"

说得贾母与众人都笑了。贾政忙斟了一杯，送与贾母。贾母笑道："既这样，快叫人取烧酒来，别叫你们受累。"众人又都笑起来。

（选自　第七十五回　开夜宴异兆发悲音　赏中秋新词得佳谶）

❋ 原著练习

1. 在正确的读音下画横线：

伶俐（líng lì　níng nì）　　　　妯娌（zhóu ní　zhóu lǐ）

阎王（yán wáng　nián wáng）　　咳嗽（ké sòu　ké shòu）

噗哧（pū chī　pū chi）　　　　　禀气（bǐn qì　bǐng qì）

2. 按选段内容填空：

(1)今儿(凤姐儿)如此说，(　　)在席的诸人喜欢，(　　)地下服侍的老小人等无不欢喜。

(2)那女先儿们皆是惯的，或紧或慢，或如(　　)之滴，或如(　　)之疾，或如(　　)之乱驰，或如(　　)之光而忽暗。

(3)孙行者听了，把脚(　　)，叹了(　　)道："这原故幸亏遇见我，等着阎王来了，他也不得知道的。"

(4)小丫头子们(　　)听凤姐儿的笑话，(　　)悄悄的和女先儿说明，以咳嗽为记。

(5)这烟火皆系各处进贡之物，(　　)不甚大，(　　)极精巧，各色故事(　　)，(　　)各色花炮。

3. 判断：

(1)在元宵节筵席上，提出击鼓传梅和说笑话的人都是凤姐儿。(　　)

(2)在击鼓传梅游戏中，首先说笑话的是贾母。(　　)

(3)在击鼓传梅的游戏中，李纨说了一个笑话。(　　)

(4)"聋子放炮仗——散了"中的破折号的作用是引出语底。(　　)

(5)宝钗说："他专爱自己放大炮仗，还怕这个呢。"这里的"他"指的是凤姐儿。(　　)

4. 请你画记选段中描写大家喜欢听凤姐儿说笑话的地方。你能说说王熙凤给你留下的印象吗？

5. 在你们开过的班会、晚会或游乐会中，选择一个印象深刻的内容写一写，通过人物的刻画突出场面的热闹欢快。

第九节　放风筝

（选自　第七十回　林黛玉重建桃花社　史湘云偶填柳絮词）

前言：尤二姐被凤姐逼死了，尤三姐因柳湘莲自刎了，柳湘莲随后皈依了佛门，凤姐也病了，彩云姑娘染了无医之病，贾政也要回来了，宝玉的学习任务还有很多没有完成，等等，这些都让大家难受。一天，史湘云觉得无聊，就发起填词活动，以柳絮为题，宝玉在规定的时间里交了白卷，正当大家要罚他时，一只风筝又让他们快乐了一回。

众人拍案叫绝，都说："果然翻得好气力，自然是这首为尊。缠绵悲戚，让潇湘妃子；情致妩媚，却是枕霞；小薛与蕉客今日落第，要受罚的。"宝琴笑道："我们自然受罚，但不知付白卷子的又怎么罚？"李纨道："不要忙，这定要重重罚他。下次为例。"

自古以来就有交白卷的说法呀！

一语未了，只听窗外竹子上一声响，恰似窗屉子倒了一般，众人唬了一跳。丫鬟们出去瞧时，帘外丫鬟嚷道："一个大蝴蝶风筝挂在竹梢上了。"众丫鬟笑道："好一个齐整风筝！不知是谁家放断了绳，拿下他来。"宝玉等听了，也都出来看时，宝玉笑道："我认得这风筝。这是大老爷那院里娇红姑娘放的，拿下来给他送过去罢。"紫鹃笑道："难道天下没有一样的风筝，单他有这个不成？我不管，我且拿起来。"探春道："紫鹃也学小气了。你们一般的也有，这会子拾人走了的，也不怕忌讳。"黛玉笑道："可是呢，知道是谁放晦气的，快掉出去罢。把咱们的拿出来，咱们也放晦气。"紫鹃听了，赶忙命小丫头们将这风筝送出与园门上值日的婆子去了，倘有人来找，好与他们去的。

这里小丫头们听见放风筝，巴不得一声儿，七手八脚都忙着拿出个美人风筝来。也有搬高凳去的，也有捆剪子股的，也有拔篗（yuè）的。宝钗等都立在院门前，命丫头们在院外敞地下放去。宝琴笑道："你这个不大好看，不如三姐姐的那一个软翘子大凤凰好。"宝钗笑道："果然。"因回头向翠墨笑道："你把你们的拿来也放放。"翠墨笑嘻嘻的果然也取去了。

宝玉又兴头起来，也打发个小丫头子家去，说："把昨儿赖大娘送我的那个大鱼取来。"小丫头子去了半天，空手回来，笑道："晴姑娘昨儿放走了。"宝玉道："我还没放一遭儿呢。"探春笑道："横竖是给你放晦气罢了。"宝玉道："也罢。再把那个大螃蟹拿来罢。"丫头去了，同了几个人扛了一个美人并篗子来，说道："袭姑娘说，昨儿把螃蟹给了三爷了。这一个是林大娘才送来的，放这一个罢。"宝玉细看了一回，只见这美人做的十分精致。心中欢喜，便叫放起来。

此时探春的也取了来，翠墨带着几个小丫头子们在那边山坡上已放了起来。宝琴也命人将自己的一个大红蝙蝠也取来。宝钗也高兴，也取了一个来，却是一连七个大雁的，都放起来。独有宝玉的美人放不起来。宝玉说丫头们不会放，自己放了半天，只起房高便落下来了。急的宝玉头上出汗，众人又笑。宝玉恨的摔在地下，指着风筝道："若不是个美人，我一顿脚踩个稀烂。"黛玉笑道："那是顶线不好，拿出去另使人打了顶线就好了。"宝玉一面使人拿去打顶线，一面又取一个来放。大家都仰面而看，天上这几个风筝都起在半空中去了。

一时丫鬟们又拿了许多各式各样的送饭的来，顽了一回。紫鹃笑道："这一回的劲大，姑娘来放罢。"黛玉听说，用手帕垫着手，顿了一顿，果然风紧力大，接过篗子来，随

宝玉此时之恨，你们有过吗？

着风筝的势将籰子一松，只听一阵豁剌剌响，登时籰子线尽。黛玉因让众人来放。众人都笑道："各人都有，你先请罢。"黛玉笑道："这一放虽有趣，只是不忍。"李纨道："放风筝图的是这一乐，所以又说放晦气，你更该多放些，把你这病根儿都带了去就好了。"紫鹃笑道："我们姑娘越发小气了。那一年不放几个子，今儿忽然又心疼了。姑娘不放，等我放。"说着便向雪雁手中接过一把西洋小银剪子来，齐籰子根下寸丝不留，咯登一声铰断，笑道："这一去把病根儿可都带了去了。"那风筝飘飘摇摇，只管往后退了去，一时只有鸡蛋大小，展眼只剩了一点黑星，再展眼便不见了。

众人皆仰面睃（suō）眼说："有趣，有趣。"宝玉道："可惜不知落在那里去了。若落在有人烟处，被小孩子得了还好，若落在荒郊野外无人烟处，我替他寂寞。想起来把我这个放去，教他两个作伴儿罢。"于是也用剪子剪断，照先放去。探春正要剪自己的凤凰，见天上也有一个凤凰，因道："这也不知是谁家的。"众人皆笑说："且别剪你的，看他倒像要来绞的样儿。"说着，只见那凤凰渐逼近来，遂与这凤凰绞在一处。众人方要往下收线，那一家也要收线，正不开交，又见一个门扇大的玲珑喜字带响鞭，在半天如钟鸣一般，也逼近来。众人笑道："这一个也来绞了。且别收，让他三个绞在一处倒有趣呢。"说着，那喜字果然与这两个凤凰绞在一处。三下齐收乱顿，谁知线都断了，那三个风筝飘飘摇摇都去了。

众人拍手哄然一笑，说："倒有趣，可不知那喜字是谁家的，忒促狭了些。"黛玉说："我的风筝也放去了，我也乏了，我也要歇歇去了。"宝钗说："且等我们放了去，大家好散。"说着，看姊妹都放去了，大家方散。

当风筝飞到一定高度时，要剪断。这个做法，大家听说过吗？

故意让风筝绞在一起，还真"有趣"。

＜后语＞

黛玉的风筝被紫鹃剪断，放走了晦气，但也没有让她的病好一些。贾政回家后，问了宝玉的功课，幸亏有姐妹和丫鬟们帮忙，才侥幸过关，贾政也没有多问，这件事也就不了了之。

❖ 闲话少说

黛玉在放自己的风筝时，不像往常那样迅速，她不忍心让这只风筝孤独寂寞。宝玉了解黛玉的心思，赶紧把自己的风筝放走，去陪伴那只风筝。

❀ 我观"红楼"：

说说那些传统的事

在《红楼梦》里，不仅有优美的诗词歌赋，还有许多源远流长的中华民族的习俗文化。

年三十——拜祖先

各地都有春节祭拜祖先的习俗。古时候，各家族会在祠堂里举行祭拜祖先的仪式。贾家也不例外。

年三十这天，贾母穿着朝服，坐着八人大轿，先带领众人进宫朝贺，行礼领宴。从朝廷回来后，就带着大家进入贾家宗祠祭拜祖先。贾家宗祠在宁府西边，是一个独立的院子，五间正房，每间正房设一个大门。中间大门上悬着"贾氏宗祠"，旁边有一副长对联：肝脑涂地，兆姓赖保育之恩；功名贯天，百代仰蒸尝之盛。这都是前翰林掌事王太傅所书。祠堂里还有先皇御笔所书的九龙金匾及闹龙填青匾。祠堂正面居中悬挂着宁荣二祖披蟒腰玉的遗像，两边是几轴列祖列宗的遗像。

首先是男人们祭拜。贾府人按照辈分大小依序站好，由宁府长房贾敬主祭，荣府长房贾赦陪祭，宁府长房长孙贾珍献爵，荣府贾琏贾琮献帛，宝玉捧香，族人贾菖贾菱展拜毯，守焚池。每个人都有自己的职责和分工。青衣奏乐，三献爵，兴拜之后，焚帛奠酒，礼毕乐止，然后依次退出。

接着就是女眷献菜饭汤点酒茶。女眷依次站在门槛内，贾母在供桌前，荣府长房夫人邢夫人站在供桌的西边，面朝东边，与贾母一起为祖先放供品。待饭菜供品传送放置好后，按男东女西依次在祖先遗像前站好，在贾母的带领下下跪行礼。当时五间大厅，三间抱厦，内外廊檐，阶上阶下，到处站满了贾族之人，没有一点空隙，行礼现场只听见铿锵叮当，金陵玉佩微微摇曳，起立时跪靴履飒沓之响。

行完礼后，依次退出，后辈们又要准备到荣府，向贾母敬茶行礼。依照惯例，贾母向行礼之人散压岁钱后，摆上合欢宴，准备享用屠苏酒、合欢汤、吉祥果、如意糕等。

等到了大年初一，贾府又要进宫朝贺，不过多了一项仪式，就是祝元妃千秋。其他礼仪跟年三十差不多。

正月十五——闹元宵

元宵节是正月十五日，是春节后第一个传统节日。过了正月十五，年就算过完了，人们就要开始劳作了。一般正月十五这天，大家会抓住春节的尾巴，好好地热闹一番。

元宵节传统习俗有赏月、张灯结彩、放焰火、猜灯谜、吃元宵等，有些地方还会增加耍龙灯、舞狮子、踩高跷、划旱船、扭秧歌、打太平鼓等传统民俗表演。

《红楼梦》开篇，英莲被人拐走就是在元宵节。那天晚上，英莲父亲要家人霍启带英莲去看元宵社花火灯，霍启照看不周，英莲走失了。后文中介绍说是被拐子拐走了。霍启找了一个通宵都没找到。我们可以想象当初街上的繁华、热闹。在《红楼梦》第十八回里，贾元春值元宵节回家省亲。元妃省亲那天晚上，大观园里各处点灯，花彩缤纷，处处灯光相映，石栏上的水晶玻璃风灯亮得如银花雪浪，柳杏诸树上悬灯数盏，池中荷荇凫鹭皆螺蚌羽毛所制之灯，船上精致的盆景灯争相辉映。在完成了皇妃的接待礼仪后，元妃一路游园一路欣赏花灯建筑。到正殿后，元妃一边与贾母等人用筵宴，一边命兄弟姐妹们各赋一首五言律诗。元妃评价完大家的诗作后，贾府又呈上了戏班的四出戏，吃完元宵盛宴，大家又去参观大观园的其他地方。

在第五十四回里，贾府的元宵节虽没有元妃省亲那样奢华，但也是热闹至极。贾府人一边吃饭，一边击鼓传梅，喝酒说笑话。开心闹过后，又放烟花，吃宵夜，各自乐开了花，也忘记了自己的年龄。

清明节——放风筝

放风筝是民间传统游戏之一，也是清明节节日习俗。相传春秋时期，著名的建筑工匠鲁班曾制木鸢飞上天空。后来，以纸代木，称其为纸鸢；晚唐，人们在纸鸢上加竹笛，纸鸢飞上天以后被风一吹，发出"呜呜"的声响，好像筝的弹奏声，于是人们把纸鸢改称风筝。

《红楼梦》里，有一日，正值暮春之际，湘云与林黛玉利用好天气起社填词。当要讨论如何惩罚交白卷的宝玉时，一只大蝴蝶风筝在窗外引起了他们的注意。他们纷纷从家里拿来风筝来放。他们不仅在放飞中获得了许多快乐，而且他们认为放风筝就是放晦气，特别是林黛玉身患重病，他们都力劝林黛玉率先释放晦气。放风筝是一种户外体育活动，有利于身心健康。

八月十五——中秋赏月

中秋节是八月十五，传说这一天的月亮是最圆的。按照习俗，中秋是团聚的日子，一家人在一起都要尝月饼，赏月亮。在贾府，他们在中秋节的晚上一起赏月，一起行酒令，一起说笑，一起吟诗作对。

在《红楼梦》的第一回里，甄士隐说，中秋俗称团圆之节。值中秋之日，贾雨村作为一名文人墨客，也不免对月感怀，仰天长叹一番，表达自己宏大的抱负。甄士隐见贾雨村独自一人寄居在一间破庙里，就邀请他到家中一聚。相聚畅饮中，甄士隐建议贾雨村去投靠京城贾府。

在《红楼梦》第七十五回的一个中秋之夜，贾母一家男女老少都来到山上赏月。大家依次坐好后，贾母命折一枝桂花，命一媳妇在屏后击鼓传花。先从贾母起，然后是贾赦，一一接过。鼓声两转，恰好在贾政手中住了，贾政只得饮了酒。贾政见贾母喜悦，只得承欢，方欲说时，贾母又笑道："若说的不笑了，还要罚。"贾政笑道："只得一个，说来不笑，也只好受罚了。"贾政接着开始说起笑话来：一家子一个人最怕老婆的。只说了这一句，大家都笑了。就这样他们在击鼓传花中喝酒、说笑话、写诗、行令，一直到二更天。贾政、贾赦离开后，贾母玩得还不够，还要和大观园里的姑娘们再乐一会儿。

《红楼梦》中不仅有对上述习俗的描写，还有许多值得我们传承的其他内容，比如尊师重教。贾政第二次送宝玉去家塾老师贾代儒处时，贾政对贾代儒就非常尊重。他首先向贾代儒请安，然后他站着，请贾代儒就坐，离开时又向贾代儒作了一个揖，说了些闲话，才告辞出去。

♣ "红楼"技法：

怎样描写心急气恼

文章中人物的心情往往会影响读者心境，或喜或忧，或急或恼，或悲或怒，作者一步一步地引出作品人物情绪，也就一步一步地把读者带入人物的情绪之中，不留痕迹，让读者身临其境，与文章中的人物同呼吸共命运。

选段中关于贾宝玉放风筝的描写，让读者感受到了宝玉的气恼，想把风筝放上去，可是又放不上去，急得他满头大汗，狠狠地把风筝掷在地上，指着风筝大骂，还固执地要继续放。

场面铺垫

巧用场面铺垫，让宝玉也产生放风筝的想法。

宝玉最开始只是想把丫鬟们拾到的风筝还回去。黛玉认为放风筝就是放晦气，提议把自己的风筝拿出来放。当时准备放风筝的场面：有搬高凳的，有捆剪子股的，有拨籰子的，丫鬟们都忙开了，她们一听说放风筝，正巴不得呢。等大家把风筝拿来，姑娘们开始品评了，七嘴八舌的，风筝也开始多了起来，场面甚是热闹，宝玉也兴奋起来了。

受点挫折

先受点小挫折，让宝玉小急一会儿。

宝玉兴趣来了，想放风筝了，可是风筝还没取来，他急了，等了不止一会儿，等的是"半天"，"小丫头子去了半天，空手回来"。为什么？是晴姑娘和他开了一个"玩笑"，昨天就把风筝放走了。这个晴姑娘应该是丫鬟晴雯，是宝玉比较喜欢的那个丫鬟。宝玉没有办法，只好抱怨一番，说："我还没放一遭儿呢。"等了半天没等到，宝玉应该是生气了的，要不探春姑娘不会笑着劝他"横竖是给你放晦气罢了"，宝玉只好说："也罢，再把那个大螃蟹拿来罢。"

来点异常

再来一点异常情况，让宝玉先欢喜一下。

丫头们去拿"大螃蟹"，可是扛回来的却是一个美人风筝，并且是同几个人一起扛过来的。一个"扛"字说明了这个风筝很大，宝玉能不能放上去，谁也不知道。不过，这个异常情况，还是让宝玉开心的，毕竟风筝来了。"宝玉细看了一回，只见这美人做的十分精致，心中欢喜，便命叫放起来。"宝玉是公子哥，他自己不放风筝，要丫鬟们放。此时的宝玉是多么希望他的风筝能飞得高高的啊。

让他气恼

最后让宝玉在众人的都行而他的不行中气恼。

正当宝玉高兴时，探春、宝琴、宝钗她们带来的风筝都已放起来了，天上风筝飘飘洒洒，迎风招展。地上姑娘、丫鬟们尽情欢笑，享受放风筝的欢乐。可是只有宝玉的美人风筝飞不上去。宝玉情急中，责怪丫头们不会放，于是开始自己放，遗憾的是他自己放，风筝也只能飞到房子那么点高就落下来了。大观园里的房子一般只有一层楼，那能有多高呢？此时到了让宝玉急的时候了，他急得"头上出汗"了。大家看见他急的样子，也都笑起来了。这一笑岂不让他更恼了，让他更恨了。恼了恨了的人，总会拿一些人或事出气。好在宝玉对丫鬓及身边的人都是比较好的，他只能拿飞不上去的美人风筝出气了。"恨的掷在地下，指着风筝道：'若不是个美人，我一顿脚跺个稀烂。'"你看，宝玉恼得还骂上了。

不过恼归恼，骂归骂，最后还是应该让宝玉的风筝飞上去。宝玉叫人再取一个风筝来放，这个风筝也和其他风筝一样，飞得高高的。宝玉最终还是开开心心的。

生气也好，开心也罢，都应该围绕一个中心来写，从而体现出人物的性格。

☵ 趣味链接：

烧烤鹿肉

一时众姊妹来齐，宝玉只嚷饿了，连连催饭。好容易等摆上来，头一样菜便是牛乳蒸羊羔。贾母便说："这是我们有年纪的人的菜，没见天日的东西，可惜你们小孩子们吃不得。今儿另外有新鲜鹿肉，你们等着吃。"众人答应了。宝玉却等不得，只拿茶泡了一碗饭，就着野鸡瓜齑忙忙的咽完了。贾母道："我知道你们今儿又有事情，连饭也不顾吃了。"便叫"留着鹿肉与他晚上吃。"凤姐儿忙说"还有呢"，方才罢了。史湘云便悄和宝玉计较道："有新鲜鹿肉，不如咱们要一块，自己拿了园里弄着，又顽又吃。"宝玉听了，巴不得一声儿，便真和凤姐要了一块，命婆子送入园去。

一时大家散后，进园齐往芦雪广来，听李纨出题限韵。独不见湘云宝玉二人。黛玉道："他两个再到不了一处，若到一处，生出多少故事来。这会子一定算计那块鹿肉去了。"正说着，只见李婶也走来看热闹，因问李纨道："怎么一个带玉的哥儿和那一个挂金麒麟的姐儿，那样干净清秀，又不少吃的，他两个在那里商议着要吃生肉呢，说的有来有去的。我只不信肉也生吃得的。"众人听了，都笑道："了不得，快拿了他两个来。"黛玉笑道："这可是云丫头闹的。我的卦再不错。"

李纨等忙出来找着他两个说道："你们两个要吃生的，我送你们到老太太那里吃去。那怕吃一只生鹿，撑病了不与我相干。这么大雪，怪冷的，替我作祸呢。"宝玉笑道:"没有的事,我们烧着吃呢。"李纨道:"这还罢了。"只见老婆们拿了铁炉、铁叉、铁丝缂来,李纨道:"仔细割了手,不许哭!"说着,同探春进去了。

凤姐打发了平儿来回复不能来,为发放年例正忙。湘云见了平儿,那里肯放。平儿也是个好顽的,素日跟凤姐儿无所不至,见如此有趣,乐得顽笑,因而褪去手上的镯子,三个围着火炉儿,便要先烧三块吃。那边宝钗黛玉平素看惯了,不以为异,宝琴等及李婶深为罕事。探春和李纨等已议定了题韵。探春笑道:"你闻闻,香气这里都闻见了,我也吃去。"说着,也找了他们来。李纨也随来说:"客已齐了,你们还吃不够?"湘云一面吃,一面说道:"我吃这个方爱吃酒,吃了酒才有诗。若不是这鹿肉,今儿断不能作诗。"说着,只见宝琴披着凫靥裘站在那里笑。湘云笑道:"傻子,过来尝尝。"宝琴笑道:"怪脏的。"宝钗笑道:"你尝尝去,好吃的。你林姐姐弱,吃了不消化,不然他也爱吃。"宝琴听了,就过去吃了一块,果然好吃,便也吃起来。

一时凤姐儿打发小丫头来叫平儿,平儿说:"史姑娘拉着我呢,你先走去罢。"小丫头去了。一时,只见凤姐儿也披了斗篷走来,笑道:"吃这样好东西,也不告诉我!"说着,也凑着一处吃起来。黛玉笑道:"那里找这一群花子去!罢了,罢了,今日芦雪广遭劫,生生被云丫头作践了。我为芦雪广一大哭!"湘云冷笑道:"你知道什么!'是真名士自风流'。你们都是假清高,最可厌的。我们这会子腥膻大吃大嚼,回来却是锦心绣口。"宝钗笑道:"你回来若作的不好了,把那肉掏了出来,就把这雪压的芦苇子揾上些,以完此劫。"

(选自　第四十九回　琉璃世界白雪红梅　脂粉香娃割腥啖膻)

❋ 原著练习

1. 在正确的读音下画横线:

风筝(fēng zhēn　fēng zhēng)　　妩媚(wú mèi　wǔ mèi)

忌讳(jì huì　jì wěi)　　　　　蝙蝠(biān fú　piān fú)

寂寞(jì mò　jì mo)　　　　　玲珑(líng lóng　líng nóng)

2. 按选段内容填空：

(1) 一语未了，只听（　　）竹子上一声响，（　　）窗屉子倒了一般，众人唬了一跳。

(2) 宝玉又（　　）起来，也（　　）个小丫头子家去，说："把昨儿赖大娘送我的那个大鱼取来。"

(3) 宝玉（　　）了一回，只见这美人做的十分（　　）。

(4) 黛玉听说，用手帕（　　）手，（　　），（　　）风紧力大。

(5) 急的宝玉（　　），众人（　　）。宝玉（　　）掷在地下，（　　）风筝道："（　　）不是个美人，我一顿脚（　　）个稀烂。"

3. 判断：

(1) "难道天下没有一样的风筝，单他有这个不成？"这句话的意思是天下有一样的风筝，这个不一定是"他"的。（　　）

(2) "你这个不大好看，不如三姐姐的那一个软翅子大凤凰好。"三姐姐指元春。（　　）

(3) 宝琴放的风筝是大红蝙蝠。（　　）

(4) 黛玉最后用剪刀把风筝剪了，放去了自己生病的晦气。（　　）

(5) "那风筝飘飘摇摇，只管往后退了去，一时只有鸡蛋大小，展眼只剩了一点黑星，再展眼便不见了。"这只风筝是黛玉放飞的。（　　）

4. 你能根据本选段文字，用笔画出宝玉放风筝时的表情变化图吗？

5. 宝玉和黛玉虽然放风筝时产生了伤感的情绪，可是整个放风筝的过程是开心的。这一点和我们现代人放风筝时的心情是一致的。走进大自然，在空旷的地方放风筝，享受亲近大自然的快乐。你能学习作者描写放风筝的手法，写出自己放风筝时的快乐心情吗？

第十节　钓鱼比赛

（选自　第八十一回　占旺相四美钓游鱼　奉严词两番入家塾）

前言：迎春嫁到孙家后并不幸福，整天挨打挨骂。宝玉知道后，就把自己想接回迎春的想法告诉了母亲，母亲说：嫁鸡随鸡，嫁狗随狗，谁也没办法。宝玉又和黛玉说，黛玉听了也只能叹气，两个人都感到无比伤心，互相劝了几句后，宝玉就走了。

到了午后，宝玉睡了中觉起来，甚觉无聊，随手拿了一本书看。袭人见他看书，忙去沏茶伺候。谁知宝玉拿的那本书却是《古乐府》，随手翻来，正看见曹孟德"对酒当歌，人生几何"一首，不觉刺心。因放下这一本，又拿一本看时，却是晋文。翻了几页，忽然把书掩上，托着腮，只管痴痴的坐着。袭人倒了茶来，见他这般光景便道："你为什么又不看了？"宝玉也不答言，接过茶来喝了一口，便放下了。袭人一时摸不着头脑，也只管站在旁边呆的看着他。忽见宝玉站起来，嘴里咕咕哝哝的说道："好一个'放浪形骸之外'！"袭人听了，又好笑，又不敢问他，只得劝道："你若不爱看这些书，不如还到园里逛逛，也省得闷出毛病来。"那宝玉只管口中答应，只管出着神往外走了。

> 宝玉又犯痴病了。

一时走到沁芳亭，但见萧疏景象，人去房空。又来至蘅芜院，更是香草依然，门窗掩闭。转过藕香榭来，远远的只见几个人在蓼(liǎo)溆(xù)一带栏杆上靠着，有几个小丫头蹲在地下找东西。宝玉轻轻的走在假山背后听着。只听一个说道："看他浣上来不浣上来。"好似李纹的语音。一个笑道："好，下去了。我知道他不上来的。"这个却是探春的声

> 从景致描写暗示迎春的生活状态。

音。一个又道："是了，姐姐你别动，只管等着。他横竖上来。"一个又说："上来了。"这两个是李绮邢岫烟的声儿。

宝玉忍不住，拾了一块小砖头儿，往那水里一撂，咕咚一声，四个人都吓了一跳，惊讶道："这是谁这么促狭？唬了我们一跳！"宝玉笑着从山子后直跳出来，笑道："你们好乐啊，怎么不叫我一声儿？"探春道："我就知道再不是别人，必是二哥哥这么淘气。没什么说的，你好好儿的赔我们的鱼罢。刚才一个鱼上来，刚刚儿的要钓着，叫你唬跑了。"宝玉笑道："你们在这里顽竟不找我，我还要罚你们呢。"大家笑了一回。

宝玉道："咱们大家今儿钓鱼占占谁的运气好。看谁钓得着就是他今年的运气好，钓不着就是他今年运气不好。咱们谁先钓？"探春便让李纹，李纹不肯。探春笑道："这样就是我先钓。"回头向宝玉说道："二哥哥，你再赶走了我的鱼，我可不依了。"宝玉道："头里原是我要唬你们顽，这会子你只管钓罢。"探春把丝绳抛下，没十来句话的工夫，就有一个杨叶窜儿吞着钩子把漂儿坠下去。探春把竿一挑，往地下一撂，却活迸的。侍书在满地上乱抓，两手捧着，搁在小磁坛内清水养着。

探春把钓竿递与李纹。李纹也把钓竿垂下，但觉丝儿一动，忙挑起来，却是个空钩子。又垂下去，半晌，钩丝一动，又挑起来，还是空钩子。李纹把那钩子拿上来一瞧，原来往里钩了。李纹笑道："怪不得钓不着。"忙叫素云把钩子敲好了，换上新虫子，上边贴好了苇片儿。垂下去一会儿，见苇片直沉下去，急忙提起来，倒是一个二寸长的鲫瓜儿。李纹笑着道："宝哥哥钓罢。"宝玉道："索性三妹妹和邢妹妹钓了我再钓。"岫烟却不答言。只见李绮道："宝哥哥先钓罢。"说着水面上起了一个泡儿。探春道："不必尽着让了。

你看那鱼都在三妹妹那边呢，还是三妹妹快着钓罢。"李绮笑着接了钓竿儿，果然沉下去就钓了一个。

然后岫烟也钓着了一个，随将竿子仍旧递给探春，探春才递与宝玉。宝玉道："我是要做姜太公的。"便走下石矶，坐在池边钓起来。岂知那水里的鱼看见人影儿，都躲到别处去了。宝玉抡着钓竿等了半天，那钓丝儿动也不动。刚有一个鱼儿在水边吐沫，宝玉把竿子一幌又唬走了。急的宝玉道："我最是个性儿急的人，他偏性儿慢，这可怎么样呢。好鱼儿，快来罢！你也成全成全我呢。"说的四人都笑了。一言未了，只见钓丝微微一动。宝玉喜得满怀，用力往上一兜，把钓竿往石上一碰，折作两段，丝也振断了，钩子也不知往那里去了。众人越发笑起来。探春道："再没见像你这样卤人。"

正说着，只见麝月慌慌张张的跑来说："二爷，老太太醒了，叫你快去呢。"五个人都唬了一跳。探春便问麝月道："老太太叫二爷什么事？"麝月道："我也不知道。就只听见说是什么闹破了，叫宝玉来问；还要叫琏二奶奶一块儿查问呢。"吓得宝玉发了一回呆，说道："不知又是那个丫头遭了瘟了。"探春道："不知什么事，二哥哥你快去。有什么信儿，先叫麝月来告诉我们一声儿。"说着，便同李纹李绮岫烟走了。

宝玉钓鱼的神态、动作与前面四个妹妹有何不同？

后面发生的事情很精彩，建议大家找到原著了解一下。

<后语>

宝玉来到贾母处，原来是贾母要了解当初宝玉和熙凤害邪病的情况。他俩当初得病与宝玉的干妈有关，那干妈已经被锦衣卫的人抓走了，定了死罪。

❖ **闲话少说**

钓鱼开始之后，探春说，如果在比赛中宝玉再把鱼赶跑了，她就要宝玉赔鱼，就会对他不依不饶。比赛结果，宝玉没有钓上鱼，这是不是就预示着宝玉今年运气不好呢？

❋ **我观"红楼"：**

过程有时比结果重要

虽然事情发展的结果是重要的，但发展的过程也是不容忽视的，有时发展的过程及其带来的效能甚至比结果更重要。

钓鱼是一件快乐而有益身心的事情。在一个环境舒适的地方垂钓，忘记烦恼，置身于自然，与这里的山水相融，有鱼可以满载而归，无鱼也可以"满载而归"。钓鱼者在乎钓鱼之乐，乐在其中。

走出郁闷

宝玉在家非常无聊，袭人建议他走出房间。宝玉穿过沁芳亭，来到蘅芜苑，前者已经是人去房空，后者门窗掩闭。继而他转过藕香榭，来到蓼溆。他听到姐妹们的欢笑声后，方才开心起来。

原来是探春、李纹、李绮、岫烟在假山后钓鱼。

宝玉来到假山，开始笑了。他笑着说："你们在这里顽竟不找我，我还要罚你们呢。"

一起约定

宝玉是在享受钓鱼的过程。他一开始就和大家约定："咱们大家今儿钓鱼，占占谁的运气好？"这就是一个游戏，让大家也享受这个过程，就和大家平时玩游戏一样，约定一个规则，让大家分享快乐。

宝玉钓鱼

宝玉看她们钓上鱼来后，说："我是要做姜太公的。"大家都知道，姜太公钓鱼——愿者上钩。姜太公的鱼钩是直的，按常理是钓不上鱼的。他幽默地说自己是姜太公，就表示他不在乎结果，在乎的是过程，整个钓鱼的过程让他感受到快乐就好。

通过动作描写可以看到，宝玉钓鱼，鱼不是被吓跑，就是被赶跑，急得宝玉说出了令其他人开心无比的话："我最是个性儿急的人，他偏性儿慢，这可怎么样呢？好鱼儿，快来罢！你也成全成全我呢。"

就在宝玉希望鱼儿成全他的时候，钓丝动了一下，似乎是鱼儿听懂了他的话。可是宝玉太兴奋了，用"满怀"之力往上兜鱼竿，结果鱼竿折了，钓丝也断了，钩子也不知哪儿去了。这个场面难道还不令人开心吗？

过程重要

就在大家欢笑不已的时候，麝月过来找宝玉，说是老太太要问话，于是钓鱼这事也就不了了之。其结果尽管不必多说，但他们钓鱼的过程显然是开心快乐的。

在《红楼梦》大观园里，有许多开心的场面，他们在一起开诗社，比诗词，他们在一起边吃喝，边说笑话对对子。有的活动有结果，他们会评比；有的活动开心就是结果。不管是有结果，还是没有结果，他们都享受活动过程带来的快乐。

正如青埂峰下那块巨石，通灵性后，它想历经一番悲欢离合、炎凉世态。待他在人世间走一遭后，"也可谓无复遗憾了"，不再哀怨叹息了。

♣ "红楼"技法：

怎样写钓鱼

钓鱼是适合大众的一项娱乐休闲活动，有益身心健康，陶冶情操。钓鱼有技法，写钓鱼不妨学习《红楼梦》的钓鱼写法。写钓鱼是属于写事，该类文章除了参考一件事的基本写法之外，还可以注意以下几点。

注意动作差异

钓鱼有许多动作，需要大家细致观察，运用恰当的动词来描写各个钓鱼者，同时要做到不雷同，防止读起来枯燥无味。

选段中共有五人钓鱼。每个人钓鱼时的动作描写不尽相同。探春比较简单，把丝绳抛下，没十来句话的工夫，就有鱼上钩，把漂儿坠下去，然后一挑、一撂鱼就上来了。李纹稍微复杂一些，把钓竿垂下，但觉丝儿一动，忙挑起来，又垂，又动，又挑，还瞧钩子，敲钩子，换虫子，贴苇片儿，再垂，再提。描写宝玉钓鱼时，作者就更细致一些。这些动作需要仔细观察，准确用词。

描写有详有略

在选段中五个人的钓鱼描写必须有详有略，突出重点。

这五人中，作者重点写了李纹和宝玉钓鱼的情景，其他人是略写，甚至一笔略过。李绮和岫烟只有一句话，就钓上鱼来了，而李纹反复下垂，还重新敲鱼钩，换鱼饵，贴苇片儿，才钓上一条二寸长的鲫鱼。宝玉更是有趣了，只见他走下石矶，坐在池边钓鱼。他抢着钓竿，等了半天，把杆子一晃，还吓走了小鱼。钓丝微动一下，宝玉就高兴得不得了，用力往上一兜，把钓竿往石上一碰，折断了钓竿，振断了钓丝，鱼钩也不见了。如此详细的描写与一笔略过形成鲜明对比，描写的重点就格外突出了，体现出作者的描写意图，读起来也更有趣了。

语言不能忽视

钓鱼虽然不能大声喧哗，不能有太多的说话声，但全程若是鸦雀无声，就显得太过沉闷，不能突出大家一起钓鱼的乐趣了。

本选段中，语言描写虽然不多，但很好地服务了人物描写，体现了人物的性格，让当时的钓鱼显得轻松活泼。探春在钓鱼下竿之前，就警告宝玉，说"二哥哥，你再赶走了我的鱼，我可不依了"。探春是宝玉的妹妹，自然要在哥哥面前撒娇放肆了。宝玉来的时候，探春本要很快钓上一条鱼的，被宝玉扔一石头赶跑了，害得探春没钓上来。探春是一个心直口快之人，在推让钓鱼顺序时，也是她决定先后，不用商量。

轮到宝玉钓鱼时，他先说"我是要做姜太公的"。宝玉还没有钓，就知道自己难以钓上鱼，给自己留条后路。在钓鱼时，果然如此，他还风趣地说："好鱼儿，快来罢，你也成全成全我呢。"说得大家都笑了。宝玉最后没钓上鱼来，反而把鱼竿折断，丝也振断了，钩子也弄丢了。见此情景，大家开心不已，越发笑得厉害了。探春情不自禁地说道："再没见像你这样卤人！"

情绪很重要

钓鱼不管是不是比赛，应该都是快乐的。快乐钓鱼体现在人物的内心和神态之中。

从钓鱼开始，他们都在互相礼让，笑着说话，从他们钓鱼的动作来看，是那么的轻松愉快。一挑一撩，活蹦乱跳的鱼儿就上来了，宝玉哥哥说鱼儿性子慢，与他性子急对不上，又与鱼儿对话，请鱼儿成全他，话还没说完，钓丝动了一下，不知是不是鱼咬，竟让宝玉喜极了，"满怀用力往上一兜"，结果鱼没钓上来，竟把钓鱼的工具弄坏了。不过这样一来，让大家"越发笑起来"。

开始和结果少不了

描写一件事情，事件的六要素非常重要。什么时候钓，在哪儿钓，哪些人钓，当时环境如何，都应该在开始时交代清楚，钓鱼的开始和结果更为重要。

本选段中，探春四人先在那里开心地玩耍钓鱼，宝玉后来才加入，并且提出比运气的想法："咱们大家今儿钓鱼，占占谁的运气好。"说出了钓鱼规则，这也是一场比赛。在最后，其他四人都钓上一条，宝玉不但没钓上鱼，反而把鱼竿、钓丝弄断了，鱼钩也不见了。虽如此，但他们开心极了。这就是结果。

♨ **趣味链接：**

彩蝶翻飞　隔墙有耳

（且说宝钗）忽见面前一双玉色蝴蝶，大如团扇，一上一下迎风翩跹，十分有趣。宝钗意欲扑了来玩耍，遂向袖中取出扇子来，向草地下来扑。只见那一双蝴蝶忽起忽落，来来往往，穿花度柳，将欲过河去了。倒引的宝钗蹑手蹑脚的，一直跟到池中滴翠亭上，香汗淋漓，娇喘细细。宝钗也无心扑了，刚欲回来，只听滴翠亭里边喊喊喳喳有人说话。原来这亭子四面俱是游廊曲桥，盖造在池中水上，四面雕镂槅子糊着纸。

宝钗在亭外听见说话，便煞住脚往里细听。只听说道："你瞧瞧这手帕子，果然是你丢的那块，你就拿着；要不是，就还芸二爷去。"又有一人说话："可不是我那块！拿来给我罢。"又听道："你拿什么谢我呢？难道白寻了来不成？"又答道："我既许了谢你，自然不哄你。"又听说道："我寻了来给你，自然谢我；但只是拣的人，你就不拿什么谢他？"又回道："你别胡说。他是个爷们家，拣了我的东西，自然该还的。我拿什么谢他呢？"又听说道："你不谢他，我怎么回他呢？况且他再三再四的和我说了，若没谢的，不许我给你呢。"半晌，又听答道："也罢，拿我这个给他，算谢他的罢。——你要告诉别人呢？须说个誓来。"又听说道："我要告诉一个人，就长一个疔，日后不得好死！"又听说道："嗳哟！咱们只顾说话，看有人来悄悄在外头听见。不如把这槅子都推开了，便是有人见咱们在这里，他们只当我们说顽话呢。若走到跟前，咱们也看的见，就别说了。"

宝钗在外面听见这话，心中吃惊，想道："怪道从古至今那些奸淫狗盗的人，心机都不错。这一开了，见我在这里，他们岂不臊了。才说话的语音，大似宝玉房里的红儿的言语。他素昔眼空心大，是个头等刁钻古怪东西。今儿我听了他的短儿，一时人急造反，狗急跳墙，不但生事，而且我还没趣。如今便赶着躲了，料也躲不及，少不得要使个'金蝉脱壳'的法子。"犹未想完，只听"咯吱"一声，宝钗便故意放重了脚步，笑着叫道："颦儿，我看你往那里藏！"一面说，一面故意往前赶。

　　那亭内的红玉坠儿刚一推窗，只听宝钗如此说着往前赶，两个人都唬怔了。宝钗反向他二人笑道："你们把林姑娘藏在那里了?"坠儿道："何曾见林姑娘了?"宝钗道："我才在河那边看着林姑娘在这里蹲着弄水儿的。我要悄悄的唬他一跳，还没有走到跟前，他倒看见我了，朝东一绕就不见了。别是藏在这里头了。"一面说，一面故意进去寻了一寻，抽身就走，口内说道："一定是又钻在山子洞里去了。遇见蛇，咬一口也罢了。"一面说一面走，心中又好笑：这件事算遮过去了，不知他二人是怎样。

　　谁知红玉听了宝钗的话，便信以为真，让宝钗去远，便拉坠儿道："了不得了! 林姑娘蹲在这里，一定听了话去了!"坠儿听说，也半日不言语。红玉又道："这可怎么样呢?"坠儿道："便是听了，管谁筋疼，各人干各人的就完了。"红玉道："若是宝姑娘听见，还倒罢了。林姑娘嘴里又爱刻薄人，心里又细，他一听见了，倘或走露了风声，怎么样呢?"二人正说着，只见文官、香菱、司棋、待书等上亭子来了。

　　　　　　　　（选自　第二十七回　滴翠亭杨妃戏彩蝶　埋香冢飞燕泣残红）

✻ 原著练习

　　1. 在正确的读音下画横线：

沏茶(qī chá　　qiē chá)　　　　　形骸(xíng hé　　xíng hái)

蓼溆(liǎo xù　　liào xù)　　　　　石矶(shí jī　　shí jǐ)

漂儿(piāo ér　　piào ér)　　　　　抡着(lūn zhe　　lún zhe)

　　2. 按选段内容填空：

　　(1)(宝玉)翻了几页，(　　　)把书(　　　)，(　　　　)只管痴痴的坐着。

　　(2)宝玉也不答言，(　　　)茶来，(　　　)一口，便(　　　)了。

　　(3)宝玉笑着从山子后(　　　)出来，(　　　)道："你们好乐啊! 怎么不叫我一声儿?"

　　(4)探春把丝绳(　　　)，没十来句话的工夫，就有一个杨叶窜儿(　　　)钩子，把漂儿(　　　)。探春把竿一(　　)，往地下一(　　)，却是活迸的。

(5)宝玉(　　)钓竿，等了半天，那钓丝儿(　　　　)。刚有一个鱼儿在水边吐沫，宝玉把竿儿(　　)，又(　　)了。

3. 判断：

(1)四个人都吓了一跳，惊讶道："这是谁这么促狭？唬了我们一跳！"其中促狭的意思是讨厌，捉弄人。(　　)

(2)"没什么说的，你好好儿的赔我们的鱼罢。"改成反问句为"没什么说的，难道你不应该好好儿的赔我们的鱼吗？"(　　)

(3)"你若不爱看这些书，不如还到园里逛逛，也省得闷出毛病来。"用现在的语言表达就是：你如果不喜欢看这些书，就到园里逛逛，否则会闷出毛病来的。(　　)

(4)"怪不得钓不着。"这是双重否定句。(　　)

(5)钓鱼时，鱼钩出现问题的人是李纹。(　　)

4. 宝玉为什么钓不上鱼？你能给他提点建议吗？

5. 你家里有一起外出钓鱼的时候吗？学习曹雪芹的写法，把你家钓鱼的快乐场景写出来。

第十一节　黛玉魂归西天

（选自　第九十七回　林黛玉焚稿断痴情　薛宝钗出闺成大礼）

前言：贾母和王熙凤决定宝玉娶宝钗为妻，一是冲冲喜，使宝玉好起来；二是贾政将到外地做官，希望在外出前儿子宝玉早日成家。虽然王熙凤和贾母嘱咐其他人不得向黛玉透露消息，贾政也吩咐婚事可简单一些，但没有不透风的墙，黛玉及她的丫鬟们还是知道了这个令她们伤心欲绝的消息。

　　且说黛玉虽然服药，这病日重一日。紫鹃等在旁苦劝，说道："事情到了这个分儿，不得不说了。姑娘的心事，我们也都知道。至于意外之事是再没有的。姑娘不信，只拿宝玉的身子说起，这样大病，怎么做得亲呢。姑娘别听瞎话，自己安心保重才好。"

　　黛玉微笑一笑，也不答言，又咳嗽数声，吐出好些血来。紫鹃等看去，只有一息奄奄，明知劝不过来，惟有守着流泪，天天三四趟去告诉贾母。鸳鸯测度贾母近日比前疼黛玉的心差了些，所以不常去回。况贾母这几日的心都在宝钗宝玉身上，不见黛玉的信儿也不大提起，只请太医调治罢了。

　　黛玉向来病着，自贾母起，直到姊妹们的下人，常来问候。今见贾府中上下人等都不过来，连一个问的人都没有，睁开眼，只有紫鹃一人。自料万无生理，因扎挣着向紫鹃说道："妹妹，你是我最知心的，虽是老太太派你服侍我这几年，我拿你就当作我的亲妹妹。"说到这里，气又接不上来。紫鹃听了，一阵心酸，早哭得说不出话来。迟了半日，黛玉

（写文章要注意前后多次照应，互相烘托，前面为后面的内容进行铺垫。）

（黛玉病了，病得很重，看看她的动作和神态就知道了。）

又一面喘一面说道："紫鹃妹妹，我躺着不受用，你扶起我来靠着坐坐才好。"紫鹃道："姑娘的身上不大好，起来又要抖搂着了。"黛玉听了，闭上眼不言语了。一时又要起来。紫鹃没法，只得同雪雁把他扶起，两边用软枕靠住，自己却倚在旁边。

抖搂：因抖动衣被而受凉。

黛玉那里坐得住，下身自觉硌（gè）的疼，狠命的撑着，叫过雪雁来道："我的诗本子。"说着又喘。雪雁料是要他前日所理的诗稿，因找来送到黛玉跟前。黛玉点点头儿，又抬眼看那箱子。雪雁不解，只是发怔（zhēng）。黛玉气的两眼直瞪，又咳嗽起来，又吐了一口血。雪雁连忙回身取了水来，黛玉漱了，吐在盒内。紫鹃用绢子给他拭了嘴。黛玉便拿那绢子指着箱子，又喘成一处，说不上来，闭了眼。紫鹃道："姑娘歪歪儿罢。"黛玉又摇摇头儿。紫鹃料是要绢子，便叫雪雁开箱，拿出一块白绫绢子来。黛玉瞧了，撂在一边，使劲说道："有字的。"紫鹃这才明白过来，要那块题诗的旧帕，只得叫雪雁拿出来递给黛玉。紫鹃劝道："姑娘歇歇罢，何苦又劳神，等好了再瞧罢。"只见黛玉接到手里，也不瞧诗，扎挣着伸出那只手来狠命的撕那绢子，却是只有打颤的分儿，那里撕得动。紫鹃早已知他是恨宝玉，却也不敢说破，只说："姑娘何苦自己又生气！"黛玉点点头儿，掖在袖里，便叫雪雁点灯。雪雁答应，连忙点上灯来。

注意描写黛玉的细节：现在哪还有力气撕布啊！

通过黛玉这一系列的动作和语言，你可以看出她的心思吗？

黛玉瞧瞧，又闭了眼坐着，喘了一会子，又道："笼上火盆。"紫鹃打谅他冷，因说道："姑娘躺下，多盖一件罢。那炭气只怕耽（dān）不住。"黛玉又摇头儿。雪雁只得笼上，搁在地下火盆架上。黛玉点头，意思叫挪到炕上来。雪雁只得端上来，出去拿那张火盆炕桌。那黛玉却又把身子欠起，紫鹃只得两只手来扶着他。黛玉这才将方才的绢子拿在手中，瞅着那火点点头儿，往上一撂。紫鹃唬了一跳，欲要抢时，两只手却不敢动。雪雁又出去拿火盆桌子，此时那绢子已经烧着了。紫鹃劝道："姑娘这是怎么说呢。"黛玉只作不闻，回手又把那诗稿拿起来，瞧了瞧又撂下了。紫鹃怕他也要烧，连忙将身倚住黛玉，腾出手来拿时，黛玉又早拾起，撂在火上。此时紫鹃却够不着，干急。雪雁正拿进桌子来，看见黛玉一撂，不知何物，赶忙抢时，那纸沾火就着，如何能够少待，早已烘烘的着了。雪雁也顾不得烧手，从火里抓起来撂在地下乱踩，却已烧得所馀无几了。那黛玉把眼一闭，往后一仰，几乎不曾把紫鹃压倒。紫鹃连忙叫雪雁上来将黛玉扶着放倒，心里突突的乱跳。欲要叫人时，天又晚了，欲不叫人时，自己同着雪雁和鹦哥等几个小丫头，又怕一时有什么原故。好容易熬了一夜。

通过其他人的动作，告诉这些"秘密"，让读者逐渐明白。

到了次日早起，觉黛玉又缓过一点儿来。饭后，忽然又咳又吐，又紧起来。紫鹃看着不祥了，连忙将雪雁等都叫进来看守，自己却来回贾母。那知到了贾母上房，静悄悄的，只有两三个老妈妈和几个做粗活的丫头在那里看屋子呢。紫鹃因问道："老太太呢？"那些人都说不知道。紫鹃听这话诧异，遂到宝玉屋里去看，竟也无人。遂问屋里的丫头，也说不知。紫鹃已知八九，"但这些人怎么竟这样狠毒冷淡！"又想到黛玉这几天竟连一个人问的也没有，越想越悲，索性激起一腔闷气来，一扭身便出来了。自己想了一想："今日倒要看看宝玉是何形状！看他见了我怎么样过的去！那一年我说了一句谎话他就急病了，今日竟公然做出这件事来！可知天下男子之心真真是冰寒雪冷，令人切齿的！"一面走，一面想，早已来到怡红院。只见院门虚掩，里面却又寂静的很。紫鹃忽然想到："他要娶亲，自然是有新屋子的，但不知他这新屋子在何处？"

"都说不知道"，为什么？

人物的心理活动反映出当时发生的一切。

正在那里徘徊瞻顾，看见墨雨飞跑，紫鹃便叫住他。墨雨过来笑嘻嘻的道："姐姐在这里做什么？"紫鹃道："我听见宝二爷娶亲，我要来看看热闹儿。谁知不在这里，也不知是几儿？"墨雨悄悄的道："我这话只告诉姐姐，你可别告诉雪雁他们。上头吩咐了，连你们都不叫知道呢。就是今日夜里娶，那里是在这里，老爷派琏二爷另收拾了房子了。"说着又问："姐姐有什么事么？"紫鹃道："没什么事，你去罢。"墨雨仍旧飞跑去了。紫鹃自己也发了一回呆，忽然想起黛玉来，这时候还不知是死是活。因两泪汪汪，咬着牙发狠道："宝玉，我看他明儿死了，你算是躲的过不见了！你过了你那如心如意的事儿，拿什么脸来见我！"一面哭，一面走，呜呜咽咽的自回去了。

李雪芹：人物外貌的描写要恰当，就像我们该看她的脸时，就写她的脸。

　　还未到潇湘馆，只见两个小丫头在门里往外探头探脑的，一眼看见紫鹃，那一个便嚷道："那不是紫鹃姐姐来了吗。"紫鹃知道不好了，连忙摆手儿不叫嚷，赶忙进去看时，只见黛玉肝火上炎，两颧红赤。紫鹃觉得不妥，叫了黛玉的奶妈王奶奶来。一看，他便大哭起来。这紫鹃因王奶妈有些年纪，可以仗个胆儿，谁知竟是个没主意的人，反倒把紫鹃弄得心里七上八下。忽然紫鹃想起一个人来，便命小丫头急忙去请。你道是谁，原来紫鹃想起李宫裁是个孀(shuāng)居，今日宝玉结亲，他自然回避。况且园中诸事向系李纨料理，所以打发人去请他。。

孀居：死了丈夫的女人。

　　李纨正在那里给贾兰改诗，冒冒失失的见一个丫头进来回说："大奶奶，只怕林姑娘好不了，那里都哭呢。"李纨听了，吓了一大跳，也不及问了，连忙站起身来便走，素云碧月跟着，一头走着，一头落泪，想着："姐妹在一处一场，更兼他那容貌才情真是寡(guǎ)二少双，惟有青女素娥可以仿佛一二，竟这样小小的年纪，就作了北邙(máng)乡女！偏偏凤姐想出一条偷梁换柱之计，自己也不好过潇湘馆来，

通过李纨的心理活动，让读者知道了王熙凤的"偷梁换柱"之计。

竟未能少尽姊妹之情。真真可怜可叹。"一头想着，已走到潇湘馆的门口。里面却又寂然无声，李纨倒着起忙来，想来必是已死，都哭过了，那衣衾（qīn）未知装裹（guǒ）妥当了没有？连忙三步两步走进屋子来。

里间门口一个小丫头已经看见，便说："大奶奶来了。"紫鹃忙往外走，和李纨走了个对脸。李纨忙问"怎么样？"紫鹃欲说话时，惟有喉中哽咽的分儿，却一字说不出。那眼泪一似断线珍珠一般，只将一只手回过去指着黛玉。李纨看了紫鹃这般光景，更觉心酸，也不再问，连忙走过来。看时，那黛玉已不能言。

<后语>

正逢贾宝玉迎娶薛宝钗之时，林黛玉口里喊着"宝玉、宝玉"就离开了人世。几天后，贾宝玉问及林黛玉时，薛宝钗告诉他黛玉已去世。宝玉听后立即晕倒过去，梦中寻找林黛玉。在薛宝钗的劝解和药物的调理下，宝玉的病情有所好转。

❖ **闲话少说**

此时的林黛玉是即将因病而去的人，但她的情感又是何等的丰富。作者通过对她的描写，让读者看到了一个即将离开人世的弱女子，她带着无限伤感和万千悲愤。

❋ **我观"红楼"：**

黛玉的诗词天赋

"两弯似蹙非蹙罥烟眉，一双似泣非泣含露目。态生两靥之愁，娇袭一身之病。泪光点点，娇喘微微。闲静时如姣花照水，行动处似弱柳扶风。心较比干多一窍，病如西子胜三分。"她就是林黛玉。

在大观园里，林黛玉不仅外表美，而且她的诗词才华独树一帜，深得大家的赞赏。在香菱学诗那一部分里，我们看到了林黛玉对诗的独特理解和感悟，话虽不多，但能抓住要点。

"杏帘在望"

在元妃省亲那晚，就显示出林黛玉的诗词天赋。那次，林黛玉先只是应付式地胡乱做了一首五言律诗就得到了元妃的肯定：重视薛林二妹之作与众不同，非愚姊妹可同列者。在贾宝玉抄写三首诗词时，她早已替宝玉写下了第四首《杏帘在望》，并且宝玉认为这首赛过自己的十倍。元妃也称赞这首《杏帘在望》比宝玉所做的前三首要好很多。

"蕉叶覆鹿"

进入大观园后，探春发起成立诗社，在给大家取别号时，展示了黛玉丰富的典故知识。探春自己取名"蕉下客"，大家都认为别致有趣，可是黛玉笑着说："你们快牵了他去，炖了脯子吃酒。"原来古人有"蕉叶覆鹿"之说，蕉下客指的是鹿。在成立诗社的当日，黛玉做的诗被众人看了，都道："这首为上"。但本次诗社的东道主李纨一心要推宝钗，说宝钗的诗"有身份"。不过她最后评论道："若论风流别致，自是这首；若论含蓄浑厚，终让蘅稿。"她在赞扬宝钗的同时，也承认黛玉的作品非常好。

黛玉为魁

诗社成立的第二日，史湘云因未参加诗社成立当天的活动，便和宝钗商量"罚"自己当一回东道主，邀请大家再聚一次，并且以菊花为题，写十二首七言律诗。大家一边赏桂花，一边喝酒吃螃蟹，等贾母走后，大观园里的哥儿姐妹就开始作诗了。只有一顿饭的功夫，十二首律诗就出来了。大家看一首赞一首，彼此称赞不已。李纨笑道："等我从公评来。通篇看来，各有各人的警句。今日公评：《咏菊》第一，《问菊》第二，《菊梦》第三，题目新，诗也新，立意更新，恼不得要推潇湘妃子为魁了。"十二首诗，排在前面的三首诗都是林黛玉所作，这一下，李纨不得不推崇潇湘妃子林黛玉为第一了。

悲调哀音

诗是诗人内心世界的反应，林黛玉的诗自然与她的内心孤傲、悲戚相关。在诗社成立一年后的一个春天，万物更新，桃花盛开之时，林黛玉写下一篇《桃花行》。即使宝琴骗宝玉说，该诗为宝琴所作，但对黛玉诗风甚为了解的宝玉一看便知该诗是林黛玉所写，他认为宝琴"比不得林妹妹曾经离丧，作此哀音"。宝玉看后，没有称赞，只有痴痴呆呆，竟要滚下泪来。

林黛玉还填了一阙词《唐多令》："粉堕百花洲，香残燕子楼。一团团逐对成毬。漂泊亦如人命薄，空缱绻，说风流。草木也知愁，韶华竟白头！叹今生谁舍谁收？嫁与东风春不管，凭尔去，忍淹留。"众人看了俱点头感叹，说："太作悲了，好是固然好的。"

后来史湘云提议重整诗社，改海棠社为桃花社，黛玉为社主。但遗憾的是，桃花社也如同黛玉一样，烟消云散，留下黛玉的悲调哀音。

♣ "红楼"技法：

怎样写病人

病人一般会呈现出一种病态，不同的疾病有不同的病征。林黛玉病了，病得不轻，快要死了，她得的是肺病。

抓住病的特征

林黛玉得的是一种肺病，肺病往往体现在呼吸上，时常上气不接下气、喘气、咳嗽，咳嗽时还常伴有血痰。当雪雁不明白黛玉抬眼看箱子的动作时，"黛玉气的两眼直瞪，又咳嗽起来，又吐了一口血"。"又喘成一处，说不上来"，没隔多久，她又喘上了，"饭后，忽然又咳又吐，又紧起来"。

医生根据病人的症状可以初步判断病人得了什么病。我们写作文时要写什么病就应该具体描写该病的特征，不能千篇一律。我们知道发烧是通病，很多病种都伴有发烧，但发烧的背后肯定有细微不同，要想找到病因，写出不同的病态，还得靠细节，靠观察病人病态的细节。

抓住病人的语言

病人病重时说话与平时会不一样。病重时说话常常是有气无力的，说的话断断续续，或者说的句子很短，甚至只有几个字。

黛玉叫雪雁从箱子里拿她以前写的诗本子，只说了"我的诗本子"，话没说完又开始喘气了。弄得雪雁不知是什么意思，领会错了黛玉的本意。黛玉非常生气，气得直瞪眼睛，气得她使劲说"有字的"。当雪雁领会了黛玉的意思后，黛玉只说了四个字："笼上火盆"。就凭这四个字，紫娟和雪雁又不能准确地领会她的意思了。病入膏肓的黛玉，说话的力气没有了，很多时候都是"点点头儿""只作不闻""说不上来，闭了眼"。

抓住病人的动作

有气无力是病人常有的样态，病人不仅没气力说话，而且他们的举手投足也会呈现出病态。

"黛玉那里坐得住，下身自觉硌的疼，狠命的撑着。""只见黛玉接到手里，也不瞧诗，扎挣着伸出那只手来狠命的撕那绢子，却是只有打颤的分儿。那里撕得动。"她气得还想狠命地撕，以此表达对宝玉的不满。撕不动，她就烧，"那黛玉却又把身子欠起""将方才的绢子拿在手中，瞅着那火点点头儿，往上一撂"。紫娟知道黛玉恨宝玉，不然怎会有这样的狠命呢？黛玉把以前表达对宝玉情感的诗稿撂到火上，几乎用尽了全身的力气，"那黛玉把眼一闭，往后一仰，几乎不曾把紫娟压倒"。

抓住病人的面部表情

病人的脸一般是难看的，面无表情，脸色苍白，等等。除了脸部颜色以外，眼睛也是能反映病态的。我们常说双眼无神、目光呆滞、眼皮耷拉着，等等。

选段中，林黛玉无力睁眼，多次闭眼，最后出现两颊红润，那都是肝火上来，临死前的征兆了，如同俗话说的"回光返照"，意味着距离死亡不远了。当然，症状不同的病人其面部表情是不一样的，需要我们细致观察。

因为疾病缠身，导致病人身体外部有特殊的表现。疾病有轻有重、有缓有急，这需要我们深入生活，细致观察，对病人的描写才能符合病人本身的情况。

♨ 趣味链接：

梦醒时分

宝玉片时清楚，自料难保，见诸人散后，房中只有袭人，因唤袭人至跟前，拉着手哭道："我问你，宝姐姐怎么来的？我记得老爷给我娶了林妹妹过来，怎么被宝姐姐赶了去了？他为什么霸占住在这里？我要说呢，又恐怕得罪了他。你们听见林妹妹哭得怎么样了？"袭人不敢明说，只得说道："林姑娘病着呢。"宝玉又道："我瞧瞧他去。"说着，要起来。岂知连日饮食不进，身子那能动转，便哭道："我要死了！我有一句心里的话，只求你回明老太太：横竖林妹妹也是要死的，我如今也不能保。两处两个病人都要死的，死了越发难张罗。不如腾一处空房子，趁早将我同林妹妹两个抬在那里，活着也好一处医治服侍，死了也好一处停放。你依我这话，不枉了几年的情分。"袭人听了这些话，便哭的哽嗓气噎。宝钗恰好同了莺儿过来，也听见了，便说道："你放着病不保养，何苦说这些不吉利的话。老太太才安慰了些，你又生出事来。老太太一生疼你一个，如今八十多岁的人了，虽不图你的封诰，将来你成了人，老太太也看着乐一天，也不枉了老人家的苦心。太太更是不必说了，一生的心血精神，抚养了你这一个儿子，若是半途死了，太太将来怎么样呢。我虽是命薄，也不至于此。据此三件看来，你便要死，那天也不容你死的，所以你是不得死的。只管安稳着，养个四五天后，风邪散了，太和正气一足，自然这些邪病都没有了。"宝玉听了，竟是无言可答，半晌方才嘻嘻的笑道："你是好些时不和我说话了，这会子说这些大道理的话给谁听？"宝钗听了这话，便又说道："实告诉你说罢，那两日你不知人事的时候，林妹妹已经亡故了。"宝玉忽然坐起来，大声诧异道："果真死了吗?"宝钗道:"果真死了。岂有红口白舌咒人死的呢。老太太、太太知道你姐妹和睦,你听见他死了自然你也要死,所以不肯告诉你。"宝玉听了,不禁放声大哭,倒在床上。

（选自　第九十八回　苦绛珠魂归离恨天　病神瑛泪洒相思地）

✳ 原著练习

1. 在正确的读音下画横线:

调治(tiáo zhì　diào zhì)　　　发怔(fā zhēng　fā zhèng)

白绫(bái léng　bái líng)　　　打量(dǎ liáng　dǎ liàng)

孀居(shuāng jū　shuǎng jū)　　衣衾(yī qīn　yī qīng)

2. 按选段内容填空:

(1)黛玉微笑一笑,也不(　　),又(　　)数声,(　　)好些血来。

(2)只见黛玉(　　)到手里,也不(　　)诗,扎挣着(　　)那只手来狠命的(　　)那绢子,却是只有(　　)的分儿,那里撕得动。

(3)黛玉瞧瞧,又(　　)坐着,(　　)了一会子,又道:"笼上火盆。"

(4)雪雁也顾不得烧手,从火里(　　)起来(　　)在地下(　　),却已(　　)得所馀无几了。

(5)李纨听了,吓了(　　),也来不及(　　),连忙(　　)身来便(　　),素云碧月跟着,一头(　　),一头(　　)。

3. 判断:

(1)雪雁是黛玉从自己家里带过来的丫鬟。(　　)

(2)李纨认为黛玉的容貌才情是寰二少双。(　　)

(3)欲要叫人时,天又晚了,欲不叫人时,自己同着雪雁和鹦哥等几个小丫头,又怕一时有什么原故。这是心理描写。(　　)

(4)(紫娟)因两泪汪汪,咬着牙发狠道:"宝玉,我看他明儿死了,你算是躲的过不见了!你过了你那如心如意的事儿,拿什么脸来见我!"这里的"他"指的是黛玉,宝玉做过的如心如意的事是指宝玉与宝钗结婚。(　　)

（5）王熙凤为了让宝玉相信自己娶的是黛玉，特意叫了黛玉的贴身丫鬟紫娟来陪宝钗拜堂。（　　）

4. 林黛玉为什么要撕诗本子、烧诗稿呢？

5. 生与死每个人都只有一次，含冤、心郁闷之感或许你经历过，请回忆一下，在描述事件的经过中写出人物个性，也让大家体会那份情感。

第十二节　宝玉回归青埂峰

（选自　一二〇回　甄士隐详说太虚情　贾雨村归结红楼梦）

前言：宝玉的贴身丫鬟袭人听说：如果宝玉回不来了，她们这些丫鬟就要被打发出去。因此，她越发病了，她思来想去准备以死来结束自己的生命。宝钗想念宝玉，也常暗中垂泪。不过，此时贾赦已被免罪，贾珍不但免了罪，还世袭宁国府的三等职；荣国府的贾政世袭荣国府世职，允许丁忧期满后，升任工部郎中，前面所抄的家产全部归还。

且说贾政扶贾母灵柩，贾蓉送了秦氏凤姐鸳鸯的棺木，到了金陵，先安了葬。贾蓉自送黛玉的灵也去安葬。贾政料理坟茔的事。一日接到家书，一行一行的看到宝玉贾兰得中，心里自是喜欢。后来看到宝玉走失，复又烦恼，只得赶忙回来。在道儿上又闻得有恩赦的旨意，又接家书，果然赦罪复职，更是喜欢，便日夜趱（zǎn）行。

> 贾府的老家是在金陵，她们死后都要葬回那里。

一日，行到毗（pí）陵驿地方，那天乍寒下雪，泊在一个清净去处。贾政打发众人上岸投帖辞谢朋友，总说即刻开船，都不敢劳动。船中只留一个小厮伺候，自己在船中写家书，先要打发人起早到家。写到宝玉的事，便停笔。抬头忽见船头上微微的雪影里面一个人，光着头，赤着脚，身上披着一领大红猩猩毡的斗篷，向贾政倒身下拜。贾政尚未认清，急忙出船，欲待扶住问他是谁。那人已拜了四拜，站起来打了个问讯。贾政才要还揖，迎面一看，不是别人，却是宝玉。

> 你能想象贾政此时的心情吗？

贾政吃一大惊，忙问道："可是宝玉么？"那人只不言语，似喜似悲。贾政又问道："你若是宝玉，如何这样打扮，宝玉走了，故事也快结尾了。

跑到这里？"宝玉未及回言，只见舡头上来了两人，一僧一道，夹住宝玉说道："俗缘已毕，还不快走。"说着，三个人飘然登岸而去。

贾政不顾地滑，疾忙来赶。见那三人在前，那里赶得上。只听得他们三人口中不知是那个作歌曰：

我所居兮，青埂之峰。我所游兮，鸿蒙太空。谁与我游兮，吾谁与从。渺渺茫茫兮，归彼大荒。

贾政一面听着，一面赶去，转过一小坡，倏然不见。贾政已赶得心虚气喘，惊疑不定，回过头来，见自己的小厮也是随后赶来。贾政问道："你看见方才那三个人么？"小厮道："看见的。奴才为老爷追赶，故也赶来。后来只见老爷，不见那三个人了。"贾政还欲前走，只见白茫茫一片旷野，并无一人。贾政知是古怪，只得回来。

两个和尚、一个道士指的是哪些人？

众家人回舡，见贾政不在舱中，问了舡夫，说是"老爷上岸追赶两个和尚一个道士去了。"众人也从雪地里寻踪迎去，远远见贾政来了，迎上去接着，一同回船。贾政坐下，喘息方定，将见宝玉的话说了一遍。众人回禀，便要在这地方寻觅。贾政叹道："你们不知道，这是我亲眼见的，并非鬼怪。况听得歌声大有元妙。那宝玉生下时衔了玉来，便也古怪，我早知不祥之兆，为的是老太太疼爱，所以养育到今。便是那和尚道士，我也见了三次：头一次是那僧道来说玉的好处；第二次便是宝玉病重，他来了将那玉持诵了一番，宝玉便好了；第三次送那玉来，坐在前厅，我一转眼就不见了。我心里便有些诧异，只道宝玉果真有造化，高僧仙道来护佑他的。岂知宝玉是下凡历劫的，竟哄了老太太十九年！如今叫我才明白。"说到那里，掉下泪来。众人道："宝二爷果然是下凡的和尚，就不该中举人了。怎么中了才去？"

你知道，贾政明白什么了吗？

贾政道："你们那里知道，大凡天上星宿，山中老僧，洞里的精灵，他自具一种性情。你看宝玉何尝肯念书，他若略一经心，无有不能的。他那一种脾气也是各别另样。"说着，又叹了几声。众人便拿"兰哥得中，家道复兴"的话解了一番。贾政仍旧写家书，便把这事写上，劝谕合家不必想念了。写完封好，即着家人回去。贾政随后赶回。

<后语>

　　宝钗一听说宝玉已出家，就哭得不省人事了，幸亏她已经怀上了宝玉的孩子。袭人多次想一死了之，但因不愿累及他人，始终狠不了心。当她发现自己所嫁之人是宝玉的好友蒋玉菡时，也就心安了许多。蒋玉菡见她是宝玉的丫鬟，心情也非同一般，两人从此相敬如宾。《红楼梦》的故事在空空道人的仰天大笑中结束了。

❖ 闲话少说

　　宝玉在贾府出生时出现了神奇现象：口里衔着一块玉。宝玉最终离开贾府也是独特的：不说一句话，光头、赤脚，拜别后，飘然而去。

❀ 我观"红楼"：

宝玉其人其情

　　面若中秋之月，色如春晓之花，鬓若刀裁，眉如墨画，面如桃瓣，目若秋波。虽怒时而若笑，即瞋视而有情。

——贾宝玉

神奇的出生

　　贾宝玉，他是传说中的一块石头。传说女娲补天之时，炼成补天石三万六千五百零一块，有一块没有使用，丢弃在青埂峰下。这块石头自经煅炼之后，灵性已通，得换人形，被一僧一道携入红尘，幻化为通灵宝玉，转世到京城荣国府。

一天，京城荣国府里传来一声婴儿啼哭，一名男婴降生。这名婴儿出生时口里衔着一块宝玉，大家都觉得奇怪。贾府也因此为他取名贾宝玉。贾宝玉从小就喜欢和姐妹们一起玩，他常说："女儿是水做的骨肉，男人是泥做的骨肉，我见了女儿便清爽，见了男子便觉浊臭逼人。"可见他对女人和男人的态度自是不同了。

快乐多彩的大观园生活

贾宝玉十二三岁时，随姐妹们进入大观园，住在怡红院。自进了大观园后，每天和姐妹丫头们一起，或读书，或写字，或弹琴下棋，或作画吟诗，或描鸾刺凤，或斗草簪花，或低吟悄唱，或拆字猜谜，无所不至，倒也十分快乐。

他与姐妹们一起放风筝，一起钓鱼，关上大门在深夜里一起偷偷地在家设宴庆祝自己的生日。当他父亲要检查他的学业时，那些姐妹丫头们都纷纷替他写字，帮宝玉蒙混过关。他为了让晴雯开心，博得她一笑，竟然要她把扇子撕掉，甚至不惜把所有的扇子都撕掉。

不过，正如贾宝玉自己所说的，他是"多愁多病"的人。在大观园里看到一些姐妹相继离去，他会伤感；看到一些丫头们不幸离世，他会流泪，甚至偷偷地祭奠。有时他也会与自己心爱的黛玉争吵一番，会和她一起去葬花。

爱情与婚姻都是悲剧

贾宝玉和林黛玉是真心相爱的，可是现实没有让他们走在一起。他们有着天赐的缘分，却没有人间的姻缘。林黛玉初入贾府，她第一眼见到宝玉时，就大吃一惊，心里想到："好生奇怪，倒像在那里见过一般，何等眼熟到如此！"从此他俩在贾母的呵护下，青梅竹马，两小无猜，一起玩耍，甚至都睡在贾母家。他们对世俗的看法都一致，不看重功名，不愿意与世俗同流合污。

另外，他们面对落花的感受也是惊人的相同。一日，宝玉看见落花"恐怕脚步践踏了，只得兜了那花瓣来到池边，抖在池内。"黛玉恰好也刚葬完花回来，她说："撂在水里不好。你看这里的水干净，只一流出去，有人家的地方脏的臭的混倒，仍旧把花遭塌了。那畸角上我有一个花冢，如今把他扫了，装在这绢袋里，拿土埋上，日久不过随土化了，岂不干净。"遗憾的是，黛玉有病，并且病得严重，贾母看到黛玉的命不长后，就放弃了宝玉娶黛玉的想法。这也不能怪贾母和宝玉，毕竟那时是封建社会，家长决定子女的婚姻，这也就最终造成了宝玉和黛玉的爱情悲剧。

为了给病中的宝玉冲喜，为了让即将外出做官的贾政看到宝玉结婚，王熙凤和贾母想了一个偷梁换柱的做法：告诉宝玉即将与黛玉成亲，并且让黛玉的丫鬟陪宝钗与宝玉拜堂，给宝玉造成与黛玉结婚的假象。

宝玉开始信以为真，成亲前和拜堂时都兴奋不已，所得的病似乎也好了不少。可是当进入洞房，揭开新娘头巾时，宝玉失望了，没有看到黛玉，看到的是宝钗，他又开始进入病态。后来很长时间都是如此，宝玉的心里始终只有黛玉，也就注定了宝玉和宝钗的婚姻是不幸福的。按习俗，新郎新娘婚后九天内，要回娘家一次。回娘家后，宝钗"心里只怨母亲办的糊涂"，薛姨妈看见宝玉这般光景也"心里懊悔"。

尽管后来宝玉认可黛玉已死的事实，对宝钗稍好一点，但毕竟"病入膏肓"，在完成宝钗主张的考试后，宝玉离开了贾家。宝玉和宝钗的婚姻也因此云散。

♣ "红楼"技法：

结尾有技巧

习作时，我们常讲"凤头猪肚豹尾"。其中"豹尾"就是指结尾的方式如同豹子尾巴，短而有力，所谓见好就收。写文章要放得开，收得拢，收得好，收得及时，给读者留下回旋的余地。《红楼梦》是一篇巨著，它的收尾很独特。本选段所展示的情节也体现了其独特的收尾技巧。

首尾呼应　结构严谨

《红楼梦》在故事开篇中这样说："一日，正当嗟悼之际，俄见一僧一道远远而来，生得骨格不凡，丰神迥异，说说笑笑来至峰下，坐于石边高谈快论。"不知过了多长时间，一空空道人与奇石相遇，听其讲《石头记》。曹雪芹题词云："满纸荒唐言，一把辛酸泪，都云作者痴，谁解其中味！"故事结尾时，带走宝玉的仍是一僧一道，他俩夹住宝玉说："俗缘已毕，还不快走。"三人飘然登岸而去。那僧道携了宝玉到青埂峰下，将宝玉安放在女娲炼石补天之处。

一天，又是空空道人从青埂峰前经过，见那补天之石，叹道："我从前见石兄这段奇文，原说可以闻世传奇，所以曾经抄录，但未见返本还原。"空空道人抄写后，交给曹雪芹，传之后世。后人再题四句偈语："说到辛酸处，荒唐愈可悲，由来同一梦，休笑世人痴！"

《红楼梦》故事很长，共有一百二十回，讲述了从贾宝玉转世到归真，历时19年。但因为首尾呼应，其结构显得非常严谨。故事由奇石开始，放开想象，尽情描写，到最后仍回到那僧那道，仍回到那块石头，那句偈语。

结尾呼应开头，能唤起读者心理上的美感，产生一种首尾圆合，浑然一体的感觉。

营造意境　回味无穷

本选段是《红楼梦》中的一个故事情节。即贾政送贾母灵柩到金陵后回家，路上碰到走失的贾宝玉。贾宝玉并不随父亲回家，而是跟父亲拜别。贾政欲追不得，只好眼睁睁地看着宝玉被僧道之人带走。那是一个寒冷的冬天，船停在一个清净之处，到处是白雪皑皑。冬天的环境描写就是如此荒凉凄凄。这时一个雪影出现在贾政视线里，他光着头，赤着脚，身上披着一领大红猩猩毡的斗篷。大雪天里光头赤脚，使整个画面更趋寒冷，大红的斗篷在雪地里又显得那么刺眼。贾政没有追上僧道三人，留下的是"白茫茫一片旷野，并无一人"，也给读者留下了想象的空间：宝玉被僧道两人带到哪里去了，还会回来吗？贾宝玉不会回来了，他是一块石头，他又回到了青埂峰下，回到他"梦"开始的地方。

我们写作文时，也可以在文章结尾处，用几句话描写出相应的场景，给读者留下回味的空间。

抒发感慨　总结全文

《红楼梦》的结尾处是这样写的："那空空道人听了，仰天大笑，掷下抄本，飘然而去。一面走着，口中说道：'果然是敷衍荒唐！不但作者不知，抄者不知，并阅者也不知。不过游戏笔墨，陶情适性而已！'"

空空道人听了曹雪芹的话后，仰天大笑，发出了感慨，这个感慨既是对《石头记》故事的感受，也是对小说的总结。作者也通过后人所赠的四句偈语表达了自己的感受。

我们学习写作时，可以根据题材内容，以作者的口气或者习作人物的口吻，对全文抒发感慨，总结全文，从而既表达出作者的感情，又能激起读者的情感波澜，引起读者共鸣。

趣味链接：

梦寻十二钗

话说宝玉一听麝月的话，身往后仰，复又死去，急得王夫人等哭叫不止。麝月自知失言致祸，此时王夫人等也不及说他。那麝月一面哭着，一面打定主意，心想："若是宝玉一死，我便自尽跟了他去！"不言麝月心里的事。且言王夫人等见叫不回来，赶着叫人出来找和尚救治。岂知贾政进内出去时，那和尚已不见了。贾政正在诧异，听见里头又闹，急忙进来。见宝玉又是先前的样子，口关紧闭，脉息全无。用手在心窝中一摸，尚是温热。贾政只得急忙请医灌药救治。

那知那宝玉的魂魄早已出了窍了。你道死了不成？却原来恍恍惚惚赶到前厅，见那送玉的和尚坐着，便施了礼。那知和尚站起身来，拉着宝玉就走。宝玉跟了和尚，觉得身轻如叶，飘飘摇摇，也没出大门，不知从那里走了出来。行了一程，到了个荒野地方，远远的望见一座牌楼，好像曾到过的。正要问那和尚时，只见恍恍惚惚来了一个女人。宝玉心里想道："这样旷野地方，那得有如此的丽人，必是神仙下界了。"宝玉想着，走近前来细细一看，竟有些认得的，只是一时想不起来。见那女人和和尚打了一个照面就不见了。宝玉一想，竟是尤三姐的样子，越发纳闷："怎么他也在这里？"又要问时，那和尚拉着宝玉过了那牌楼，只见牌上写着"真如福地"四个大字，两边一副对联，乃是：

假去真来真胜假，无原有是有非无。

转过牌坊，便是一座宫门。门上横书四个大字道"福善祸淫"。又有一副对子，大书云：

过去未来，莫谓智贤能打破；前因后果，须知亲近不相逢。

宝玉看了，心下想道："原来如此。我倒要问问因果来去的事了。"这么一想，只见鸳鸯站在那里招手儿叫他。宝玉想道："我走了半日，原不曾出园子，怎么改了样子了呢？"赶着要和鸳鸯说话，岂知一转眼便不见了，心里不免疑惑起来。走到鸳鸯站的地方儿，乃是一溜配殿，各处都有匾额。宝玉无心去看，只向鸳鸯立的所在奔去。见那一间配殿的门半掩半开，宝玉也不敢造次进去，心里正要问那和尚一声，回过头来，和尚早已不见了。宝玉恍惚，见那殿宇巍峨，绝非大观园景象。便立住脚，抬头看那匾额上写道："引觉情痴"。两边写的对联道：

喜笑悲哀都是假，贪求思慕总因痴。

宝玉看了，便点头叹息。想要进去找鸳鸯问他是什么所在，细细想来甚是熟识；便仗着胆子推门进去。满屋一瞧，并不见鸳鸯，里头只是黑漆漆的，心下害怕。正要退出，见有十数个大橱，橱门半掩。

宝玉忽然想起："我少时做梦曾到过这个地方。如今能够亲身到此，也是大幸。"恍惚间，把找鸳鸯的念头忘了。便壮着胆把上首的大橱开了橱门一瞧，见有好几本册子，心里更觉喜欢，想道："大凡人做梦，说是假的，岂知有这梦便有这事。我常说还要做这个梦再不能的，不料今儿被我找着了。但不知那册子是那个见过的不是？"伸手在上头取了一本，册上写着"金陵十二钗正册"。宝玉拿着一想道："我恍惚记得是那个，只恨记不得清楚。"便打开头一页看去，见上头有画，但是画迹模糊，再瞧不出来。后面有几行字迹也不清楚，尚可摹拟，便细细的看去，见有什么"玉带"，上头有个好像"林"字，心里想道："不要是说林妹妹罢？"便认真看去，底下又有"金簪雪里"四字，诧异道："怎么又像他的名字呢。"复将前后四句合起来一念道："也没有什么道理，只是暗藏着他两个名字，并不为奇。独有那'怜'字'叹'字不好。这是怎么解?"想到那里，又自啐道："我是偷着看，若只管呆想起来，倘有人来，又看不成了。"遂往后看去，也无暇细玩那画图，只从头看去。看到尾儿有几句词，什么"相逢大梦归"一句，便恍然大悟道："是了，果然机关不爽，这必是元春姐姐了。若都是这样明白，我要抄了去细玩起来，那些姊妹们的寿夭穷通没有不知的了。我回去自不肯泄漏，只做一个未卜先知的人，也省了多少闲想。"又向各处一瞧，并没有笔砚，又恐人来，只得忙着看去。只见图上影影有一个放风筝的人儿，也无心去看。急急的将那十二首诗词都看遍了。也有一看便知的，也有一想便得的，也有不大明白的，心下牢牢记着。一面叹息，一面又取那《金陵又副册》一看，看到"堪羡优伶有福，谁知公子无缘"先前不懂，见上面尚有花席的影子，便大惊痛哭起来。

（选自　第一一六回　得通灵幻境悟仙缘　送慈柩故乡全孝道）

✳ 原著练习

1. 在正确的读音下画横线：

灵柩(líng jiǔ　líng jiù)　　　恩赦(ēn chì　ēn shè)

乍寒(zǎ hán　zhà hán)　　　斗篷(dǒu féng　dǒu péng)

倏然(tū rán　shū rán)　　　伺候(cì hou　shì hòu)

2. 按选段内容填空：

(1)（贾政）一日接到家书，（　　　　）的看到宝玉贾兰得中，心理自是（　　　）。

(2)（贾政）抬头忽见船头上微微的雪影里面一个人，（　　　），赤着脚，身上披着一领（　　　）的斗篷，向贾政（　　　）。

(3)贾政（　　　），（　　　）道："可是宝玉么?"

(4)贾政还欲前走，只见（　　　）一片旷野，并无（　　　）。

(5)贾政道："岂知宝玉是下凡（　　　）的，竟哄了老太太（　　　）年!"

3. 判断：

（1）宝玉失踪后再见到贾政时，宝玉已经出家了。（　　）

（2）贾宝玉是青埂峰下的那块灵石投胎而来。（　　）

（3）那和尚道士到贾府出现了五次。（　　）

（4）"兰哥得中，家道复兴"中的兰哥指的是贾兰。（　　）

（5）那人只不言语，似喜似悲。这是神态描写。（　　）

4. 宝玉主动来跟父亲贾政告别，如果不是那僧道两人过来夹住宝玉，要宝玉快走的话，你想象一下，宝玉还会跟他父亲说些什么？

5. 你见过或经历过追赶一个人吗？不管是在现实生活中有过还是在梦中出现过，都请你回忆一下，模仿贾政追赶宝玉的描写方法，把自己追赶一个人的所见所闻及感受写出来。

综合篇

"水浒""红楼"片段欣赏

第一节 "水浒"人物外貌描写欣赏

威猛的鲁提辖

道犹未了，只见一个大汉（鲁提辖）大踏步竟入来，走进茶坊里。史进看他时，是个军官模样。怎生结束？但见：

头裹芝麻罗万字顶头巾，脑后两个太原府纽丝金环，上穿一领鹦哥绿贮（zhù）丝战袍，腰系一条文武双股鸦青绦，足穿一双鹰爪皮四缝干黄靴。生得面圆耳大，鼻直口方，腮边一部貉（hé）髹胡须。身长八尺，腰阔十围。

那人入到茶房里面坐下。

北宋的军官原来是如此打扮，鲁智深的样子还真像一个罗汉。

（选自 第三回 史大郎夜走华阴县 鲁提辖拳打镇关西）

英俊潇洒的柴大官人

别了众庄客，和两个公人再回旧路，肚里好生愁闷。行了半里多路，只见远远的从林子深处一簇人马来。但见：

人人俊丽，个个英雄。数十匹骏马嘶风，两三面绣旗弄日。粉青毡笠，似倒翻荷叶高擎；绛色红缨，如烂熳莲花乱插。飞鱼袋内，高插着描金雀画细轻弓；狮子壶中，整攒着点翠雕翎端正箭。牵几只赶獐细犬，擎数对拿兔苍鹰。穿云俊鹘顿绒绦，脱帽锦雕寻护指。摽枪风利，就鞍边微露寒光；画鼓团圞，向鞍上时闻响震。辔边拴系，都缘是天外飞禽；马上擎抬，莫不是山中走兽。好似晋王临紫塞，浑如汉武到长杨。

柴进毕竟是有钱有势之人。

那簇人马飞奔庄上来，中间捧着一位官人，骑一匹雪白卷毛马。马上那人生得龙眉凤目，皓齿朱唇，三牙掩口髭须，三十四五年纪，头戴一顶皂纱转角簇花巾，身穿一领紫绣团龙云肩袍，腰系一条玲珑嵌宝玉绦环，足穿一双金线抹绿皂朝靴，带一张弓，插一壶箭，引领从人，都到庄上来。林冲看了，寻思道："敢是柴大官人么？"又不敢问他，只自肚里踌躇。只见那马上年少的官人纵马前来，问道："这位带枷的是甚人？"林冲慌忙躬身答道："小人是东京禁军教头姓林名冲，为因恶（wù）了高太尉，寻事发下开封府问罪，断遣刺配此沧州。闻得前面酒店里说，这里有个招贤纳士好汉柴大官人，因此特来相投。不遇官人，当以实诉。"那官人滚鞍下马，飞近前来，说道："柴进有失迎迓！"就草地上便拜。

"水浒"里就是这样，动不动就滚鞍下拜。

（选自 第九回 柴进门招天下客 林冲棒打洪教头）

晁盖救赤发鬼刘唐

晁盖去推开门，打一看时，只见高高吊起那汉子在里面，露出一身黑肉，下面抓扎起两条黑魆（xū）魆毛腿，赤着一双脚。晁盖把灯照那人脸时，紫黑阔脸，鬓边一搭朱砂记，上面生一处黑黄毛。晁盖便问道："汉子，你是那里人？我村中不曾见有你。"那汉道："小人是远乡客人，来这里投奔一个人，却把我来拿做贼，我须有分辨处。"

写人物可以由远及近，抓住人物独特的地方来描写，读者一下子就记住了。

（选自 第十四回 赤发鬼醉卧灵官殿 晁天王认义东溪村）

吴军师出场

众士兵见雷横赢不得刘唐，却待都要一齐上并他，只见侧首篱门开处,一个人擎两条铜链,叫道:"你们两个好汉且不要斗!我看了多时,权且歇一歇,我有话说。"便把铜链就中一隔。两个都收住了朴刀,跳出圈子外来,立住了脚。看那人时,似秀才打扮:戴一顶桶子样抹眉梁头巾,穿一领皂沿边麻布宽衫,腰系一条茶褐銮带,下面丝鞋净袜;生得眉目清秀,面白须长。这秀才乃是智多星吴用,表字学究,道号加亮先生,祖贯本乡人氏。

> 秀才就是这样"眉清目秀,面白须长"。秀才出场也不一样哦:先引起大家的注意。

(选自 第十四回 赤发鬼醉卧灵官殿 晁天王认义东溪村)

天壤之别的武松兄弟

原来武大与武松是一母所生两个,武松身长八尺,一貌堂堂,浑身上下有千百斤气力,不恁地,如何打得那个猛虎?这武大郎身不满五尺,面目生得狰狞,头脑可笑,清河县人见他生得短矮,起他一个诨名,叫做"三寸丁谷树皮"。

> 是上天安排,还是作者故意这样写?

(选自 第二十四回 王婆贪贿说风情 郓哥不忿闹茶肆)

真假李逵相见

李逵来到树林边厢,只见转过一条大汉,喝道:"是会的留下买路钱,免得夺了包裹!"李逵看那人时,带一顶红绢抓髯儿头巾,穿一领粗布衲袄,手里拿着两把板斧,把黑墨搽在脸上。李逵见了,大喝一声:"你这厮是甚么鸟人,敢在这里剪径!"那汉道:"若问我名字,吓碎你的心胆!老爷叫做黑旋风!你留下买路钱并包裹,便饶了你性命,容你过去。"李逵大笑道:"没你娘鸟兴!你这厮是甚么人?那里来的?也学老爷名目,在这里胡行!"李逵挺起手中朴刀来奔那

> 我来判断真假李逵!

汉。那汉那里抵当得住，却待要走，早被李逵腿股上一朴刀，搠翻在地，一脚踏住胸脯，喝道："认得老爷么?"那汉在地下叫道："爷爷! 饶恕孩儿性命!"

（选自 第四十三回 假李逵剪径劫单人 黑旋风沂岭杀四虎）

第二节　"水浒"人物动作描写欣赏

鲁智深倒拔垂杨柳

正在那里喧哄，只听门外老鸦哇哇的叫。众人有扣齿的，齐道："赤口上天，白舌入地。"智深道："你们做什么鸟乱？"众人道："老鸦叫，怕有口舌。"智深道："那里取这话！"那种地道人笑道："墙角边绿杨树上新添了一个老鸦巢，每日只咶到晚。"众人道："把梯子去上面拆了那巢便了。"有几个道："我们便去。"智深也乘着酒兴，都到外面看时，果然绿杨树上一个老鸦巢。

众人道："把梯子上去拆了，也得耳根清净。"李四便道："我与你盘上去，不要梯子。"智深相了一相，走到树前，把直裰脱了，用右手向下，把身倒缴着，却把左手拔住上截，把腰只一趁，将那株绿杨树带根拔起。众泼皮见了，一齐拜倒在地，只叫："师父非是凡人，正是真罗汉！身体无千万斤气力，如何拔得起！"

鲁智深拔树动作描写细致，显示出他拔树轻松自如。

（选自　第七回　花和尚倒拔垂杨柳　豹子头误入白虎堂）

两教头棒术大比拼

庄客拿一束杆棒来，放在地下。洪教头先脱了衣裳，拽扎起裙子，掣条棒使个旗鼓，喝道："来，来，来！"柴进道："林武师，请较量一棒。"林冲道："大官人休要笑话。"就地也拿了一条棒起来道："师父请教。"洪教头看了，恨不得一口水吞了他。林冲拿着棒，使出山东大擂，打将入来。

林教头和洪教头PK棒术。

洪教头把棒就地下鞭了一棒，来抢林冲。两个教师就明月地上交手，真个好看。

（选自　第九回　柴进门招天下客　林冲棒打洪教头）

吴学究设计诱杨志

吴学究智取生辰纲，引诱对方上当。哈哈！

七个人立在桶边，开了桶盖，轮替换着舀那酒吃，把枣子过口，无一时，一桶酒都吃尽了。七个客人道："正不曾问得你多少价钱？"那汉（白胜）道："我一了不说价，五贯足钱一桶，十贯一担。"七个客人道："五贯便依你五贯，只饶我们一瓢吃。"那汉道："饶不的，做定的价钱。"一个客人把钱还他，一个客人便去揭开桶盖，兜了一瓢，拿上便吃。那汉（白胜）去夺时，这客人手拿半瓢酒，望松林里便去。那汉赶将去，只见这边一个客人从松林里走将出来，手里拿一个瓢，便来桶里舀了一瓢酒。那汉看见，抢来劈手夺住，望桶里一倾，便盖了桶盖，将瓢望地下一丢，口里说道："你这客人好不君子相！戴头识脸的，也这般啰唣！"

那对过众军汉见了，心内痒起来，都待要吃。

（选自　第十六回　杨志押送金银担　吴用智取生辰纲）

武松 PK 西门庆

武松出手真快啊！

西门庆认得是武松，吃了一惊，叫声："哎呀！"便跳起在凳子上去，一只脚跨上窗槛，要寻走路，见下面是街，跳不下去，心里正慌。说时迟，那时快，武松却用手略按一按，托地已跳在桌子上，把些盏儿碟儿都踢下来。两个唱的行院惊得走不动。那个财主官人慌了脚手，也惊倒了。西门庆见来得凶，便把手虚指一指，早飞起右脚来。武松只顾奔入去，见他脚起，略闪一闪，恰好那一脚正踢中武松右手，那口刀踢将起来，直落下街心里去了。西门庆见踢去了刀，心里便不怕他，右手虚照一照，左手一拳，照着武松心窝里打来。却被武松略躲个过，就势里从胁下钻入来，左手带住头，连肩胛只一提，右手早揪住西门庆左脚，叫声："下去！"那西门庆一者冤魂缠定，二乃天理难容，三来怎当武松勇力，只见头在下，脚在上，倒撞落在当街心里去了，跌得个发昏章第十一。街上两边人都吃了一惊。

西门庆：你没刀了，我更不怕你！

（选自 第二十六回 郓哥大闹授官厅 武松斗杀西门庆）

武松牢里显神力

两个来到天王堂前，众囚徒见武松和小管营同来，都躬身唱喏。武松把石墩略摇一摇，大笑道："小人真个娇惰了，那里拔得动！"施恩道："三五百斤石头，如何轻视得他。"武松笑道："小管营也信真个拿不起？你众人且躲开，看武松拿一拿。"武松便把上半截衣裳脱下来，拴在腰里，把那个石墩只一抱，轻轻地抱将起来，双手把石墩只一撇，扑地打下地里一尺来深。众囚徒见了，尽皆骇然。武松再把右手去地里一提，提将起来，望空只一掷，掷起去离地一丈来高。武松双手只一接，接来轻轻地放在原旧安处，回过身来，看着施恩并众囚徒。武松面上不红，心头不跳，口里不喘。施恩近前抱住武松便拜道："兄长非凡人也！真天神！"众囚徒一齐都拜道："真神人也！"

到底是打虎英雄，瞧他的动作：一提、一掷、再接。再看神态：面不红，心不跳，气不喘！

（选自 第二十八回 武松威镇安平寨 施恩义夺快活林）

第三节 "水浒"场景描写欣赏

鲁智深巧遇破落寺

话说鲁智深走过数个山坡，见一座大松林，一条山路。随着那山路行去，走不得半里，抬头看时，却见一所败落寺院，被风吹得铃铎响。看那山门时，上有一面旧朱红牌额，内有四个金字，都昏了，写着"瓦罐之寺。"

又行不得四五十步，过座石桥，再看时，一座古寺，已有年代。入得山门里，仔细看来，虽是大刹，好生崩损。但见：

钟楼倒塌，殿宇崩摧。山门尽长苍苔，经阁都生碧藓。释迦佛芦芽穿膝，浑如在雪岭之时；观世音荆棘缠身，却似守香山之日。诸天坏损，怀中鸟雀营巢；帝释歆斜，口内蜘蛛结网。方丈凄凉，廊房寂寞。没头罗汉，这法身也受灾殃；折臂金刚，有神通如何施展。香积厨中藏兔穴，龙华台上印狐踪。

鲁智深入得寺来，便投知客寮去。只见知客寮门前大门也没了，四围壁落全无。智深寻思道："这个大寺，如何败落的恁地？"直入方丈前看时，只见满地都是燕子粪，门上一把锁锁着，锁上尽是蜘蛛网。智深把禅杖就地下搠着，叫道："过往僧人来投斋。"叫了半日，没一个答应。回到香积厨下看时，锅也没了，灶头都塌损。智深把包裹解下，放在监斋使者面前，提了禅杖，到处寻去。

> 这个寺庙也太破了，满地是鸟粪、到处是蜘蛛网……

（选自 第六回 九纹龙剪径赤松林 鲁智深火烧瓦罐寺）

何涛捉拿晁盖反被火烧

那时正是初更左右，星光满天，众人都在船上歇凉。忽然只见一阵怪风起处，那风，但见：

飞沙走石，卷水摇天。黑漫漫堆起乌云，昏邓邓催来急雨。满川荷叶，半空中翠盖交加；遍水芦花，绕湖面白旗缭乱。吹折昆仑山顶树，唤醒东海老龙君。

这样的火烧场面太厉害了，真是堪比"火烧赤壁"啊！

那一阵怪风从背后吹将来，吹得众人掩面大惊，只叫得苦，把那缆船索都刮断了。正没摆布处，只听得后面胡哨响。迎着风看时，只见芦花侧畔射出一派火光来。众人道："今番却休了！"那大船小船约有四五十只，正被这大风刮得你撞我磕，捉摸不住，那火光却早来到面前。原来都是一丛小船，两只价帮住，上面满满堆着芦苇柴草，刮刮杂杂烧着，乘着顺风直冲将来。那四五十只官船，屯塞做一块，港汊又狭，又没回避处。那头等大船也有十数只，却被他火船推来，钻在大船队里一烧。水底下原来又有人扶助着船烧将来，烧得大船上官兵都跳上岸来逃命奔走。不想四边尽是芦苇野港，又没旱路，只见岸上芦苇又刮刮杂杂也烧将起来，那捕盗官兵两头没处走。风又紧，火又猛，众官兵只得钻去，都奔烂泥里立地。火光丛中，只见一只小快船，船尾上一个摇着船，船头上坐着一个先生，手里明晃晃地拿着一口宝剑，口里喝道："休教走了一个！"众兵都在烂泥里，只得忍气。

（选自　第十九回　林冲水寨大并火　晁盖梁山小夺泊）

梁山好汉法场救宋江

没多时，法场中间，人分开处，一个报，报道一声"午时三刻。"监斩官便道:"斩讫报来!"两势下刀棒刽子便去开枷,行刑之人执定法刀在手。说时迟,一个个要见分明;那时快,看人人一齐发作。只见那伙客人在车子上听得斩讫,数内一个客人,便向怀中取出一面小锣儿,立在车子上,当当地敲得两三声,四下里一齐动手。有诗为证:

> 两首诗成便被囚,梁山豪杰定谋猷;
>
> 赝书舛印生疑惑,致使浔阳血漫流。

又见十字路口茶坊楼上,一个虎形黑大汉,脱得赤条条的,两只手握两把板斧,大吼一声,却似半天起个霹雳,从半空中跳将下来。手起斧落,早砍翻了两个行刑的刽子,便望监斩官马前砍将来。众士兵急待把枪去搠时,那里拦当得住。众人且簇拥蔡九知府,逃命去了。

只见东边那伙弄蛇的丐者,身边都掣出尖刀,看着士兵便杀。西边那伙使枪棒的,大发喊声,只顾乱杀将来,一派杀倒土兵狱卒。南边那伙挑担的脚夫,轮起扁担,横七竖八,都打翻了土兵和那看的人。北边那伙客人,都跳下车来,推过车子,拦住了人,两个客商钻将入来,一个背了宋江,一个背了戴宗。其馀的人,也有取出弓弩来射的,也有取出石子来打的,也有取出标枪来标的。原来扮客商的这伙,便是晁盖、花荣、黄信、吕方、郭盛。那伙扮使枪棒的,便是燕顺、刘唐、杜迁、宋万。扮挑担的,便是朱贵、王矮虎、郑天寿、石勇。那伙扮丐者的,便是阮小二、阮小五、阮小七、白胜。这一行,梁山泊共是十七个头领到来,带领小喽啰一百馀人,四下里杀将起来。

你能看清是哪些人在救宋江、戴宗吗?如何救的?

(选自 第四十回 梁山泊好汉劫法场 白龙庙英雄小聚义)

宋江哭父

宋江读罢,叫声苦,不知高低,自把胸脯捶将起来,自骂道:"不孝逆子,做下非为,老父身亡,不能尽人子之道,畜生何异!"自把头去壁上磕撞,大哭起来。燕顺、石勇拘住。宋江哭得昏迷,半晌方才苏醒。燕顺、石勇两个劝道:"哥哥且省烦恼。"宋江便分付燕顺道:"不是我寡情薄意,其实只有这个老父记挂。今已殁了,只得星夜赶归去奔丧,教兄弟们自上山则个。"燕顺劝道:"哥哥,太公既已殁了,便到家时,也不得见了。世上人无有不死的父母。且请宽心,引我们弟兄去了,那时小弟却陪侍哥哥归去奔丧,未为晚矣。自古道:蛇无头而不行。若无仁兄去时,他那里如何肯收留我们?"宋江道:"若等我送你们上山去时,误了我多少日期,却是使不得。我只写一封备细书札,都说在内,就带了石勇一发入伙,等他们一处上山。我如今不知便罢,既是天教我知了,正是度日如年,烧眉之急。我马也不要,从人也不带,一个连夜自赶回家。"燕顺、石勇那里留得住。

宋江问酒保借笔砚,讨了一幅纸,一头哭着,一面写书,再三叮咛在上面。写了,封皮不粘,交与燕顺收了。讨石勇的八搭麻鞋穿上,取了些银两藏放在身边,跨了一口腰刀,就拿了石勇的短棒,酒食都不肯沾唇,便出门要走。燕顺道:"哥哥也等秦总管、花知寨都来相见一面了,去也未迟。"宋江道:"我不等了,我的书去,并无阻滞。石家贤弟自说备细缘故,可为我上复众兄弟们,可怜见宋江奔丧之急,休怪则个。"宋江恨不得一步跨到家中,飞也似独自一个去了。

（选自 第三十五回 石将军村店寄书 小李广梁山射雁）

宋江不愧是有名的孝子,哭得如此伤心,也顾不得兄弟们,执意要独自回去。

247

第四节 "红楼"人物外貌描写欣赏

刘姥姥拜见王熙凤

只见门外鏨铜钩上悬着大红撒花软帘，南窗下是炕，炕上大红毡条，靠东边板壁立着一个锁子锦靠背与一个引枕，铺着金心绿闪缎大坐褥，旁边有雕漆痰盒。那凤姐儿家常带着秋板貂鼠昭君套，围着攒珠勒子，穿着桃红撒花袄，石青刻丝灰鼠披风，大红洋绉银鼠皮裙，粉光脂艳，端端正正坐在那里，手内拿着小铜火箸儿拨手炉内的灰。平儿站在炕沿边，捧着小小的一个填漆茶盘，盘内一个小盖钟。凤姐也不接茶，也不抬头，只管拨手炉内的灰，慢慢的问道："怎么还不请进来？"一面说，一面抬身要茶时，只见周瑞家的已带了两个人在地下站着呢。这才忙欲起身犹未起身时，满面春风的问好，又嗔着周瑞家的怎么不早说。刘姥姥在地下已是拜了数拜，问姑奶奶安。凤姐忙说："周姐姐，快搀起来，别拜罢，请坐。我年轻，不大认得，可也不知是什么辈数，不敢称呼。"周瑞家的忙回道："这就是我才回的那姥姥了。"凤姐点头。刘姥姥已在炕沿上坐了。板儿便躲在背后，百般的哄他出来作揖，他死也不肯。

（选自 第六回 贾宝玉初试云雨情 刘姥姥一进荣国府）

宝玉参见北静王

话说宝玉举目见北静王水溶头上戴着洁白簪缨银翅王帽，穿着江牙海水五爪坐龙白蟒袍，系着碧玉红鞓（tīng）

豪华的房间，华丽的外表。

这是"王"者的打扮。

248

带，面如美玉，目似明星，真好秀丽人物。宝玉忙抢上来参见，水溶连忙从轿内伸出手来挽住。

　　见宝玉戴着束发银冠，勒着双龙出海抹额，穿着白蟒箭袖，围着攒珠银带，面若春花，目如点漆。水溶笑道："名不虚传，果然如'宝'似'玉'。"因问："衔的那宝贝在那里？"宝玉见问，连忙从衣内取了递与过去。水溶细细的看了，又念了那上头的字，因问："果灵验否？"贾政忙道："虽有此说，只是未曾试过。"水溶一面极口称奇道异，一面理好彩绦，亲自与宝玉带上，又携手问宝玉几岁，读何书。宝玉一一的答应。

　　（选自　第十五回　王凤姐弄权铁槛寺　秦鲸卿得趣馒头庵）

宝玉又见"痴女"

　　一面想，一面又恨认不得这个是谁。再留神细看，只见这女孩子眉蹙春山，眼颦秋水，面薄腰纤，袅袅婷婷，大有林黛玉之态。宝玉早又不忍弃他而去，只管痴看。只见他虽然用金簪划地，并不是掘土埋花，竟是向土上画字。宝玉用眼随着簪子的起落，一直一画一点一勾的看了去，数一数，十八笔。自己又在手心里用指头按着他方才下笔的规矩写了，猜是个什么字。写成一想，原来就是个蔷薇花的"蔷"字。

　　宝玉想道："必定是他也要作诗填词。这会子见了这花，因有所感，或者偶成了两句，一时兴至恐忘，在地下画着推敲，也未可知。且看他底下再写什么。"

　　一面想，一面又看，只见那女孩子还在那里画呢，画来画去，还是个"蔷"字。再看，还是个"蔷"字。里面的原是早已痴了，画完一个又画一个，已经画了有几千个"蔷"。

（左侧批注）

这是当时贵族少年的装束。

这个外貌似黛玉非黛玉。

抓住"痴"的特征。

外面的不觉也看痴了，两个眼睛珠儿只管随着簪子动，心里却想："这女孩子一定有什么话说不出来的大心事，才这样个形景。外面既是这个形景，心里不知怎么熬煎。看他的模样儿这般单薄，心里那里还搁的住熬煎。可恨我不能替你分些过来。"

（选自 第三十回 宝钗借扇机带双敲 龄官划蔷痴及局外）

新娘子到底是谁？

宝玉此时到底有些傻气，便走到新人跟前说道："妹妹身上好了？好些天不见了，盖着这劳什子做什么！"欲待要揭去，反把贾母急出一身冷汗来。宝玉又转念一想道："林妹妹是爱生气的，不可造次。"又歇了一歇，仍是按捺不住，只得上前揭了。喜娘接去盖头，雪雁走开，莺儿等上来伺候。宝玉睁眼一看，好像宝钗，心里不信，自己一手持灯，一手擦眼，一看，可不是宝钗么！只见他盛妆艳服，丰肩愞（nuò）体，鬟低鬓軃（duǒ）体，眼瞤（shùn）息微，真是荷粉露垂，杏花烟润了。宝玉发了一回怔，又见莺儿立在旁边，不见了雪雁。宝玉此时心无主意，自己反以为是梦中了，呆呆的只管站着。众人接过灯去，扶了宝玉仍旧坐下，两眼直视，半语全无。贾母恐他病发，亲自扶他上床。凤姐尤氏请了宝钗进入里间床上坐下，宝钗此时自然是低头不语。宝玉定了一回神，见贾母王夫人坐在那边，便轻轻的叫袭人道："我是在那里呢？这不是做梦么？"袭人道："你今日好日子，什么梦不梦的混说。老爷可在外头呢。"宝玉悄悄儿地拿手指着道："坐在那里这一位美人儿是谁？"袭人握了自己的嘴，笑的说不出话来，歇了半日才说道："是新娶的二奶奶。"众人也都回过头去，忍不住的笑。宝玉又道："好糊涂，你说

新娘子真美！

注意新郎和袭人的神态。

二奶奶到底是谁?"袭人道:"宝姑娘。"宝玉道:"林姑娘呢?"袭人道:"老爷作主娶的是宝姑娘,怎么混说起林姑娘来。"宝玉道:"我才刚看见林姑娘了么,还有雪雁呢,怎么说没有。你们这都是做什么顽呢?"凤姐便走上来轻轻的说道:"宝姑娘在屋里坐着呢。别混说,回来得罪了他,老太太不依的。"宝玉听了,这会子糊涂更利害了。本来原有昏愦的病,加以今夜神出鬼没,更叫他不得主意,便也不顾别的了,口口声声只要找林妹妹去。贾母等上前安慰,无奈他只是不懂。又有宝钗在内,又不好明说。知宝玉旧病复发,也不讲明,只得满屋里点起安息香来,定住他的神魂,扶他睡下。众人鸦雀无闻,停了片时,宝玉便昏沉睡去。

(选自 第九十七回 林黛玉焚稿断痴情 薛宝钗出闺成大礼)

第五节 "红楼"人物动作描写欣赏

宝玉洗脸

黛玉起来叫醒湘云，二人都穿了衣服。宝玉复又进来，坐在镜台旁边，只见紫鹃、雪雁进来服侍梳洗。湘云洗了面，翠缕便拿残水要泼，宝玉道："站住，我趁势洗了就完了，省得又过去费事。"说着便走过来，弯腰洗了两把。紫鹃递过香皂去，宝玉道："这盆里的就不少，不用搓了。"再洗了两把，便要手巾。翠缕道："还是这个毛病儿，多早晚才改。"

宝玉也不理，忙忙的要过青盐擦了牙，漱了口。

细致的动作描写，仿佛亲眼所见。

（选自　第二十一回　贤袭人娇嗔箴宝玉　俏平儿软语救贾琏）

泪洒怡红院

宝玉自知这话说的造次了，后悔不来，登时脸上红胀起来，低着头不敢则一声。幸而屋里没人。林黛玉直瞪瞪的瞅了他半天，气的一声儿也说不出话来。见宝玉憋的脸上紫胀，便咬着牙用指头狠命的在他额颅上戳了一下，哼了一声，咬牙说道："你这——"刚说了两个字，便又叹了一口气，仍拿起手帕子来擦眼泪。

宝玉心里原有无限的心事，又兼说错了话，正自后悔；又见黛玉戳他一下，要说又说不出来，自叹自泣，因此自己也有所感，不觉滚下泪来。要用帕子揩拭，不想又忘了带来，便用衫袖去擦。林黛玉虽然哭着，却一眼看见了，见他

对两人细致的动作、神态描写告诉了我们什么？

穿着簇新藕合纱衫，竟去拭泪，便一面自己拭着泪，一面回身将枕边搭的一方绡帕子拿起来，向宝玉怀里一摔，一语不发，仍掩面自泣。

宝玉见他摔了帕子来，忙接住拭了泪，又挨近前些，伸手拉了林黛玉一只手，笑道：我的五脏都碎了，你还只是哭。走罢，我同你往老太太跟前去。"林黛玉将手一摔道："谁同你拉拉扯扯的。一天大似一天的，还这么涎皮赖脸的，连个道理也不知道。"

（选自 第三十回 宝钗借扇机带双敲 龄官划蔷痴及局外）

宝玉找麒麟

说着，大家进入怡红院来。

袭人正在阶下倚槛迎风，忽见湘云来了，连忙迎下来，携手笑说一向久别情况。一时进来归坐，宝玉因笑道："你该早来，我得了一件好东西，专等你呢。"说着，一面在身上摸掏，掏了半天，呵呀了一声，便问袭人"那个东西你收起来了么？"袭人道："什么东西？"宝玉道："前儿得的麒麟。"袭人道："你天天带在身上的，怎么问我？"宝玉听了，将手一拍说道："这可丢了，往那里找去！"就要起身自己寻去。湘云听了，方知是他遗落的，便笑问道："你几时又有了麒麟了？"宝玉道："前儿好容易得的呢，不知多早晚丢了，我也糊涂了。"湘云笑道："幸而是顽的东西，还是这么慌张。"说着，将手一撒，笑道："你瞧瞧，是这个不是？"宝玉一见由不得欢喜非常，因说道……

找东西都是从拍自己身上开始的。呵呵！

（选自 第三十一回 撕扇子作千金一笑 因麒麟伏白首双星）

林妹妹又哭了

这里宝玉忙忙的穿了衣裳出来，忽见林黛玉在前面慢慢的走着，似有拭泪之状，便忙赶上来，笑道："妹妹往那里去？怎么又哭了？又是谁得罪了你？"林黛玉回头见是宝玉，便勉强笑道："好好的，我何曾哭了。"宝玉笑道："你瞧瞧，眼睛上的泪珠儿未干，还撒谎呢。"一面说，一面禁不住抬起手来替他拭泪。

林黛玉忙向后退了几步，说道："你又要死了！作什么这么动手动脚的！"宝玉笑道："说话忘了情，不觉的动了手，也就顾不的死活。"林黛玉道："你死了倒不值什么，只是丢下了什么金，又是什么麒麟，可怎么样呢？"一句话又把宝玉说急了，赶上来问道："你还说这话，到底是咒我还是气我呢？"林黛玉见问，方想起前日的事来，遂自悔自己又说造次了，忙笑道："你别着急，我原说错了。这有什么的，筋都暴起来，急的一脸汗。"一面说，一面禁不住近前伸手替他拭面上的汗。

（选自 第三十二回 诉肺腑心迷活宝玉 含耻辱情烈死金钏）

> 说话都会这样，带着情感，带着举动。

为贾母治病

一时只见贾珍、贾琏、贾蓉三个人将王太医领来。王太医不敢走甬路，只走旁阶，跟着贾珍到了阶矶上。早有两个婆子在两边打起帘子，两个婆子在前导引进去，又见宝玉迎了出来。只见贾母穿着青皱绸一斗珠的羊皮褂子，端坐在榻上，两边四个未留头的小丫鬟都拿着蝇帚漱盂等物；又有五六个老嬷嬷雁翅摆在两旁，碧纱橱后隐隐约约有许多穿红着绿戴宝簪珠的人。王太医便不敢抬头，忙上来请了安。

> 这里描写贾母的外貌也是突出她的尊贵。

贾母见他穿着六品服色，便知是御医了，也便含笑问："供奉好?"因问贾珍："这位供奉贵姓?"贾珍等忙回"姓王。"贾母道："当日太医院正堂王君效，好脉息。"王太医忙躬身低头，含笑回说："那是晚晚生家叔祖。"贾母听了，笑道："原来这样，也是世交了。"一面说，一面慢慢的伸手放在小枕上。老嬷嬷端着一张小机：连忙放在小桌前，略偏些。王太医便屈一膝坐下，歪着头诊了半日，又诊了那只手，忙欠身低头退出。贾母笑说："劳动了，珍儿让出去好生看茶。"

（选自 第四十二回 蘅芜君兰言解疑癖 潇湘子雅谑补馀香）

史湘云笑翻了

刚说到这里，众人知道他是取笑惜春，便都笑问说："还要怎样?"黛玉也自己撑不住笑道："又要照着这样儿慢慢的画，可不得二年的工夫！"众人听了，都拍手笑个不住。宝钗笑道："'又要照着这个慢慢的画'，这落后一句最妙。所以昨儿那些笑话儿虽然可笑，回想是没味的。你们细想颦儿这几句话虽是淡的，回想却有滋味。我倒笑的动不得了。"惜春道："都是宝姐姐赞的他越发逞强，这会子拿我也取笑儿。"

黛玉忙拉他笑道："我且问你，还是单画这园子呢，还是连我们众人都画在上头呢?"惜春道："原说只画这园子的，昨儿老太太又说，单画了园子成个房样子了，叫连人都画上，就像'行乐'似的才好。我又不会这工细楼台，又不会画人物，又不好驳回，正为这个为难呢。"

黛玉道："人物还容易，你草虫上不能。"李纨道："你又说不通的话了，这个上头那里又用的着草虫? 或者翎毛倒要点缀一两样。"黛玉笑道："别的草虫不画罢了，昨儿'母

看看他们如何诊疗的。

蝗虫'不画上，岂不缺了典!"众人听了，又都笑起来。

黛玉一面笑的两手捧着胸口，一面说道："你快画罢，我连题跋都有了，起个名字，就叫作《携蝗大嚼图》。"

众人听了，越发哄然大笑，前仰后合。只听"咕咚"一声响，不知什么倒了，急忙看时，原来是湘云伏在椅子背儿上，那椅子原不曾放稳，被他全身伏着背子大笑，他又不提防，两下里错了劲，向东一歪，连人带椅都歪倒了，幸有板壁挡住，不曾落地。众人一见，越发笑个不住。宝玉忙赶上去扶了起来，方渐渐止了笑。

精彩的内容在这里!

（选自 第四十二回 蘅芜君兰言解疑癖 潇湘子雅谑补馀香）

第六节　"红楼"场景描写欣赏

怡红院的"前身"

于是一路行来，或清堂茅舍，或堆石为垣，或编花为牖，或山下得幽尼佛寺，或林中藏女道丹房，或长廊曲洞，或方厦圆亭，贾政皆不及进去。

因说半日腿酸，未尝歇息，忽又见前面又露出一所院落来，贾政笑道："到此可要进去歇息歇息了。"说着，一径引人绕着碧桃花，穿过一层竹篱花障编就的月洞门，俄见粉墙环护，绿柳周垂。贾政与众人进去。

一入门，两边都是游廊相接。院中点衬几块山石，一边种着数本芭蕉；那一边乃是一颗西府海棠，其势若伞，丝垂翠缕，葩吐丹砂。众人赞道："好花，好花！从来也见许多海棠，那里有这样妙的。"贾政道："这叫作'女儿棠'，乃是外国之种。俗传系出'女儿国'中，云彼国此种最盛，亦荒唐不经之说罢了。"众人笑道："然虽不经，如何此名传久了？"宝玉道："大约骚人咏士，以此花之色红晕若施脂，轻弱似扶病，大近乎闺阁风度，所以以'女儿'命名。想因被世间俗恶听了，他便以野史纂入为证，以俗传俗，以讹传讹，都认真了。"众人都摇身赞妙。

> 众人赞道：好花，好景。

一面说话，一面都在廊外抱厦下打就的榻上坐了。贾政因问："想几个什么新鲜字来题此？"一客道："'蕉鹤'二字最妙。"又一个道："'崇光泛彩'方妙。"贾政与众人都道："好个'崇光泛彩'！"宝玉也道："妙极。"又叹："只是可惜了。"众人问："如何可惜？"宝玉道："此处蕉棠两植，其意暗蓄'红''绿'二字在内。若只说蕉，则棠无着落；若只说棠，蕉亦无着落。固有蕉无棠不可，有棠无蕉更不可。"贾政道："依你如何？"宝玉道："依我，题'红香绿玉'四字，方两全其妙。"贾政摇头道："不好，不好！"

（选自　第十七回　大观园试才题对额　荣国府归省庆元宵）

餐桌上的幽默

鸳鸯因向凤姐笑道："二奶奶在这里伺候，我们可吃去了。"凤姐儿道："你们只管去，都交给我就是了。"说着，史湘云仍入了席。凤姐和李纨也胡乱应个景儿。

凤姐仍是下来张罗，一时出至廊上，鸳鸯等正吃的高兴，见他来了，鸳鸯等站起来道："奶奶又出来作什么？让我们也受用一会子。"凤姐笑道："鸳鸯小蹄子越发坏了，我替你当差，倒不领情，还抱怨我。还不快斟一钟酒来我喝呢。"鸳鸯笑着忙斟了一杯酒，送至凤姐唇边，凤姐一扬脖子吃了。琥珀彩霞二人也斟上一杯，送至凤姐唇边，那凤姐也吃了。平儿早剔了一壳黄子送来，凤姐道："多倒些姜醋。"一面也吃了，笑道："你们坐着吃罢，我可去了。"鸳鸯笑道："好没脸，吃我们的东西。"凤姐儿笑道："你和我少作怪。你知道你琏二爷爱上了你，要和老太太讨了你作小老婆呢。"鸳鸯道："啐，这也是作奶奶说出来的话！我不拿腥手抹你一脸算不得。"说着赶来就要抹。凤姐儿央道："好姐姐，饶我这一遭儿罢。"琥珀笑道："鸳丫头要去了，平丫头还饶他？你们看看他，没有吃两个螃蟹，倒喝了一碟子醋，他也算不会揽酸了。"平儿手里正掰了个满黄的螃蟹，听如此奚落他，便拿着螃蟹照着琥珀脸上抹来，口内笑骂"我打你这嚼舌根的小蹄子！"琥珀也笑着往旁边一躲，平儿使空了，往前一撞，正恰恰的抹在凤姐儿腮上。凤姐儿正和鸳鸯嘲笑，不防唬了一跳，嗳哟了一声。众人撑不住都哈哈的大笑起来。凤姐也禁不住笑骂道："死娼妇！吃离了眼

像不像我们吃生日蛋糕时的"恶搞"。

了，混抹你娘的。"平儿忙赶过来替他擦了，亲自去端水。鸳鸯道："阿弥陀佛！这是个报应。"

（选自　第三十八回　林潇湘魁夺菊花诗　薛蘅芜讽和螃蟹咏）

刘姥姥拜见贾母

刘姥姥进去，只见满屋里珠围翠绕，花枝招展，并不知都系何人。只见一张榻上歪着一位老婆婆，身后坐着一个纱罗裹的美人一般的一个丫鬟在那里捶腿，凤姐儿站着正说笑。刘姥姥便知是贾母了，忙上来陪着笑，道了万福，口里说："请老寿星安。"贾母亦欠身问好，又命周瑞家的端过椅子来坐着。那板儿仍是怯人，不知问候。

> 刘姥姥是农村妇女，这就是她的所见所闻。

（选自　第三十九回　村姥姥是信口开河　情哥哥偏寻根究底）

贾府祠堂祭祖

且说宝琴是初次，一面细细留神打谅这宗祠，原来宁府西边另一个院子，黑油栅栏内五间大门，上悬一块匾，写着是"贾氏宗祠"四个字，旁书"衍圣公孔继宗书"。两旁有一副长联，写道是：

肝脑涂地，兆姓赖保育之恩，

功名贯天，百代仰蒸尝之盛。

亦衍圣公所书。进入院中，白石甬路，两边皆是苍松翠柏。月台上设着青绿古铜鼎彝等器。抱厦前上面悬一九龙金匾，写道是："星辉辅弼"。乃先皇御笔。两边一副对联，写道是：

勋业有光昭日月，功名无间及儿孙。

亦是御笔。五间正殿前悬一闹龙填青匾，写道是："慎

> 宝琴是第一次进祠堂，自然少不了观察一番。

259

终追远"。旁边一副对联，写道是：

已后儿孙承福德，至今黎庶念荣宁。

俱是御笔。里边香烛辉煌，锦幛绣幕，虽列着神主，却看不真切。只见贾府人分昭穆排班立定：贾敬主祭，贾赦陪祭，贾珍献爵，贾琏贾琮献帛，宝玉捧香，贾菖贾菱展拜毯，守焚池。青衣乐奏，三献爵，拜兴毕，焚帛奠酒，礼毕，乐止，退出。

众人围随着贾母至正堂上，影前锦幔高挂，彩屏张护，香烛辉煌。上面正居中悬着宁荣二祖遗像，皆是披蟒腰玉；两边还有几轴列祖遗影。

（选自　第五十三回　宁国府除夕祭宗祠　荣国府元宵开夜宴）

王熙凤过生日

原来贾母说今日不比往日，定要叫凤姐痛乐一日。本来自己懒待坐席，只在里间屋里榻上歪着和薛姨妈看戏，随心爱吃的拣几样放在小几上，随意吃着说话儿；将自己两桌席面赏那没有席面的大小丫头并那应差听差的妇人等，命他们在窗外廊檐下也只管坐着随意吃喝，不必拘礼。王夫人和邢夫人在地下高桌上坐着，外面几席是他姊妹们坐。

贾母不时吩咐尤氏等："让凤丫头坐在上面，你们好生替我待东，难为他一年到头辛苦。"尤氏答应了，又笑回说道："他坐不惯首席，坐在上头横不是竖不是的，酒也不肯吃。"贾母听了，笑道："你不会，等我亲自让他去。"凤姐儿忙也进来笑说："老祖宗，别信他们的话，我吃了好几钟了。"贾母笑着，命尤氏："快拉他出去，按在椅子上，你们都轮流敬他。他再不吃，我当真的就亲自去了。"尤氏听说，忙笑着又拉他出来坐下，命人拿了台盏斟了酒，笑道："一

喝酒的、劝酒的都厉害着呢！

年到头难为你孝顺老太太、太太和我。我今儿没什么疼你的，亲自斟杯酒，乖乖儿的在我手里喝一口。"凤姐儿笑道："你要安心孝敬我，跪下我就喝。"尤氏笑道："说的你不知是谁！我告诉你说，好容易今儿这一遭，过了后儿，知道还得像今儿这样不得了？趁着尽力灌丧两钟罢。"凤姐儿见推不过，只得喝了两钟。

接着，众姊妹也来，凤姐也只得每人的喝一口。赖大妈妈见贾母尚这等高兴，也少不得来凑趣儿，领着些嬷嬷们也来敬酒。凤姐儿也难推脱，只得喝了两口。鸳鸯等也来敬，凤姐儿真不能了，忙央告道："好姐姐们，饶了我罢，我明儿再喝罢。"鸳鸯笑道："真个的，我们是没脸的了？就是我们在太太跟前，太太还赏个脸儿呢。往常倒有些体面，今儿当着这些人，倒拿起主子的款儿来了。我原不该来。不喝，我们就走。"说着真个回去了。凤姐儿忙赶上拉住，笑道："好姐姐，我喝就是了。"说着拿过酒来，满满的斟了一杯喝干。鸳鸯方笑了散去，然后又入席。

凤姐儿自觉酒沉了，心里突突的似往上撞，要往家去歇歇，只见那耍百戏的上来，便和尤氏说："预备赏钱，我要洗洗脸去。"尤氏点头。凤姐儿瞅人不防，便出了席，往房门后檐下走来。

（选自 第四十四回 变生不测凤姐泼醋 喜出望外平儿理妆）

后　记

　　如何阅读古典名著，如何让青少年喜欢阅读古典名著，我探索了多年。我儿向喆耳濡目染，从小学开始就跟我们一起阅读中国四大古典名著。我们父子约定共同完成对四大古典名著的解读与表达，我以《西游记》和《三国演义》为重点，他以《水浒传》与《红楼梦》为重点。

　　我们父子俩一起阅读名著，分享阅读名著的感悟。我说《西游记》是一部神魔小说，就像英国名著《哈利波特》一样很神奇、有趣味，中国的男女老少都喜欢《西游记》中的人物；他说《水浒传》中的好汉个个身怀绝技，他们称兄弟、讲义气，他在他们"打打杀杀"中感受了那段夸张的历史；我说《三国演义》不仅是一部战争史，而且是一部智慧史，《三国演义》中的人物不乏智慧；他说《红楼梦》虽然写的是贾宝玉、林黛玉之间的爱情，但在这本书里有许多其他的美丽存在……

　　刘勇是向喆的母亲。她阅读广泛，对《红楼梦》尤其喜爱。我们一家人都是名著爱好者，互为师生，更是朋友。经过讨论，我们决定向喆主要完成"闲话'水浒'"和"美读'红楼'"部分的内容，我继续从写作方法的角度去挖掘写作技巧，刘勇则完成其他内容的撰写。就这样，我们在家里一边阅读一边思考，经常交流探讨。在我出版《趣读生慧——与你分享"西游""三国"》一书后，我们一家人将《水浒传》和《红楼梦》的阅读感悟以《闲读鉴美——与你分享"水浒""红楼"》一书结集出版。两本书共同构成了我们对中国四大古典名著的解读与表达体系。

　　中国四大古典名著是初、高中语文新课标规定的必读书，其中《西游记》《水浒传》为初中阶段必读，《三国演义》《红楼梦》在初中阶段是选读，但到高中阶段则是必读书。我们希望这两本书能帮助中小学生熟识中国四大古典名著的原文，为他们进一步阅读经典原著提供一些粗浅的认识、参考，从而帮助他们顺利地完成对经典名著的阅读理解。

我们在中国四大古典名著面前永远是学生。书中难免存在许多不当之处，在此诚望各位读者不吝赐教，我们虔诚聆听为是。

《趣读生慧——与你分享"西游""三国"》作者　向荣华

2018 年 8 月